KB037745

**10대라면 반드시 알아야 할
하버드대학 세계 고전**

10대라면 반드시 알아야 할
하버드대학 세계 고전

초판 1쇄 인쇄 2024년 6월 20일
초판 1쇄 발행 2024년 6월 27일

지은이 정인호

펴낸이 박세현
펴낸곳 팬덤북스

기획 편집 곽병완
디자인 김민주
마케팅 전창열
SNS 홍보 신현아

주소 (우)14557 경기도 부천시 조마루로 385번길 92 부천테크노밸리유1센터 1110호

전화 070-8821-4312 | **팩스** 02-6008-4318
이메일 fandombooks@naver.com
블로그 http://blog.naver.com/fandombooks

출판등록 2009년 7월 9일(제386-251002009000081호)

ISBN 979-11-6169-299-9 03100

10대라면
반드시 알아야 할

하버드대학
세계고전

팬덤북스

우리의 삶은 끝이 있지만 吾生也有涯,
앎에는 끝이 없다 而知也無涯.

장자莊子, **〈양생주**養生主**〉편**

분야별 위대한 명저들을 한 권에 담다

"어떤 책을 읽어야 할까?"

이 질문에 답을 찾기 위해 대부분의 사람들은 손쉽게 베스트셀러 코너를 찾는다. 그리고 베스트셀러 책장에 꽂혀 있는 책을 3초 동안 쭉 훑어보고는 0.3초 안에 책을 고른다. 일본의 유명한 출판 컨설턴트 요시다 히로시는 "대부분의 사람들이 베스트셀러의 책을 그렇게 즉흥적으로 고른다."고 토로했다. 아마존이나 《뉴욕 타임스》에서는 베스트셀러가 됐다는 문구가 '잘 팔렸다'는 것 외에 그 책에 대해 무엇도 보장해 주지 않는다."고 조언한다.

그렇다면 어떤 책을 읽어야 하는 걸까? 영국 소설가이자 케임브리지대학 교수였던 클라이브 스테이플스 루이스는 "일반 독자들이 신간과 고전 중 양자택일의 상황에 직면한다면 고전을 읽으라."고 조언한다. '옛것을 익혀 새것을 안다溫故知新.'는 공자의 말은 고전의 중요성을 한 마디로 축약한다. 두툼한 불량에 들어있는 고전의 내용은 긴 호흡의 마라톤과 같다. 쉽게 읽히는 책이 아니다. 하지만 책장을 끝까지 넘기고 나면 완독의 뿌듯함과 성취감도 안겨준다.

고전은 결코 지나간 시대의 유물이 아니다. 고전은 과거와 현재, 그리고 미래의 디딤돌이 된다. 시간과 공간을 넘어서 늘 새롭게 재해석되어 과거와 미래를 관통하는 힘이 된다. 현존하는 대부분의 문화, 철학과 사상, 삶의 문제들이 고전의 영향을 받아 형성되었다. 어떤 대상에 대해서 알고 싶을 때도 가장 먼저 해야 하는 것은 그 대상이 언제부터 사용되었는지를 살펴보는 것이다. 사용되기 시작한 시점의 경제적 · 사회적 · 문화적 맥락을 읽어야 그 뜻이 명확해진다. 그래서 역사적 관점, 다시 말해 고전이 중요한 것이다.

예컨대 《국부론》을 통해 거대한 학제적學際的 체계를 수립할 수 있고, 《실천이성비판》을 통해 도덕철학과 윤리에 관한 모델을 정립하거나, 《파우스트》를 통해 인간 정신의 보편적 지향점을 배울 수 있다. 2500년 전에 출간된 《손자병법》은 군 지휘관들뿐만 아니라 경제사회를 치열하고 살고 있는 현대인들에게 새롭게 읽히고 있다. 전술에 대한 대다수 조언은 시대에 따라 대체 및 보완되었으나 《손자병법》은 아직도 그 힘을 발휘하고 있다.

오늘날 방탄소년단BTS이 전 세계 팬들의 사랑을 받게 된 이유도 뮤직비디오와 음악 가사에 고전과 예술 분야의 콘텐츠를 융합하여 한국을 넘어 세계인의 정서를 반영했기 때문이다. 예를 들면 〈윙스WINGS〉 앨범에서 헤르만 헤세의 소설 《데미안》,

〈봄날〉 뮤직비디오에서 어슐러 르 귄Ursula Le Guin의 소설《오멜라스를 떠나는 사람들》, '〈Serendipity〉'에서 시인 김춘수의《꽃》, '〈Pied Piper〉'에서 세라 워터스의 역사 스릴러 소설인《핑거스미스》의 테마를 모티브로 사용하거나 대사를 활용하는 식이다.

근대 철학의 포문을 연 르네 데카르트는 "고전을 읽는다는 것은 지난 몇 세기에 걸쳐 가장 훌륭한 사람과 대화를 나누는 것과 같다."고 말했다.《뉴요커》의 주요 필자이자《위대한 책들과의 만남》의 저자인 데이비드 덴비도 고전을 읽어야 하는 으뜸가는 이유로 '우리와 멀리 떨어진 시대, 우리와 사뭇 다른 문화와 사유의 소산'이란 점을 든다.

● **한국 대학생은 베스트셀러를 읽고 하버드대생은 고전을 읽는다.**

1929년, 미국의 그저 그런 대학으로 평가받던 시카고 대학에 30세의 로버트 메이나드 허친스Robert Maynard Hutchins가 제5대 총장으로 부임했다. 열등감과 패배감에 빠져 있는 학생들을 보고 허친스는 '그레이트북 프로그램The great book program'이라는 새로운 계획을 수립했다. 허친스는 학생들에게 졸업할 때까지 100권의 고전을 읽게 했다. 그에게 고전은 소수의 훌륭한 선인들이 만들어 놓은 정신적 노작勞作이며, '옛것인 동시에 새것'으로 시대와 국민을 초월한 보편적 가치가 있는 것으로 보았다. 또한 고전은 인류 공동의 문화유산으로 후세에 길이 모범이 될 가치가 있으며, 이런 고전을 통해 지성을 계발하고, 이성을 훈련시키는 것이 참된 교육이라고 보았다.

허친스는 고전을 읽되 다음의 세 가지 목표를 주문했다. 자신의 롤모델을 찾고, 자신의 인생을 이끌 가치를 찾고, 자신이 발견한 가치에 꿈을 품으라는 것이었다. 결과는 놀라웠다. 85명의 노벨상 수상자와 세계적 명성을 얻고 있는 장학제도이자 엘리트 코스로도 정평이 나 있는 로즈 장학생을 44명이나 배출했다. 미국에서 가장 지적인 대학으로 꼽히는 하버드대학, 세인트존스대학, 리드칼리지도 가장 중점적으로 공부하는 것은 고전이다.

국내 대학도서관 실태조사 분석에 따르면 4년제 대학 재학생 수로 나눈 '재학생 1인당 평균 대출 도서수'는 0.927권으로 집계됐다. 1인당 평균 1권이 채 안 되는 셈이다. 주로 어떤 책 읽었냐는 질문에 고전보다는 베스트셀러를, 인문·사회 서적보다는 소설이나 만화책을 즐겨 읽은 것으로 나타났다.

아일랜드 출신 영국 정치가 겸 사상가 에드먼드 버크Edmund Burke는 "인생은 대단히 짧다. 조용한 시간은 더 짧다. 그러니 우린 한 시간이라도 너절한 책을 읽어 인생을 낭비해선 안 된다."고 했다. 제한된 인생을 살아가면서 하루에 수백 권의 책이 쏟아지는 상황에서 어떤 책을 읽어야 할지 더더욱 신중하게 고민해야 한다. '너절한' 책을 읽다 가기엔 우리에게 주어진 시간이 너무나 짧고 소중하니까 말이다.

고전을 읽어야 하는 또 다른 이유는 인류가 직면한 문제와도 관련이 있다. 근대까지만 해도 인간은 공학, 통계학, 심리학, 물리학, 수리학 등 특정 영역에 대해서만 지식을 수양하는 국지적 성격이 강했다. 하지만 현대 이후에는 신종 질병과 기후위기, 인위적 위험 등 불확실성, 취약성, 우발성도 증가하면서 전 세계적 성격을 띠게 되었다. 기후위기가 더 이상 단일국가의 개별적인 정책으로 해결할 수 있는 국지적인 문제가 아니듯, 폭넓은 분야의 고전을 읽고 저자의 위대한 사상과 세계관을 학습하여 공동의 연합으로 문제를 해결해야 한다.

예컨대 로얼드 호프만의《같기도 하고 아니 같기도 하고》는 화학의 문제를 다룬다. 오늘날 화학이 만들어낸 오염과 독성이 자연환경과 생태계를 심각하게 위협하고 있지만 화학물질이 없는 세상에서는 인간도 존재할 수가 없다. 이 문제를 해결하기 위해서는 화학물질을 만들어내는 사람뿐만 아니라 화학물질을 사용하는 모든 사람들이《같기도 하고 아니 같기도 하고》를 읽고 전 지구적으로 대응해야 한다.

이 책에 등장한 책들은 어렵고 불편한 내용이 많다. '이런 책들을 굳이 읽어야 하나?'라는 생각마저 든다. 그럼에도 불구하고 불편한 책을 읽어야 한다. 불편한 책은 당신의 부족한 부분을 보여주기 때문이다. 불편한 책은 끊임없이 질문하게 만든다. 질문이 있으면 정답이 있어야 하는데 심지어 정답을 찾기도 쉽지 않다. 작품에 숨겨진 해석의 다양성이 있기 때문이다. 따라서 불편한 책을 읽는다는 것은 나만의 답을 찾아가는 과정이다.

지금 우리가 사는 세상에는 엄청난 양의 정보가 쏟아진다. 우리는 정보가 너무 많기 때문에 쉽게 접근할 수 있는 정보만 처리하려고 한다. 그런데 접근하기 어려운 정보에, 불편한 책들 속에 더 많은 보석이 들어있다는 생각은 안 해봤는가. 불편한 책을 읽다 보면 자신의 부족한 점을 자각하게 해주고 이전의 생각이나 관습, 고정관념에서 깨어나 성장 가능성을 높이고 더 큰 세계로 안내한다. 어려운 일을 극복했을 때 성장하듯 불편한 고전을 읽었을 때 당신의 세계관을 더욱 넓힐 수 있다.

이 책은 하버드생이 읽는 권장도서 중에도 꼭 읽어야 할 40권을 선택하여 일반인들도 고전은 으레 무겁고 어렵다는 편견을 버리고 쉽게 접근할 수 있도록 정리했다. 독자들의 의견을 반영해 국내 고전과 현대건축, 과학도서도 추가했다. 아울러 고전의 사고에만 머물지 않고 저자들의 위대한 사상과 현대문명과의 연관성도 함께 기술했다.

20세기 독일을 대표하는 작가인 헤르만 헤세는 "책으로 가는 여정은 정해진 길이 없다."고 했다. 누군가는 문학작품으로 독서를 시작하기가 쉽고, 누군가는 목차대로 읽는 것을 선호한다. 각자 마음에 와닿는 작품을 먼저 읽어도 된다. 우선순위가 없다. 각자 나름대로 만족과 지혜의 기쁨을 맛볼 수 있는 주제부터 천천히 찾아서 의미와 관계를 맺고 원서를 읽으면 보다 쉽게 고전을 정복할 수 있다. 그렇게 독자들이 이 책 한 권을 통해 고전에 대한 깊은 탐독과 지혜의 길로 접어들 수 있기를 바란다.

정인호

차례

1장 ◆ 서양사상

2장 ◆ 동양사상

3장 ✦ 과학기술

4장 ◆ 동서양 문학

"아빠! 한 쪽에서는 비만을 걱정하고 한 쪽에서는
아이들이 굶어 죽어가고 있다니 정말 기막힌 일 아니에요?"

_ 장 지글러

1장

서양사상

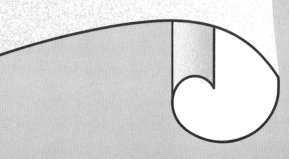

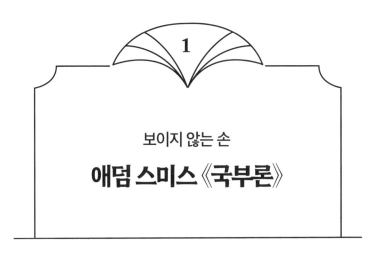

보이지 않는 손
애덤 스미스 《국부론》

《국부론》의 원제는《국부의 형성과 그 본질에 관한 연구An Inquiry into the Nature and Causes of the Wealth of Nations》이다. 1776년에 발표된《국부론》은 국가가 여러 경제활동에 간섭하지 않는 자유경쟁 상태에서도 '보이지 않는 손'에 의해 사회의 질서가 유지되고 발전된다고 주장하였다.《국부론》은 경제학의 개념을 최초로 세운 체계적 저서로 경제학 이론서의 바이블로 불린다. 경제분야뿐만 아니라 정치, 사회, 역사, 교육, 종교, 철학, 법률, 국방 등 광범위한 분야에서 하나의 거대한 학제적interdisciplinary 체계를 수립한 고전의 으뜸으로 꼽힌다.

• 부의 본질

16세기 말부터 18세기에 걸쳐 유럽에 지배적인 경제정책을 펼쳤던 중상주의는 개인 또는 국가의 부富는 화폐, 다시 말해 금과 은에 있다고 여겼다. 부유한 사람이나 국가는 화폐금과 은 를 많이 보유한 개인 또는 국가를 말한다. 그러나 부가 화폐에만 달려 있다고 생각하는 것은 오류다. 화폐는 단지 교환의 수단일 뿐이다. 스미스는 부란 화폐 그 자체가 아니라 화폐로 구매할 수 있고, 소비의 대상이 되어 화폐를 가지고 살 수 있는 물건들필수품, 편의점 이라고 주장했다. 만약 각 나라가 필요 이상으로 금과 은을 금고에 쌓아둔다면 이것은 자원의 낭비이며, 죽은 자본이다.

그렇다면 물건들財은 어떻게 생기는가? 우리가 사는 분업 사회에서 돈이 가치 있는 이유는 돈 그 자체가 가치 있기 때문이 아니라 돈으로 타인이 일하여 만든 물건들을 살 수 있기 때문이다. 따라서 부자와 가난한 자의 구매력 차이는 인간의 노동에 따라 결정된다. 그러므로 '노동의 생산물'이야말로 재의 근원이고 부의 본질이다.

자기 자신의 가치가 결코 변동하지 않는 노동만이 모든 상품의 가치를 때와 장소를 가리지 않고 측정하거나 비교할 수 있는 궁극의 진실한 척도이다. 노동이 모든 상품의 진정한 가격이고 화폐는 명목가격일 뿐이다.[1]

스미스 이래 노동가치설은 19세기 중엽까지의 영국 고전학파의 통설이 되었다. 노동가치설은 사유재산제도의 정당성의 근거이기도 하다. 자기가 일해서 자기가 갖는 것은 당연하기 때문이다. 스미스를 비롯한 존 로크와 데이비드 흄과 같은 당대의 철학자들도 노동가치설의 관점에서 사유재산이 정당하다고 보았다.

하지만 노동가치설을 작금의 현실에 적용하는 것은 불가능하다. 왜냐하면 업무마다 노동의 강도와 스킬, 역량이 다르기 때문에 모든 종류의 노동을 측정할 수 있는 측정수단을 적용하기가 어렵다. 특히 요즘같이 인공지능이나 로봇을 통하여 간접적으로 투입되는 노동의 양을 측정하는 것은 매우 어렵다. 이런 점에서 스미스의 노동가치설은 엄밀한 가치이론으로서 불완전하다. 스미스도 이점을 인식하여 "대체적인 동등성에 따라 시장에서 흥정에 의해 조절된다."고 지적할 뿐 그 이상의 엄밀한 분석을 시도하지 않았다. 오늘날 완전한 직무급 도입이 어려운 이유도 마찬가지다.

이론적 한계에도 불구하고 스미스의 노동가치설은 부의 본질적인 측면에서 중요한 의미를 지닌다. 그것은 부가 저장기능이 아닌 생산에 있다는 점이다. 노동은 인간의 생산활동이기 때문이다. 또한 스미스는 농업만이 부를 창출해야 한다는 중농주의의 편협한 생각을 넘어 제조업에서도 부를 창출해야 한다고 보았다. 왜냐하면 농업뿐만 아니라 제조업도 노동이 투하되어 재화를 생산하는 산업이기 때문이다.

• 보이지 않는 손

《국부론》을 언급할 때 가장 많이 사용되는 용어가 바로 '보이지 않는 손an invisible hand'이다. 그런데 세계를 뒤흔든 명문장으로 알려져 있지만 정작 《국부론》에서 '보이지 않는 손'은 단 한 번밖에 등장하지 않는다. 그것도 '보이지 않는 손'에 이끌리게 된다는 수준에서 언급되었을 뿐이다. 그럼에도 불구하고 '보이지 않는 손'은 애덤 스미스를 설명하는 가장 핵심적인 용어로 인식되고 사용된다.

각 개인이 최선을 다해 자기 자본을 국내산업의 지원에 사용하고 노동생산물이 최대의 가치를 갖도록 노동을 이끈다면, 각 개인은 필연적으로 사회의 연간소득이 가능한 한 최대의 가치를 갖도록 노력하는 것이 된다. 사실 그는 공공의 이익을 증진시키려고 의도한 것도 아니며 그가 얼마나 기여하는지도 알지 못한다.

해외산업보다 국내산업의 지원을 선호함으로써 그는 오직 자신의 안전을 의도한 것이고, 노동생산물이 최대의 가치를 갖도록 그 노동을 지도함으로써 그는 오직 자기 자신의 이익을 위해서다. 그는 이렇게 함으로써 보이지 않는 손에 이끌려 그가 전혀 의도하지 않은 목적을 달성하게 된다. 그가 의도하지 않았다고 하여 반드시 사회에 좋지 않은 것은 아니다. 그가 자기 자신의 이익을 추구함으로써, 그 자신이 진실로 사회의 이익을 증진시키려고 의도하는 경우보다 더욱 효과적으로 그것을 증진시킨다.[2]

여기서 등장한 '보이지 않는 손'은 국가가 아닌 개인이 자기 자본을 자신과 사회에 가장 유익한 방향으로 사용하는 방법을 가장 잘 알고 있다는 점이다. 다시 말해 개인들이 자기 자신의 이익을 추구하면, '보이지 않는 손'에 이끌려 사회의 이익이 증진된다고 스미스는 확신한다. 스미스는 '보이지 않는 손'의 주체를 구체적으로 명시하지 않았지만, 개인의 자유로운 이익 추구를 사회 전체의 이익으로 이끄는 '신의 손'을 지칭하는 것으로 유추할 수 있다.

스미스는 《국부론》를 발표하기 이전에 《도덕감정론》에서도 '보이지 않는 손'을 등장시켰는데, 부자들은 이기적인 마음으로 부를 축적했을지라도 '보이지 않는 손'에 이끌려 모든 사람들에게 생활필수품을 분배한다고 주장했다. 그들이 인지하기도 전에 자연스럽게 사회의 이익이 증진되고 인류 번식의 수단을 제공하는 것이다. 그러면서 이 같은 원리를 신의 섭리와 같다고 말했다. 종합해보면 '보이지 않는 손'은 인간이 지닌 도덕적 능력을 통해 사회가 선순환하도록 사회 정의와 상호 신뢰를 발현하기 위한 개념이라고 볼 수 있다.

● 정답은 없다

《국부론》에서 빼놓을 수 없는 핵심 내용 중 하나는 정부의 잘못된 경제규제를 철폐하여 자유롭고 공정하며 경쟁적인 시장경제를 확립하는 것이다. 시장 메커니즘의 핵심은 정부의 통제가 아니라 자유로운 경쟁이며, 시장가격 형성, 수요와 공급의 조절이 모두 경쟁과정을 통해 이루어진다. 경쟁은 선택의 자유에서 나오는데 인간의 이기심과 위험한 성향을 억제하는 기제가 경쟁을 유발한다. 인간은 더 많은 것을 얻으려는 이기심이 있으므로 더 많이 얻으려고 더 열심히 일한다. 이것은 스미스의 가장 예리한 통찰이었다. 이기심 없는 경제활동은 불가능하며, 서로 이익을 추구하는 것은 당연한 원리다. 인간이 본성은 자신의 이익을 추구하게 되고 그 과정속에서 경쟁은 불가피하다. 이런 경쟁의 과정을 거치면 생산성 극대화로 이어지고 결국 국부가 증진되어 공익에 이바지하게 된다.

스미스는 경제활동의 자유를 주장하였으나 그렇다고 무제한의 자유를 주장하지는 않았다. 정부의 역할도 완전히 부정하지 않았다. 필수불가결한 최소한의 정부역할을 인정했다. 궁극적으로 스미스가 《국부론》을 쓴 것은 개인과 국가가 부유해질 수 있도록 경제발전의 체계를 구축하고자 함이었다. 정부는 법치주의를 확립하여 권력자가 개인의 재산을 함부로 빼앗지 못하게 하고, 치안을 확보하며, 개인의 재산을 보장해야 한다. 아울러 독과점을 철폐하고, 매점매석의 금지, 가격결정 및 담합, 수출지원과 수입제한 등 경제활동에 관한 불필요한 정부규제를 철폐하여 자유로운 경쟁시장을 만들어야 한다.

누구나 잘살기 위해 돈을 벌려고 노력하는 것이 인간의 본성이므로 시장을 발달시켜 사람들이 자발적으로 열심히 필요한 물건을 만들어 교환할 수 있게 해야 한다. 시장의 발달은 분업을 촉진시켜 생산성을 향상시킨다. 생산활동을 통해 발생된 이윤은 저축하고 그 덕분에 자본축적이 이루어진다. 축적된 자본은 수익률이 높은 산업에 투자되어 노동생산성을 향상시키고 동시에 노동자의 고용을 증대시킨다. 노동생산성 향상과 고용의 증대는 총생산을 증대하고 궁극적으로 국가의 경제발전을 도모한다.

그러나 스미스의 낙관적 경제발전론은 한계에 직면했다. 19세기까지 유럽경제는 그의 예상대로 크게 발전했다. 이후 빈부격차의 확대, 불황과 대량실업의 발생, 독과점화, 환경파괴와 같이 시장경제의 여러 가지 심각한 병폐들이 나타나기 시작했다. 현대 경제학에서는 이를 '시장의 실패'라고 한다. 시장의 실패란 경제활동을 자유시장기구에 맡길 경우에 효율적인 자원배분 및 균등한 소득분배를 실현하지 못하는 경우를 말한다.

스미스가 시장의 실패를 예측하지 못한 이유는 그가 활동하는 18세기 후반에는 아직 자본주의가 성숙하지 않아서 이런 병폐들이 명확히 드러나지 않았기 때문이다. 이후 시장의 실패를 극복하기 위해 정부의 적극적인 개입을 인정하는 개입주의가 지지를 얻게 되면서 선진 복지국가가 탄생했다. 2차 세계대전 이후 1970년대까지 선진 복지국가들은 적극적인 경제개입정책을 통해 유례없는 장기 번영을 누렸다.

하지만 정부의 비효율, 정경유착, 부정부패 등의 폐해로 인해 정부 실패를 초래하게 되었다. 정부의 역할 증대에 비례하여 정부의 실패가 증가하였고 이에 대한 국민들의 불만이 누적된 것이다. 이를 배경으로 등장한 것이 바로 신자유주의Neoliberalism다.

신자유주의는 국가권력의 시장개입을 비판하고 시장의 기능과 민간의 자유로운 활동을 중시하는 이론이다. 프리드리히 하이에크와 밀턴 프리드먼, 앨런 뷰캐넌과 같은 시카고학파는 "애덤 스미스로 돌아가자."와 경제 자유화를 외치면 정부규제 축소, 국영기업의 민영화, 노동시장의 유연화 등을 주장했다. 신자유주의는 1980년경부터 미국과 영국을 비롯한 선진국과 후진국을 막론하고 전 세계를 지배했다. 이로 인해 정부의 실패는 상당히 감소하였으나 시장의 실패는 다시 만연하게 되었다.

미국의 시인이자 소설가인 거트루드 스타인Gertrude Stein은 "정답은 없다. 지금까지도 정답이 없었고 앞으로도 정답이 없을 것이다."고 했다. 경제학도 예외는 아니다. 분명 정답은 없지만 해답은 있다. 정답이 유일하게 정해진 것이라면 해답은 다양한 해결 방안을 포함한 것이기 때문이다.《국부론》을 통해 경제 지력知力을 높여 미래 경제학의 해답을 찾아보기 바란다.

애덤 스미스 Adam Smith

스코틀랜드 출신의 영국의 정치경제학자이자 윤리철학자이다. 고전경제학의 창시자로 1740~1746년 옥스퍼드대학 밸리올칼리지에서 공부한 뒤 1751년에 글래스고대학 교수가 되었다. 36세가 되던 1759년 유럽에 명성을 떨치게 된 《도덕감정론》을 발표했다. 《국부론》보다 17년 앞선다. 1778년 스코틀랜드의 관세 위원이 되고, 1787년 글래스고대학 학장을 지냈다. 말년에 '경제학의 아버지'로 불리며, 돈이 많아질수록 순환이 안 되고 더 가난해지는 중상주의와 식민지 경제를 버리고, 자본주의와 자유무역을 선택할 수 있는 새로운 이론의 기초를 제공했다. 2024년은 그의 탄생 301주년이다.

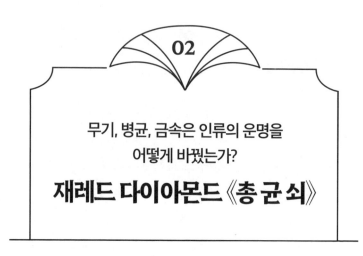

02

무기, 병균, 금속은 인류의 운명을 어떻게 바꿨는가?

재레드 다이아몬드 《총 균 쇠》

《총 균 쇠》는 지리적 조건이 지난 1만 3000년 동안 전 세계인의 역사에 어떻게 영향을 끼쳤나를 명쾌하게 보여줌으로써 세계적인 돌풍을 몰고 왔다. 제국의 건립과 지역 사회의 발전, 문자와 총 그리고 농작물의 기원뿐만 아니라 대륙이 각기 어떤 변천의 과정을 거치게 된 원인을 객관적 근거와 함께 설명함으로써, 인간의 행동 양식이 선천적이고 생물학적으로 결정된다는 인종주의적 인식에 전환을 가져온다.

흥미로운 점은 오늘날 문명의 우열을 가리게 된 배경이 '우연'이라는 점이다. 남북아메리카와 아프리카 남단의 원주민과 유라시아의 민족들이 선사시대 때부터 거주 지역이 바뀌었더라면 오늘날의 사정은 정반대가 될 수 있음을 주장하는 등 인류의 역사와 문명을 분석하는 데 있어 깊이 있는 통찰력을 제시한다. 이 책을 읽다보면 역사 속에서 발생된 의미들을 이해할 뿐만 아니라 앞으로 인류의 미래가 어떻게 전개될지 고민하게 만든다. 《총 균 쇠》는 인류 역사와 문명 분석에 흥미로운 관점을 제시한 공으로 1997년 퓰리처상, 영국 과학출판상, 전미과학상, 타일러 환경공로상, 일본 코스모스상 등을 수상했다.

● 유럽이 신세계를 지배한 힘의 원천

1532년 11월 16일은 잉카의 황제 아타우알파와 스페인의 정복자 프란시스코 피사로가 페루의 고지대 도시인 카하마르카에서 마주치는 순간이었다. 당시 피사로에게는 말을 탄 62명의 병사와 106명의 보병이 전부였고 반면 아타우알파는 약 8만 명에 이르는 대군을 지휘하고 있었다.[3] 그런데 몇 분이 지나기도 전에 아타우알파는 사로잡히고 만다. 8개월 후 피사로는 아타우알파의 몸값을 받은 후 처형했다.

어째서 피사로는 168명으로 500배에 달하는 아메리카 원주민 대군을 격파할 수 있었을까? 스페인이 수천 명을 죽이면서도 단 한 명도 전사하지 않았던 이유는 무엇일까? 피사로의 군사적 이점은 쇠칼을 비롯한 무기들, 갑옷, 총, 말이 절대적 우위에 있었다. 그러한 무기에 대항하는 아타우알파의 군대는 겨우 돌, 청동기, 나무 곤봉, 갈고리 막대, 손도끼, 헝겊 갑옷 수준이었다.

칼 대신 총을 주요 무기로 사용한 스페인 군대는 마을 울타리가 사격 거리 안에 들어왔을 때 무방비 상태의 원주민을 마구 사살했다. 희생자들이 너무 많아서 살아남은 주민들은 시체를 쌓아 놓고 그 뒤에 숨어 있었으며 마을 옆으로 흐르는 냇물은 새빨갛게 피로 물들었다. 이와 같이 군사적 우월성이 유럽인과 스페인 원주민 사이의 수많은 대결에서 엄청난 수적 열세에도 불구하고 시종일관 승리를 거둘 수 있었다.

물론 강한 무기류를 바탕으로 한 군사적 우월성과 기술력의 경쟁우위만으로 유럽인들이 비유럽인들을 정복할 수 있었던 것은 아니다. 상대적으로 적은 유럽인들이 정복에 결정적인 역할을 담당했던 것은 바로 질병이었다. 상당한 면역을 가진 침략자들이 천연두, 홍역, 인플루엔자, 발진 티푸스, 흑사병을 비롯한 전염병을 퍼뜨리면서 대륙의 많은 민족들을 몰살시켰다. 유럽인이 가져온 각종 질병은 남북아메리카 전역으로 퍼져나가게 되었다. 1731년 유행한 천연두는 유럽의 이주민들이 남아프리카공화국의 원주민이었던 산족을 전멸시키는 데 가장 큰 요인으로 작용했다.

아메리카 원주민들이 유럽을 식민지로 만들지 못하고 그 반대 현상이 발생한 이유는 무엇일까? 어째서 아타우알파는 스페인을 정복하지 못했을까? 피사로는 유럽의 해양기술 덕분에 스페인에서 대서양과 태평양을 건너 페루로 넘어올 수 있었다. 아타우알파에게는 그러한 기술이 없었으며 남아프리카를 벗어나 유럽을 식민지로 만들 생각을 할 수 없었다.

해양기술과 더불어 정치조직은 다른 대륙으로 팽창할 때 근본적인 요소로 작용된다. 피사로의 중앙집권적 정치는 자금을 마런하여 배를 건조하고, 장비를 구입하는 데 주요 역할을 한다. 잉카 황제에게도 중앙집권적 정치조직은 있었지만 신과 같은 존재인 절대군주와 밀접한 관련이 있어 아타우알파가 죽자 송두리째 와해되고 말았다.

스페인이 페루에 올 수 있었던 또 한 가지는 문자의 존재와 정보의 활용이다. 잉카 제국에는 문자가 없었지만 스페인에는 있었다. 정보는 입으로 전하는 것보다 문자를 사용할 때 훨씬 더 정확하고, 자세하고, 더 멀리 전파할 수 있다. 아타우알파는 스페인의 군사력에 대한 정보를 거의 갖지 못했다. 그들이 가진 정보는 빈약한 입으로 전해질 뿐이었다. 반면 스페인은 책을 통해 유럽에서 멀리 떨어진 동시대의 수많은 문명과 수천 년의 역사를 알 수 있었다. 피사로가 아타우알파를 잡으려고 매복한 것은 에스파냐의 아즈텍 왕국 정복자인 에르난 코르테스Hernán Cortés가 성공을 거두었던 작전을 모방한 것이었다.

유럽이 신세계를 식민지로 지배한 직접적인 요인들은 총기, 쇠무기, 말 등을 중심으로 한 군사기술, 중앙 집권적 정치 조직, 유라시아 고유의 전염병, 해양기술, 문자와 정보의 활용이다. 《총 균 쇠》는 그러한 직접적 요인들을 함축하고 있다.

• 유산자와 무산자의 운명

인류 역사는 농업의 힘을 가진 민족 유산자와 못 가진 민족 무산자 사이의 불평등한 갈등 관계로 이루어져 있다.[4] 유산자는 간접적으로 총, 균, 쇠가 발전하는 데 필요한 선행 조건을 갖추었고 이는 식민지를 지배할 수 있는 힘의 원천이 되었다. 그럼 식민지 지배와 식량 생산 사이의 주요한 연관성에 대해서 살펴보자.

첫째, 농경민과 목축업에 종사하는 사람은 수렵 채집민보다 같은 면적의 땅에 의존하여 먹고 살 수 있는 사람의 수가 10배에서 100배 정도 많다. 일정한 넓이의 땅에서 생산 가능한 땅의 비율이 10퍼센트가 아닌 100퍼센트를 차지하게 된다면 단위면적당 얻을 수 있는 식품 열량은 훨씬 더 많아진다. 단위면적당 넓은 생산량은 농경민 및 목축업 종사자들이 수렵채집민 부족에 비해 중요한 군사적 강점을 내포한다.

둘째, 유산자는 가축을 소유하여 인간에게 먹거리를 제공한다. 가축화된 동물들은 야생 사냥감을 대신하여 주된 동물성 단백질 공급원이 된다. 일부 대형 포유류는 젖과 버터, 치즈, 요구르트 등의 유제품을 제공하기도 한다. 동물의 분뇨는 농작물을 재배하는 비료의 주원료와 불을 피우기 위한 연료로도 사용된다. 잉여 식량을 저장할 수 있게 되어 칼이나 총기를 비롯한 각종 금속 기술을 발전시키고 훨씬 더 많은 정보를 안전하게 보존할 수 있다. 가축화된 대형 포유류는 19세기에 철도가 개발될 때까지 육상운송의 주요 수단으로 활용되면서 인간 사회를 더욱 혁신시켰다.

셋째, 동식물의 가축화·작물화로 인해 수렵채집생활보다 더 많은 먹거리를 확보하게 됨으로써 인구밀도가 높아졌다. 일단 안정적인 거처가 확보되면 그때부터는 산아간격을 단축시킬 수 있기 때문이다. 농경민족의 산아간격은 약 2년으로, 수렵채집민 4년의 절반에 불과하다.

넷째, 질병에 대한 저항력을 진화시킨다. 정복전쟁에서 중요했던 것은 가축화된 동물과 더불어 인간 사회에서 진화한 천연두, 홍역, 인플루엔자 등과 같은 병원균이었다. 동물을 가축화한 사람들은 새로 진화한 병원균에 제일 먼저 희생되었지만 사람들은 곧 새로운 질병에 대한 면역력을 높일 수 있었다. 면역력이 높은 사람이 특정 병원균에 노출된 적이 없었던 사람과 접촉하게 되면 당장 유행병이 돌기 시작하여 심한 경우 전체 인구의 99퍼센트까지 몰살되기도 했다.

가축화된 동물들에게서 얻은 병원균들은 유럽인들이 아메리카, 아프리카, 오스트레일리아, 남아프리카공화국, 태평양의 여러 섬 등지의 원주민들을 정복할 때 결정적인 역할을 담당했다.[5]

식량생산을 일찍 시작한 지역의 민족들은 가축화된 동물을 바탕으로 문자와 무기, 운반수단, 병원균, 중앙집권화된 정치를 발달시켰고 사회적으로 계층화되고 기술적으로 혁신적인 정주형 사회로 발전하는 데 궁극적인 역할을 수행했다.

● **환경결정론**

식량생산의 기원이 총, 균, 쇠의 탄생에서 나타난 지리적 차이를 이해하는 데 핵심요소가 되는 것을 확인했다. 그와 못지않게 식량생산의 전파과정과 속도를 이해하는 것도 매우 중요하다. 식량생산이 전파된 경로를 살펴보면 서남아시아에서 유럽, 이집트와 북아프리카, 에티오피아, 중앙아시아, 인더스강 유역으로, 서아프리카에서 동아프리카로, 중국에서 필리핀, 인도네시아, 한국, 일본으로, 중앙아메리카에서 북아메리카로 전파되었다. 이 경로축의 공통점은 동서 방향이다. 청동기시대는 식량 생산경제로의 급격한 전환이 일어났고 이후 동서 방향으로 식량 생산이 가장 신속하게 이뤄졌다.

가령 서남아시아에서 유럽과 이집트 등 서쪽으로 전해지는 연평균 속도는 1년에 1.1km였고, 필리핀에서 동쪽 폴레네시아로 전해지는 연평균 속도는 1년에 5.2km였다. 반면 식량생산이 느리게 전파되었던 것은 남북 축 방향이다. 가령 멕시코에서 북상한 옥수수와 누에콩이 서기 900년경에 미국 동부에서 생산성을 확보하기까지 연평균 전파 속도는 0.5km 이하였고, 페루의 라마가 에콰도르에 전파된 속도는 연평균 0.3km에 불과했다. 가축의 경우도 크게 다르지 않다. 서남아시아의 가축이 서쪽으로 유럽과 동쪽으로 인더스 강 유역에는 거의 대부분 제대로 전해진 반면 안데스에서 가축화된 포유류는 중앙아메리카에 전해지지 못했다.

농작물은 왜 동서를 축으로 그렇게 빠르게 전파되었을까? 위도에 따라 유전자의 조건이 달라지기 때문이다. 위도란 지도상의 가로선을 말한다. 동서로 늘어서 있는 지역들은 낮은 길이와 계절의 변화가 똑같다. 뿐만 아니라 질병, 기온과 강수량의 추이, 생식지나 생물군계 등도 서로 비슷한 경향이 있다.

각각의 동식물은 자기가 처한 환경 속에서 진화되었으므로 그 환경에서 발생하는 여러 가지 계절적 추이의 신호에 반응하도록 자연선택을 통해 유전적 프로그램이 입력되어 있다. 이 같은 추이는 위도에 따라 크게 달라진다.[6]

각 대륙에 따라 달랐던 축의 방향은 식량생산 확산의 이점만 낳은 것이 아니다. 지난 500년 동안 유라시아의 농업이 아메리카 원주민이나 사하라 이남 아프리카인들의 농업에 비해 더 빠르게 전파되었던 것은 유라시아의 문자발전, 제국건설, 유전적 면역력, 야금술, 다양한 기술력 등이 더 신속하게 확산되는 데 일조했다. 이러한 환경적 특성으로 인해 역사의 수레바퀴는 유라시아 중심으로 회전했던 것이다.

아프리카가 다른 대륙보다 훨씬 일찍 시작하고 다양한 기후와 생식지, 인종 등의 이점을 두루 갖추고 있었으나 유라시아에 비해 늦어질 수밖에 없었던 결정적 이유는 유럽과 아프리카인의 차이 때문이 아니다. 그것은 지리적, 생물학적 우연 때문이다. 즉 아프리카와 유럽의 역사적 궤적이 달라진 것은 궁극적으로 '환경결정론'에서 비롯되었던 것이다.

혹자는 '환경결정론'에 부정적인 시각이 있음을 드러낸다. 인간의 의지나 능력과는 무관하게 주어진 환경에 의해 결정되었다는 주장은 인간의 자율성과 창의성의 영향력을 평가절하하며 어떤 면에서는 숙명론적이기까지 하다는 점이다. 역사의 흐름에서 인간의 창의성이 수행한 역할을 간과해서는 안 된다. 하지만 역사의 단면으로 보면 어떤 비범한 인재가 혹독한 환경을 이겨내고 거대한 족적을 남기기도 하지만, 천 년 이상의 무구한 역사적 시점으로 보면 결국 국가의 운명은 개개인의 차이보다 환경적 차이에 더 큰 영향을 받을 수밖에 없다.

재레드 다이아몬드 Jared Mason Diamond

1937년 미국 메사추세츠 주 보스턴의 러시아 이민자 출신 아슈케나짐 유대인 가정에서 출생했다. 하버드대학을 졸업하고 영국 케임브리지 대학에서 생리학 박사 학위를 취득했다. 현재 캘리포니아주립대 의과대학에서 생리학 교수로 재직 중이며, 1964년부터 뉴기니를 주 무대로 조류생태학을 연구하고 있는 조류학자다.

세계적으로 유명한 과학 월간지 《네이처》《내추럴 히스토리》《디스커버》등에 기고하는 저널리스트이며, 과학의 대중화에 기여한 공로로 수여되는 영국의 과학출판상과 미국의 《LA 타임스》 출판상을 수상했다. 지은 책으로는 《제3의 침팬지》《대변동》《섹스의 진화》《문명의 붕괴》등이 있다.

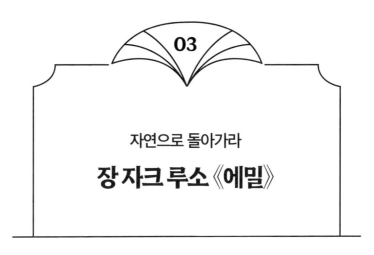

03

자연으로 돌아가라
장 자크 루소 《에밀》

'어떻게 해야 아이들을 잘 교육시킬 수 있을까?' 루소는 200년 이 문제에 대해 고민했고 《에밀》이라는 책을 세상에 내놓았다. 루소는 '에밀'이라는 가상의 아이를 설정하여 에밀의 교사가 되었다는 가정 하에 태어나서 결혼까지의 교육과정이 담긴 내용을 소설처럼 그려냈다. 그는 성장 단계별로 알맞은 교육방식을 논하면서 특히 자연상태에 맞는 교육을 통해 인간의 본성을 십분 발휘하며 자유로운 인간으로 성장하는 것이 가장 이상적이라고 주장하고 있다.

출간 이후 종교적 담론에 휘말리면서 격렬한 비난과 논쟁을 불러일으켰지만 《에밀》을 읽고 진정성에 감동한 사람들이 많아지면서 폭발적인 인기를 끌었다. 특히 독일의 철학자인 칸트, 괴테, 실러 등은 《에밀》의 사상에 흠뻑 취하기도 했다. 칸트는 매우 규칙적인 생활을 하기로 유명한데 그가 산책하면서 문 앞을 지나 갈 때 시간을 맞출 정도였다. 그런데 언젠가 일주일 동안 그가 시간표를 지키지 않은 적이 있었는데, 바로 《에밀》을 읽고 있던 때였다.

낭만주의를 전후하여 《에밀》은 다양한 계층의 특별한 애호를 받았고, 부잣집 아이들 중에는 에밀이라는 이름을 붙인 아이들도 많았다. 《에밀》은 교육에 관한 내용뿐만 아니라 루소의 인간관과 사회관을 종합적으로 파악할 수 있다. 내용이나 영향력 측면에서 가장 완벽한 작품으로, 인류 문명이 낳은 최대 걸작 가운데 하나로 평가받는다.

● 자연주의 교육론

루소는 《에밀》을 통하여 자연 속 인간 삶의 가치를 지향하는 '자연으로의 회귀'를 강조한다. 루소가 "자연으로 돌아가라."라고 한 것은 인간의 본래의 모습, 자유롭고 선하게 태어난 상태로 돌아가라는 의미다. 그에게 있어 자연이란 사상 전체를 꿰뚫는 하나의 핵심이고 기본이 되는 것으로 이것에 대한 정의가 없이는 루소를 이해할 수 없다. 자연주의는 감정과 지식밖에는 가지고 있지 않은 원시 상태로 불평등도 없는 반문명적인 상태를 말한다. 따라서 인간은 자연을 통해 아름다운 질서와 참다운 행복을 느낄 수 있고 오직 자연상태에서 인간의 능력과 욕망이 균형을 유지할 수 있다.

자연이란 사물의 본질이자 인간의 본성이다. 인간은 태어날 때 자연에 영향을 받기 때문에 이에 적합한 교육이 이루어져야 한다. 루소는 아동의 본성을 지켜주는 세 가지 교육, 다시 말해 자연에 의한 교육, 사물에 의한 교육, 인간에 의한 교육 중 자연에 의한 교육이 가장 중요하게 교육되어져야 한다고 강조한다.

자연을 관찰하라. 그 자연이 당신에게 가리키는 길을 따라가라. 자연은 끊임없이 아이를 훈련시킨다. 자연은 우리에게 일찍부터 고통과 역경이 무엇인지를 가르쳐준다. 또 자연은 우리들이 지니고 있는 힘의 사용법을 알 수 있도록 가르쳐 주고, 우리의 기관에 적합한 도구들의 사용법을 잘 습득하도록 가르쳐준다.[7]

인간으로서 지켜야 하는 법칙은 자연에 순응하는 것이다. 사회적 제약에서 벗어나 자연이 부여한 고통과 시련을 겪으며 청년기에 이르러 이성적인 사고를 할 수 있는 자연인이 되는 과정을 이루어 내는 것이다. 그럴 때 인간은 행복해질 수 있고 자율적인 태도로 합리적 사고를 하며 자기 삶의 주재자가 된다.

● **발달단계별 교육방법**

《에밀》은 아이의 성장 과정을 다섯 단계로 구분하여 각 단계별 적합한 교육방법을 제시한다.

제1기 유아기는 출생 후 말을 시작할 때까지의 기간이다. 이 시기에 교육은 자기 보존에 필요한 운동 이외에는 아무것도 요구하지 않는다. 자기 힘으로 할 수 없는 일은 요구하지 않기 때문에 아기의 팔과 다리는 자유롭게 움직일 수 있도록 풀어주어야 한다. 때문에 배내옷은 사라져야 할 악습이다. 육체적 성장에 필요한 움직임의 자유를 구속하거나 아기를 강보에 묶어 놓는 일은 어른들의 태만에서 비롯된 것이다.

참된 유모는 어머니이고 참된 가정교사는 아버지다. 아이의 교육을 유모나 가정교사에게 맡기지 말고 어머니의 손에 이어 아버지의 손으로 옮겨가게 하라. 돈으로 자기 책임을 전가해서는 안된다. 당신이 당신의 아이에게 붙여주는 것은 선생이 아니라 한 하인일 뿐이다. 그 하인은 곧 당신의 아이를 또다른 하인으로 길러낼 뿐이다. 좋은 교육을 받지 못한 사람에게서 어떻게 아이가 좋은 교육을 받을 수 있을까.

인간은 개미들처럼 빽빽이 뒤엉켜 살도록 만들어지지 않았다. 인간은 모이면 모일수록 더 타락한다. 영혼의 타락과 신체의 병약함은 너무도 많이 우글거리는 그 군집의 불가피한 결과다. 인류파멸의 구렁텅이인 도시에서 벗어나 생기를 불어 넣어주는 시골에서 아이가 생활하도록 해라. 인간에게 더 자연스러운 곳에 체류하면서 자연의 의무를 충실히 이행하는 쾌락을 즐겨라.

제2기 아동기는 다섯 살에서 열두 살까지로, 말을 배우기 시작한 때이다. 아동기는 자연적인 본성이 가장 잘 드러나는 단계이므로 이 시기는 자연적인 본성이 더욱더 확대되어 깊이가 드러나는 교육을 해주어야 한다. 루소는 태어나면서 12세에 이르기까지의 이 시기를 교육에 있어서 가장 위험한 단계로 보고 있는데, 이는 만일 이 시기에 인간의 본성이 스스로 내보이지 않는다면 그 이후의 교육은 이루어질 수 없으며 결국 아무 소용도 없다고 해석한다. 따라서 인간에 내재해 있는 자연, 그 선성이 스스로 드러나도록 하기 위해 주입식 교육을 배제하고 신체 기능이 먼저 발달하도록 해줘야 한다.

불확실한 미래를 위해 현재를 희생시키면서 아이에게 온갖 종류의 사슬을 채워, 그가 맛보지도 못할 이른바 그 행복이라는 것을 미래에 안겨준다는 미명아래 아이를 불행하게 만드는 그런 야만적인 교육을 도대체 어떻게 생각해야 하는가?[8]

플라톤은 《국가론》에서 아이들을 축제와 유희와 노래와 오락으로만 교육시켰다. 고대 로마의 철학자인 세네카Seneca는 로마 젊은이들에게 아무것도 가르치지 않았다. 그렇다고 그들이 성년이 되었을 때 더 모자란 점이 있었던가? 무위無爲를 두려워하지 말라. 아이가 행복하게 지내는 것만큼 가치 있는 일이 어디 있는가.

제3기 소년기는 12세에서 15세까지의 시기를 말하며, 이 시기의 특징은 아이의 힘이 욕망보다 앞서기 때문에 상대적으로 기운이 가장 왕성한 시기다. 루소는 능력이 욕망보다 넉넉한 상태, 가장 행복한 시기라 했다. 루소는 12세까지 책을 통한 주입식 교육을 금지했는데, 에밀이 읽게 되는 최초의 책을 제시한다. 그것은 고대 그리스의 철학자 아리스토텔레스도, 프랑스의 수학자 조르주루이 르클레르 드 뷔퐁도 아닌 바로 로빈슨 크루소다.

루소가《로빈슨 크루소》라는 책을 강조하는 이유는 인간이 타인에 의해 의지할 때 연약해지며, 타인의 의견에 대한 의존이 불행의 원인이 되기 때문이다. 그렇다고 인간이 타인과 아무런 접촉이 없이 독단적으로 살아야 한다는 의미는 아니다. 남에게 의지하지 않고 타인의 평판에 구속받지 않으면서도 자신의 존재와 타인의 존재를 명확하게 구분할 줄 아는 그러한 주체적인 존재이어야 한다.

이 시기는 학문을 가르치는 것보다 학문을 사랑하는 취미를 갖게 하여 그 취미가 더 커질 때 학문을 배우는 방법을 가르치는 것이 중요하다. 그것은 절대로 강제여서는 안 되고 주의를 기울여 조금씩 습관화되도록 해야 한다. 루소의 교육정신은 많은 것을 가르쳐주는 것이 아니라 아이의 두뇌 속에 정확하고 명료한 관념만 넣어주는 것이 근본 원칙이다.

아이가 질문을 하면 단편적인 정답이나 호기심을 충족시키는 답변이 아닌 오히려 호기심을 더 증대시키는 답변을 줘라. 아이가 하는 말보다 그에게 그런 말을 하도록 하는 동기에 더 귀를 기울여라. 그의 능력 안에서 문제를 내고, 그것을 스스로 풀게 하라. 다른 사람의 지식을 수동적으로 배우게 하지 말고 아이 스스로 만들어 내도록 하라. 그러면 당신은 곧 호기심 많은 아이로 만들 것이다.

제4기 청년기는 15세에서 20세까지의 시기로 성적인 존재로 태어난다. 성에 눈을 뜨기 시작하는 시기는 마치 질풍노도와 같은 현상이며 넘쳐흐르는 정열은 나 아닌 다른 사람에게, 특히 이성에게 관심을 쏟는다. 지금까지 자기만을 사랑했던 에밀이 비로소 나 아닌 다른 이성, 타인에 대한 애정을 느끼게 된다. 다시 말해 성을 인식하면서 비로소 생기는 타인에 대한 애정에 의해 사람은 고립된 존재에서 벗어나 사회적·도덕적 존재가 되는 것이다.

이 시기는 사고력, 추리력, 이해력 등의 지적 능력에다 종교적이며 도덕적인 감정이 형성되는 때이다. 동정심과 박애주의도 기지개를 켠다. 그러므로 이제는 역사를 비롯한 실천적인 도덕을 가르쳐야 한다. 또한 자신을 도덕적인 존재로 인식하기 시작하는 시기이므로, 인간 마음의 기본적인 특징을 보는 방법도 배워야 한다.

잘못을 저질렀을 때 질책하지 말라. 질책은 자존심을 상하게 하여 그로 하여금 반항하게 만들 뿐이다. 반감을 일으키는 훈계는 전혀 도움이 되지 않는다. 특히 다른 사람보다 더 우수하다고 생각되는 사람을 비교하여 위안을 주는 행위는 더 큰 굴욕감을 자아낼 뿐이다. 어느 정도 자존심의 여지를 남겨놓고 동정하는 것처럼 보임으로써만 그를 교정하라.

교육의 마지막 단계인 제5기는 성년기로 에밀이 이상적인 아내 소피를 만나 결혼과 여성 그리고 남성과의 관계 속에서 여성에 대해 논한다. 루소는 여성에 대한 시각이 에밀의 방식과 다른 보수적인 시각에 머물러 있다. 가정을 형성하기 위해서는 남성과 함께 여성도 그 역할을 맡아야 하지만 방법적인 측면에서는 에밀과 동일한 방법은 아니더라도 필요성을 어필한다.

그런데 《에밀》 5부를 읽다보면 평등과 자유의 옹호자인 루소에게서 반여성주의적 발언이 발견된다. "여자는 수동적이고 약해야 한다.", "여자는 남자의 마음에 들기 위해 노력해야 한다.", "여자는 남자에게 복종하기 위해 만들어졌다." 등의 표현은 선뜻 이해하기 어렵다. 당시 18세기까지 이어져 내려온 남성중심의 세계관을 벗어나지 못하고 루소 사상의 한계를 드러내는 것은 아닌지 의문이 든다. 그럼에도 불구하고 《에밀》 5부는 루소의 의도에 볼 때 핵심적인 내용을 담고 있다. 왜냐하면 루소는 에밀을 단순히 '자연인'으로 기르고자 한 것이 아니라 '사회 속의 자연인'으로 기르고자 한 것이기 때문이다.

● 교사의 자질과 역할

루소의 교육관은 아동의 신체적 자유를 보장하고, 개성을 존중하는 등 기존에 없던 교육 풍토를 조성하는 데 크게 기여했다. 하지만 이를 실행하는 교사의 역할에 대한 고찰이 부족한 실정이다. 그렇다면 교사에 필요한 자질과 역할은 무엇일까?

루소는 교사가 덕망있고 선량이 인간이 되기를 주문한다. 아이들은 스스로 말한 것과 들은 것은 쉽게 잊지만 남이 그에게 해준 것은 쉽게 잊지 않기 때문이다. 아이들은 교사의 말은 쉽게 잊지만 교사의 행동은 쉽게 잊지 않는다. 교사가 선한 사람이 되어야 하는 이유는 바로 여기에 있다. 교사의 무의식적인 행동이 아이들에게 큰 영향을 주기 때문이다. 따라서 한 인간에 대한 교육을 시도하기 전에 먼저 모든 사람에게 존경받는 인간이 되어야 한다.

교사들이여, 겉치레를 버리도록 하라. 덕 있고 선량한 인간이 되라. 당신들의 모범적인 행동이 학생들의 기억 속에 새겨져, 마침내는 그들의 마음속까지 스며들도록 하라. [9]

또 바람직한 교사는 아버지의 역할을 해야 한다. 루소는 세상에서 가장 유능한 교사보다도 평범하지만 분별이 있는 아버지에 의해 아이는 더 훌륭하게 교육을 받아야 할 것을 강조했다. 교사는 아버지만큼 아이를 사랑하고, 아이의 교육에 대한 책임의식을 가져야 한다. 교사는 아이에게 아버지와 같은 사랑을 주어야 하며, 아이로부터 존경과 사랑을 받아야 한다. 이러한 사랑은 아이에 대한 교사의 권위를 자연스럽게 만들어 낸다. 《에밀》에 따른 교사의 역할은 남녀의 장벽이 무너지고, 남자와 여자에 대한 전통적인 역할 관념이 해체되는 지금에도 여전히 유효하다.

장 자크 루소 Jean Jacques Rousseau

1712년 스위스 제네바에서 태어난 프랑스의 사회계약론자이자 직접민주주의자, 계몽주의 철학자이다. 무엇보다도 그는 정치철학사에서 매우 중요한 인물로서, 사회계약은 자유와 평등에 기반해야 하므로 국가의 규칙인 법은 '일반의지'를 통해 결정되어야 한다는 인민주권론을 주장하여 민주주의의 이론적 토대를 마련하였고, 이후 이 사상은 프랑스 대혁명에 직접적인 영향을 끼침으로써 근현대 민주주의 형성에 기여했다.

1761년 소설《신 엘로이즈》가 파리에서 시판되어 큰 성공을 거두어 어마어마한 유명세를 얻기도 하고, 교육학적으로는 당시의 강압적인 직업 교육에 맞서 개인의 독립성을 길러주는 자연주의적 교육을 주장하여 아동교육에 커다란 전환점을 가져왔다. 1777년《고독한 산책자의 몽상》을 쓰면서 자신의 정체성에 관해 명상하지만 집필을 끝내지 못하고 1778년에 세상을 떠났다. 주요 작품으로는《신 엘로이즈》《에밀》《고백록》《인간 불평등 기원론》《사회계약론》등 다수가 있다.

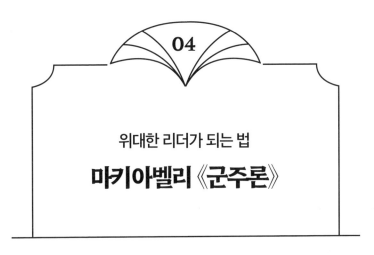

위대한 리더가 되는 법
마키아벨리 《군주론》

《군주론》은 마키아벨리가 공직에서 쫓겨난 후 자신의 공직 복귀를 위해 절치부심하면서 집필한 일종의 '정치적 자문서'다. 당시 44세인 마키아벨리는 새 정부에 공직을 얻고자 하는 희망으로, 줄리아노 데 메디치에게 《군주론》을 헌정할 생각이었지만 나중에 그 대상을 바꿔 줄리아노 데 메디치의 조카인 우르비노의 공작 로렌초 데 메디치에게 헌정했다. 그가 《군주론》을 헌정하고자 했던 이유는 두 가지가 있다. 하나는 앞서 설명한 바와 같이 공적 활동을 재개하고자 하는 욕구와 또 하나는 피렌체를 강력한 국가로 건설하는 데 헌신하고자 함이었다.

당시 피렌체는 극심한 정치적 혼란을 겪고 있었다. 한때 세계를 호령했던 로마제국의 후예인 이탈리아는 다수의 소규모 도시국가로 나뉘어져 있었다. 주변 강대국인 프랑스와 스페인이 이탈리아에서 주도권 쟁탈전을 펼칠 때에도 이탈리아는 그것을 저지할 만한 힘이 없었다. 그러던 1492년 프랑스 국왕 샤를 8세가 피렌체를 침공하자 피렌체 국민들은 메디치 가문의 지배체제에 대한 불만이 폭증하기 시작했다. 이는 메디치 체제의 붕괴로 이어졌고, 극심한 내부 분열과 불안전한 정국으로 이어졌다.

한편 마키아벨리는 "이 책은 부당한 오해와 더불어 마르지 않는 경탄의 보고가 될 것이다."라고 언급했다. 혹자들은 악마가 쓴 책이라고 혹평하기도 한다. 이 말이 증명하듯《군주론》만큼 몇 세기 동안 논란이 된 책은 없었다. 그도 그럴 것이 16세기 금서로 지정된 문제작이자 히틀러와 무솔리니가 사랑한 독재자의 책이다. 하지만 하버드와 MIT의 필독서이자《타임》과《뉴스 위크》가 선정한 가장 영향력 있는 100대 도서이기도 하다. 극과 극의 평가를 받는 두 얼굴의 책을 파헤쳐보면서 스스로 판단을 해보기 바란다.

총 26개 장인《군주론》은 크게 네 부분으로 구성되어 있다. 1~11장에는 군주국에는 어떤 유형이 있고 군주는 이를 어떻게 획득하고 통치하느냐에 대한 문제를, 12~14장에는 군사력을 어떻게 사용하고 다루어야 하는지를, 15~23장에는 군주가 어떻게 행동해야 하는지를, 24~26장은 결론 부분으로 구성되어 있다.

● 이상보다 진상을 추구하라

어떤 일을 행할 때 이상理想보다는 그 사건의 진상眞相을 따르는

게 더 적절하다. 많은 사람들은 실제 존재하지도 않는 공화국이나 군주국을 상상했다. 그러나 사람이 '어떻게 사는가?'의 문제는 '어떻게 살아가야 하는가?'의 문제와 분명 다르기 때문에, 해야 할 일만 내세우고 실제 행해지는 일에 무심한 군주는 자신의 지위를 보존하기보다 잃기 쉽다. 모든 공사公事를 선으로 행하는 군주는 패악과 무리 가운데 있을 때 곧 파멸하게 된다. 그래서 자신의 권력을 유지하려는 군주는 상황에 따라서 선행을 포기하고 악행을 취할 줄도 알아야 한다. **중략** 보다 높은 위치에 있는 군주들은 어떤 자질들 때문에 칭송이나 비난을 받고 후회하거나 인색하다고 평가받는지 잘 알고 있어야 한다.[10]

《군주론》은 이상을 논하지 않는다. 마키아벨리는 인간이 실제로 살아가는 현실을 외면한 채 떠들어대는 몽상가의 말을 신뢰하지 않는다. 군주는 관념적 이상이 아닌 현실적 진상을 이해하고 추구해야 하는 것이《군주론》의 핵심관점이다. 종교인은 진상보다는 이상을 추구하고 설파하는 것으로도 충분하겠지만, 군주는 이상을 품되 눈앞의 문제에 적극적으로 대처해야 하며, 어떻게 살아야 할지에만 관심을 두고 인간이 어떻게 살고 있는지 보지 않는 사람은 자립은커녕 파멸을 경험하게 된다고 경고한다.

마키아벨리는 중세 도덕과 정치를 분리시킨 최초의 사상가다. 그는 냉혹하고 복잡한 현실정치의 문제를 해결하기 위해서는 도덕군자와 과감한 결별이 필요하다고 주장한다. 물론 경솔한 악행으로 불필요한 비난을 불러일으키는 것은 삼가야겠지만 때로는 불가피한 상황에 통상적 악행도 과감히 실행해야 함을 권고한다.[11]

군주는 인색하다는 평판에 개의치 않아도 된다. 백성을 지키기 위해서는, 자신을 지키기 위해서도 **중략** 그래야 한다. 후하다는 평판을 듣는 것은 좋은 일이지만, 좋은 평판을 얻지 못하고 후회하기만 한다면 이 역시 해가 될 것이다.[12]

마키아벨리는 인자한 사람보다 냉정한 사람이 되는 편이 더 낫다고 강조한다. 현대를 살아가는 우리로서는 다소 의아할 수도 있으나 그는 지나친 온정으로 중요한 결단을 내리지 못하거나 어설프게 하다가는 자신은 물론 시민 모두에게 나쁜 결과를 불러올 수 있기 때문에 냉정한 태도를 주장한다. 그는 또한 교황 알렉산데르 6세의 아들로 태어난 체사레 보르자Cesare Borgia가 냉혹한 인물로 악명이 높았지만, 그의 냉혹함은 로마냐를 진정시켰고 통일했으며 그곳을 평화롭고 충성스러운 곳으로 만들었음을 예로 들며 공동체를 위해서는 필요하다면 잔인할 정도로 냉혹한 대상이 될 수도 있어야 한다는 관점을 시사한다.

● 위대한 군주에게 필요한 조건은?

위대한 군주가 되기 위해서는 어떤 성품이 필요할까? 겸손, 정의 추구, 인간미, 자비심, 배려 등이 떠올랐는가? 놀랍게도 마키아벨리는 이 모든 조건을 부정한다. 물론 중요하긴 하지만 군주가 최우선적으로 고려해야 될 조건은 아니라는 주장이다.

로마 황제였던 마르쿠스 아우렐리우스, 페르티낙스, 율리아누스, 세베루스, 알렉산데르는 겸손하고 정의를 사랑하고 다정하고 인간미가 있고 자비심이 있었는데도 모두 비참한 최후를 맞이했다.[13]

민중을 사랑하고 상냥하고 인도적이며 겸손하며 정의를 사랑하고 잔인함을 혐오했던 이들이 비참한 최후를 맞아야 했던 이유는 뭘까? 바로 권력을 지탱하는 구조를 제대로 파악하지 못했기 때문이다. 당시 주목해야 할 점은, 다른 국가의 군주들은 귀족의 야심과 인민의 무례함을 견제하면 됐지만 로마 황제의 권력은 귀족과 민중 그리고 병사에게서 나왔다.

다시 말해 즉 평화를 바라는 민중은 자비심 넘치는 황제를 원했지만, 군사적 야망을 품은 군대는 뻔뻔하고 욕심 많으며 잔인한 황제가 자신들의 재산을 늘려주고 그들의 탐욕과 욕망을 마음껏 해소할 수 있게 해주기를 바랐다. 이런 까닭에 안정적인 군주를 바라는 귀족과 민중, 그에 상반된 탐욕적인 병사까지 제어하며 모든 계층을 만족시키기가 그만큼 어려웠다.

천성 탓인지 수완 탓인지 몰라도 병사와 인민이라는 두 세력을

능숙하게 제어할 수 있는 기량을 갖추지 못한 황제는 반드시 몰락했다.[14]

4차 산업혁명의 시대를 살아가는 현대의 조직에서도 같은 일이 벌어진다. 조직은 크게 경영진, 상사, 부하가 있다. 누구를 제어하고 누구를 후원하면 권력이 들어올까. 당신이 바라는 권력을 지속적으로 유지하는 존재는 누구일까. 의도를 떠나서 자신이 원하는 일을 인정받으려면 권력이 어떤 구조로 발생하는지 먼저 간파해야 한다. 정치를 예를 들어보자. 후보로 나온 정치인이 정의롭고 청렴결백하다고 당선되는 것은 아니다. 물론 영향력이 없진 않지만 투표하는 유권자, 투표하는 단체를 장악하는 사람이 이기는 것이다. 그래서 오늘날 정치인들이 당과 지역을 장악하는 이유가 바로 여기에 있다.

마키아벨리는 권력을 행사함에 있어 군주는 악행은 물론 선행으로도 미움을 살 수 있다고 경고한다. 선의가 중요하지 않다는 말이 아니다. 즉 군주가 권력을 유지하려면 종종 악행을 저지를 수밖에 없다는 것이다. 집단이 부패하고 속임수가 난무한 상황에서 군주가 할 수 있는 일은 악행뿐이다. 이럴 때 선행은 오히려 군주에게 해가 될 뿐이다.

반대의 경우는 어떤가. 24대 알렉산데르 황제의 경우, 그는 실로 훌륭한 인물이었고, 많은 이유로 칭송받았다. 그가 집권한 14년 동안 단 한 번도 누군가를 재판 없이 추방한 적이 없었다. 절차적 공정성을 지켜가며 행한 그의 선행에도 불구하고 사람들은 그를 멸시했다. 사람들은 알렉산데르가 유약하다고 생각했으며,

그가 어머니에게 정치를 내맡기고 있다고 비난했다. 그 결과 그는 군대가 꾸민 음모에 휘말려 암살당하고 말았다.[15]

인간 본성에 대한 오랜 주제인 성선설과 성악설을 《군주론》에 대입시켜 보면 선하지도 않고 악하지도 않은 반인반수伴人伴獸의 괴물과 같다. 인간이란 도덕군자와 짐승의 속성을 모두 가지고 있기에 이를 모두 이해해야만 통치할 수 있다는 것이다.

마키아벨리는 현명한 군주라면 신의를 지키는 일이 자신에게 불리하게 작용하고 또한 자신이 약속한 이유가 소멸할 경우 약속을 지킬 수 없고 또한 지켜서도 안 된다고 말한다. 군주는 여우와 사자를 모두 선택해야 한다.[16] 왜냐하면 사자는 덫으로부터 자신을 지킬 수 없고 여우는 늑대들에게서 자신을 방어할 수 없기 때문이다. 단순히 사자에 의존하는 사람은 이것을 이해하지 못한다. 덫을 식별하기 위해서는 여우가 될 필요가 있고 늑대를 물리치기 위해서는 사자가 될 필요가 있다.

그의 주장이 파격적이긴 하지만 강대국의 틈바구니에서 악착같이 살아남아야 하는 신생 군주가 파멸을 면하고자 한다면 사자의 용맹함과 여우의 간교함을 겸비해야 한다는 것은 당연한 주문으로 해석된다. 다만 여기서 기억해야 할 점은 이 간교함이 적수를 상대로 할 때에만 권고된다는 점이다. 백성을 상대로 간교해서는 안 된다. 이 논리를 오늘날 기업에 적용한다면 간교함은 고객들을 상대로 취할 수 있는 것이 아니라 경쟁기업을 두고 행할 수 있겠다.

마키아벨리가 또한 강조하는 군주의 행동에 대한 판단기준은 성공과 실패가 되어야 한다는 점이다. 여기서 성공은 운이 아닌 자신의 고유한 능력, 다시 말해 비르투virtue에 의해서만 확보될 수 있다. 비르투는 기본적으로 능력, 역량 또는 힘을 의미한다. 비르투는 위험한 일이라고 할지라도 자신이 해야 하는 일이라면 반드시 해내고야 마는 끈기있고 적극적인 자세를 말한다. 새롭고 모험적인 일, 성공을 향한 길에는 늘 위험이 따라다닌다. 이것을 극복하는 최선의 해결책은 자기 자신의 비르투다. 다른 이의 도움이나 행운에 기대지 않고 스스로의 능력을 바탕으로 일어서려는 힘을 가져야 한다는 것이다. 주체적 힘과 의지를 갖고 역경을 극복해 나가는 것이 과거나 지금이나 군주가 가져야 할 비르투다. 마키아벨리는 온몸이 부서지는 고문을 받고나서도 정장을 차려입고 옛성현을 대하듯 경건한 마음으로《군주론》을 집필했다.《군주론》을 보며 진정한 리더의 비르투를 새롭게 고쳐해보기 바란다.

니콜로 마키아벨리 Niccolò Machiavelli

마키아벨리는 1469년 이탈리아 피렌체에서 가난한 변호사의 아들로 태어났다. 메디치 가문이 민중에 의해 쫓겨나고 사보나롤라에 이어 소데리니가 국가수반이었던 시절 피렌체 공화국의 비서관이자 제2행정위원회 서기장으로서 외교정책을 담당했다. 그러다 1512년 피렌체 공화정이 무너지고 메디치 가문의 통치가 복원되자마자 현실정치에서 배제되었다.

그후 저술 작업에 집중해 《군주론》《전술론》《피렌체사》등의 작품을 남겼다. 저술 작업을 하면서 끊임없이 정치 일선에 돌아가고자 하는 열정을 갖고 공직 진출을 시도했으나 빈번히 좌절했다. 그러다 1527년 결국 상실감을 이기지 못하고 복통으로 사망했다. 그의 나이 58세였다.

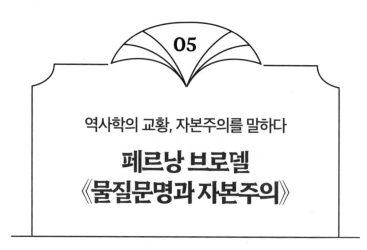

05

역사학의 교황, 자본주의를 말하다

페르낭 브로델
《물질문명과 자본주의》

인간은 과거에서 미래를 찾는 시간적 존재다. 한번도 경험해보지 못한 문제나 복잡한 사건들도 배후의 흐름과 구조를 파악하면 얼마든지 이해할 수 있다고 페르낭 브로델은 강조한다. '역사학계의 교황'으로 불리는 사학자 브로델은 20년간의 구상과 집필 끝에 14~18세기의 물질문명과 인간관계를 조망한 역작《물질문명과 자본주의》를 완성했다.《물질문명과 자본주의》는 모두 3권으로 '일상생활의 구조' '교환의 세계' '세계의 시간'으로 구성됐다.

지금 우리가 살고 있는 현대의 근원과 구조를 이해하기 위해 14~18세기까지의 세계를 총체적으로 드러냈다. 그가 주목한 것은 대중의 일상이다. 대통령이 어떻고 야당이 어떻고 하는 정치적 사건이 아니라 인간의 자질구레한 일상을 역사에 전면으로 내세워 수천 년 전부터 먹고 입고 잠자는 사람들의 변하지 않는 물질문명을 통해 시장경제가 만들어지고 자본주의가 돌아간다는 장엄한 역사의 메시지를 담고 있다.

● 역사 인식

《물질문명과 자본주의》가 제시하는 가장 흥미로운 개념은 '장기지속'이다. 이것은 다른 역사학자와 브로델을 구분 짓는 가장 독특한 개념이다. 대부분의 역사학자는 물리적 시간처럼 인간의 삶과 사회의 어느 특정 사건을 밝히려고 한다. 그러나 브로델은 우리의 삶을 결정짓는 중요한 요소는 대부분 아주 오랜 시간 지속되는 거시적 안목으로 접근했다.

그러니깐 언제부터였는지 알 수 없을 만큼 오래된 역사인데, 어느 순간 우리 눈앞을 보면 오늘날에도 옛 모습 그대로 살아 움직이는 순환의 역사 속에서 우리가 살고 있다는 것이다. 마치 아마존 강이 엄청난 물줄기에 토사를 실어 대서양으로 쏟아내는 모습과 비슷하다는 거다. 그런 식으로 일상생활에서 변함없이 반복되는 가운데 사람들의 기본적인 삶이 전개되는 지리적 · 생물학적 · 경제적 · 정신적 · 장기적 구조가 만들어진다.

일상사의 거대한 부동층을 인용할 때 사용하는 브로델의 메시지를 다시 한 번 들어보자. 바다의 제일 위의 표면에는 끊임없이 찰랑대는 파도가 있다. 그 밑에는 해류의 흐름이 있어서 비교적 느린 속도로 자기 길을 따라 흘러간다. 다시 이보다 더 밑의 층에는 거의 움직이지 않는 깊은 물이 있다. 우리의 눈에는 찰랑대는 파도나 해류 정도가 보일지 모르나, 사실 바닷물의 대부분을 차지하는 것은 몇 백 미터, 심지어는 몇 천 미터나 되는 거대한 심해의 물이다.[17]

역사도 같은 맥락으로 흐른다. 인간의 역사 흐름에는 전쟁, 전쟁으로 인한 집단학살 또는 프랑스 혁명, 러시아 혁명과 같은 각종 시민혁명 등 정치적 대사건만 눈에 띈다. 그러나 실제로 일반 민중들이 영위하는 삶에서는 그런 대사건들이 그렇게 중요한 위치를 차지하는 것은 아니다. 그들은 과거 조상들이 해오던 익숙한 방식대로 농사짓고, 의복을 지어 입으며, 비슷한 음식을 먹으며 땅에 발붙이고 살아왔다. 한마디로 이들의 삶은 큰 변화없이 오랜 기간 지속되었다.

이 거대한 부동의 층이라는 것은 다름 아닌 민중들의 일상생활이라는 영역이다. 이 영역을 제대로 이해하기 위해서는 인구, 일상의 양식, 일상용품, 기술의 전파, 화폐, 도시 등을 이해해야 한다. 이처럼 역사의 지평을 널리 확장한 것이야말로 브로델의 가장 중요한 공헌이라 하지 않을 수 없다.

오랜 전통에 충실한 유럽은 18세기까지도 거친 수프와 죽을 먹었다. 이것은 유럽 자체보다도 더 오래된 것이었다. 에트루리아 인과 고대 로마 인이 먹던 풀스puls는 조를 기본으로 해서 만들었고, 알리카alica는 전분 또는 빵을 기본으로 해서 만든 죽이었다. 카르타고 인이 먹던 알리카는 치즈, 꿀, 계란 등이 들어가는 고급 요리였다. 아르투아에서는 14세기경에 귀리를 가지고 그뤼멜grumel이라는 죽을 자주 만들어 먹었다. 솔로뉴, 상파뉴, 가스코뉴 등지에서는 16세기에서 18세기까지 자주 먹었다. 18세기 초에 프랑스에서는 의사들이 잘 여문 귀리로 만든 것을 전제로 해서 귀리죽gruau을 권했다.

이런 관행은 오늘날까지 전해지고 있다. 스코틀랜드와 영국에는 포리지porridge라는 귀리죽이 있고, 폴란드와 러시아에는 잘게 부수고 구운 호밀을 쌀에 익히는 카차kacha라는 죽이 있다. 1809년 스페인 전투 때에 영국의 한 척탄병은 수중에 있는 수단만으로 음식을 준비하게 되는데, 이것은 오래전의 전통을 그대로 답습한 것이었다.[18]

1914년 7월 28일 제1차 세계대전이 발발했다. 마찬가지로 그날 갑자기 여러 국가 서로에게 선전포고를 하고 전쟁을 일으켰을까? 제1차 세계대전의 시간지속은 어디서부터 어디까지일까? 전쟁을 촉발시킨 사건은 사라예보 사건이다. 그렇다면 사라예보 사건이 제1차 세계대전의 원인일까? 오스트리아 황태자 부부를 저격한 세르비아 청년에게 책임이 있으니 그 청년의 부모가 결혼하지 않았더라면 전쟁이 터지지 않았을까? 사라예보 사건은 촉발 원인일 뿐이지 아무도 배경으로 여기지 않는다. 제1차 세계대전의 근본적인 배경은 제국주의 식민지 쟁탈전이었다.

따라서 1914년에 터진 전쟁을 이해하기 위해서 19세기 중엽의 상황부터 살펴볼 필요가 있다. 제1차 세계대전의 시간지속은 과거로 40년까지 확장된다. 현재와 관련되건 과거와 관련되건, 사회적 시간의 다원성에 대한 정확한 인식은 인간과학들의 공통된 방법론에 필수적인 것이다.

기술 또한 마찬가지다. 모든 것은 기술이 된다. 그것은 급격한 변화를 가져오는 표면 위에 드러난 노력뿐만 아니라 심해의 작은 노력도 포함된다. 다시 말해 화약, 항해술, 인쇄술, 증기 자동차, 풍차, 최초의 기계류같이 우리가 혁명이라고까지 일컫는 변화만 있는 것이 아니라, 작업방식의 개선이나 작업도구의 개발, 또 분명 눈에 확연하게 드러나지 않지만 혁신과 거리가 먼 많은 활동도 포함된다.

같은 맥락으로 오늘날 많은 CEO들이 새로운 전략을 추진하는 데 필요한 영감을 과거에서 가져오곤 한다. 마이크로소프트의 사티아 나델라Satya Nadella도 CEO 취임 첫해에 과거의 유산을 강조했다. 그는 직원들에게 "모바일과 클라우드가 우선시되는 세상을 위해 우리가 과거에 했던 많은 일을 재해석하고 새로운 일을 해야 한다."며 "사람들이 자신의 꿈을 표현하고 달성할 수 있는 기회를 기술을 통해 창출할 수 있다는 믿음을 잃지 말아야 한다."고 강조했다.

브로델이 구조의 불변성을 강조하는 것은 오랫동안 변하지 않는 관습에 의해 유지되는 노력의 성과를 장기적으로 보존한다는 데에 있다. 프랑스 대혁명이나 러시아 혁명 이후에도 여전히 민중의 의식주가 크게 변하지 않듯이 오랜 세월을 내려온 물질생활이 완전히 바뀌기는 힘들다. 아무리 태풍이 불고 해일이 생겨도 시간이 지나면 잔잔한 바다로 복원되는 것과 같은 원리다. 변화와 혁신이 필요한 상황에서 이를 못 본체 또는 무시하자는 것이 아니다. 브로델이 지향하는 세계는 '전체사'이며, 복잡한 인간의 삶을 이해하기 위해서는 역사를 총체적으로 파악해야 한다. 다시 말해 예로부터 쌓아온 물질문명의 뿌리를 바탕으로 그 위에서 활기차게 움직이는 시장경제와 자본주의의 원리를 함께 이해해야 그의 사관을 전체적으로 이해할 수 있다는 거다.

● 시장경제와 자본주의

브로델은 자본주의 인식을 위해 '삼분법적 도식'으로 '물질문명-시장경제-자본주의'를 제시했다. 이 도식은 기존 경제학자들의 시장경제 중심적인 해석의 틀에 반기를 들면서 등장하게 된 것인데, 물질생활의 영역과 자본주의의 영역에서 경제학자들이 놓친 불투명한 부분들에 초점을 맞추는 것이 특징이다. 즉 기존의 경제학자들이 비의도적 혹은 의도적으로 이 불투명한 영역들을 배제하면서 자본주의의 본질과 생리, 발전과정을 곡해하였다는 것이다.

구체적으로 삼분법적 도식이 무엇인지 살펴보자. 역사의 가장 하층에 존재하는 '물질문명'은 사람들의 일상생활 속에서 만들어진 것들이다. 음식, 의복, 주택 등 오랜시간 동안 지속되고 축적되어 온 것들이며 잘 바뀌지 않는 무의식의 영역이다. 즉 물질생활은 시장 밑에 펼쳐져 있는, 흔히 기록이 불충분하여 관찰하기 힘든 불투명한 영역으로, 지표면에 자리 잡고 있는 어마어마한 규모의 기본활동 영역이다.

이는 별도의 화폐적 거래를 거치지 않는 물물교환이나 가사노동, 허드렛일, 현물 및 용역의 직접교환 등 '비非시장경제' 일체를 일컫는 개념이다. 이러한 물질문명은 아무 말 없이 저절로 굴러가는 듯하지만, 이것 없이는 인류의 생존이 불가능한 토대라고 할 수 있다. 브로델은 수치화되지 않고 통계에 잡히지 않는 경제활동의 영역을 기존 경제학자들이 거의 의도적으로 배제하면서 자본주의의 진화과정을 단선적으로 결론지었다고 비판했다.

물질문명의 바탕 위에서 형성된 '경제'는 일상생활을 유지하기 위해 생겨났다. 그가 강조하는 경제 개념은 '시장경제'를 뜻하는데, 투명하다고 여겨지는 대부분의 경제활동 이를테면 일반 상점이나 수공업, 거래소, 정기시장 등이 해당된다. 간단히 '교환가치의 영역'이라고 정의 내릴 수 있는데 이는 흔히 알려진 정상적인 '수요공급 법칙'에 의해서 투명하고 예측 가능하며 규칙적인 형태로 영위되는 경제영역으로 설명된다.[19]

마지막으로 역사의 최상층에 존재하는 '자본주의'는 근대의 탄생과 함께 생겨났다. 브로델은 기존의 자본주의 개념을 자기만의 방식으로 재정의하는 파격적인 정의를 제시한다. 다시 말해 생산양식의 발전에 의한 마지막 단계로서의 자본주의라는 기존의 시각을 뒤집어 그것 자체의 태생적인 반反시장적 성격을 강조한 것이다. 그에 의하면 자본주의는 사회적 위계의 최상층부에 위치하여 물질적 이윤을 올릴 수 있는 일이라면 시간과 장소, 수단과 방법을 가리지 않고 뛰어드는 초경제적 현상이다. 그리고 그러한 과정에서 불공정 거래, 담합, 교환과정의 왜곡, 배타적 독점 등 반시장적이고 탐욕적인 현상들이 노골적으로 발생한다.

대표적인 예로 16세기 제노바 상인이나 18세기의 암스테르담 상인은 상층에 자리 잡고서 원거리로부터 유럽경제나 세계 경제의 전 분야를 뒤흔들 수 있었다. 그리하여 이들은 자신들의 특권적인 사회적 위치, 환업무나 신용수단의 복잡한 운용 등 정교한 경제 기술을 동원하여 일반 계층은 상상하기 힘든 규모의 이득을 실현하였다. 시장경제의 투명성 위에 위치하면서 그 시장경제에 대해서 일종의 상방上方 한계를 이루며 투명함 또는 공정성과는 거리가 먼 개념이 자본주의였다. 시장경제와는 정반대의 이 영역이 산업혁명 이전이나 이후에도 자본주의 실체가 존재하는 곳이다.

그런데 이상한 것이, 브로델이 주장하는 자본주의 개념이 모호하다는 점이다. '자본주의는 무엇이다.'라고 명확하게 정의를 내리지 않고 "이익이 콸콸 쏟아지는 고전압이 흐르는 곳, 예나 지금이나 바로 그러한 곳에서만 자본주의가 존재한다." 이렇게 설명한다. 다시 말해 '실체가 어디에 있다.'든가, '어떤 영역에 존재한다.'든가, '어떤 활동에서 나타난다.'고는 말하지만 '무엇이다.'라고 말하지 않는다. 왜 그랬을까?

1950~1960년대 프랑스에서는 마르크스주의, 구조주의, 실존주의 등 여러 이론들 사이의 논쟁이 불거지는 시대였다. 아마도 개념과 논리만을 따지는 이론적 논쟁이 불필요하다고 여겨서 회피했던 것은 아닐까? 전문가들은 역사학뿐만 아니라 사회학, 경제학, 인류학 등 다양한 지식과 경험을 겸비한 그가 이론적 사고

를 기피할 사람은 아니라고 평가한다. 그가 자본주의 개념을 인용한 다음의 문장에서 그 이유를 판단해볼 수 있다.

최악의 오류는 자본주의를 '경제 시스템'이라고만 여기고 그 이상은 아니라고 생각하는 것입니다. 하지만 자본주의는 사회 질서를 이용해 생존하고, 애초부터 육중한 상대자였던 국가와 거의 대등한 지위에 맞서기도 하고 공모하기도 하는 존재입니다. 또 사회구조를 지탱해주는 문화의 역할도 이용합니다. 중략 자본주의는 여러 지배계급과도 결탁합니다.[20]

그러니깐 이 말은 자본주의는 경제영역의 특수한 형태이지만 그 실체는 사회의 다양한 영역과 침투해서 그것들과 결합하는 방식으로 문화적·정치적 과정의 초국가적인 성격을 가지고 있다고 이해할 수 있다. 이러한 서술의 흔적을 살펴보면 브로델이 자본주의 개념을 획일적으로 정의 내리지 못하는 이유를 짐작할 수 있다. 그가 '자본주의는 머리가 백 개쯤 달린 변화무쌍한 히드라와 같은 존재[21]'라고 했던 것도 이러한 이유 때문이었을 것이다.

● 일반 경제와 브로델 경제의 차이

브로델은《물질문명과 자본주의》를 통해 전前산업화 시기의 세계 경제를 총량적으로 다루며 자본주의의 가장 기초적인 영역에서부터 추적한 결과물을 분명한 어조로 밝혔다. 하지만 그의 차별화된 연구에도 불구하고 일반 경제사와 브로델의 경제사에는 몇 가지 쟁점이 존재한다.

대표적인 쟁점이 자본주의 기원의 문제다. 브로델은 유통을 중시하는 반면 생산을 무시해도 된다고 강조했다. 이것은 자본주의 실체를 파악할 때 생산보다는 유통 위주로 파악해야 하는 견해다. 다시 말해 자본주의의 본질을 생산적인 것으로 볼 것인가 유통적인 것으로 볼 것인가에 따라 그것의 소급 시기가 달라지고 그런 이유로 경제사 전체의 서술은 완전히 달라질 수 있다는 뜻이다. 마르크스가 '생산'에 자본주의의 본질을 두고 그것이 16세기부터 시작된다고 본 반면 브로델은 '유통'에 자본주의의 본질을 두고 그것의 시초가 12~13세기까지 소급된다고 주장했다. 그 외에도 경제계에 대한 인식, 산업 자본주의와 상업 자본주의의 시각, 삼분법적 도식에 대한 구분 등의 쟁점이 존재한다.

비록 브로델의 연구가 불완전하더라도 역사의 모든 요소와 주체들을 가능한 한 많이 참여시키기 위한 역사가의 책무로서 받아들이고, 보통 사람들의 지루한 일상이 역사를 움직인다는 오래된 지혜를《물질문명과 자본주의》에서 재확인해보기 바란다.

페르낭 브로델 Fernad Braudel

1902년 프랑스 로렌 지방에서 태어났다. 파리 소르본대학에서 지리학을 전공하고 1923년 학위를 받은 후 알제리, 프랑스, 브라질 등지에서 강의했다. 제2차 세계대전 때에는 육군 중위로 독일과 싸우다 포로가 되어 5년 동안 감옥에 있었는데, 이때 16세기 지중해 지역의 지리·역사·종교·농업·기술·지적 풍토에 대한《펠리프 2세 시대의 지중해와 지중해 세계》를 구상했다.

이 책은 1949년에 출판되었다. 1949년부터 콜레주 드 프랑스 교수였고, 1962년부터는 인간과학 연구소의 소장을 역임하였다. 1985년에 사망 후, 오늘날의 사람들은 프랑스의 역사학자, 교육자이자 20세기의 중요한 사료편찬가로 기억하고 있다.

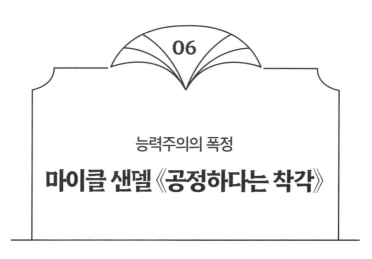

능력주의의 폭정
마이클 샌델《공정하다는 착각》

'공정성'은 대한민국 사회에서 중요한 화두다. 오늘날 팽배한 사회적 불평등과 기회의 불균등, 좁고 가파른 계층 사다리 속에서 공정성은 시대정신이 되었다. 공정성이 뜨거운 감자로 떠오른 것은 MZ세대만의 전유물 또는 특정 시기의 요구가 아니다. 공정성에 대한 요구는 기존 사회에 대한 비판이자, 동시에 더 나은 사회를 위한 제언이다.

《공정하다는 착각》은 개인의 능력을 우선시하고 보상해주는 능력주의가 제대로 공정하게 작동하고 있는지는 물론 '공정함=정의'라는 공식은 정말 맞는 건지 진지하게 되짚어본다. 아울러 노력은 기본이고 열정과 운까지 함께 갖춰야 하는 현대 사회에서 운, 노력, 공정함, 정의 등을 다양한 시각으로 고찰할 수 있는 기회를 제공한다.《공정하다는 착각》은 2020년 출간 직후《타임》

《블룸버그》《가디언》등에서 최고의 책으로 선정되었다.

• 능력주의의 탄생

개인의 노력과 재능, 업적에 따라 보상받는 능력주의는 혁신적인 사상이다. 영국 언론인이자《능력주의의 두 얼굴》의 저자인 에이드리언 울드리지Adrian Wooldridge는 "능력주의는 태어날 때의 사회적 지위가 평생 따라다녔던 구舊 세계를 날려버리고, 새로운 세상을 만드는 데 큰 역할을 했다."고 강조했다. 능력에 따라 경제적 보상과 지위를 배분해야 한다는 측면에서는 매우 매력적이다. 사회적 지위에 따라 차등 보상하는 체제보다 오직 각자의 능력대로만 보상하는 시스템은 효율성을 늘리고 차별을 배제하는 등의 공정성을 갖는다.

능력에 따른 보상은 꿈을 설계하는 차원에서도 매력적이다. 자신의 운명이 자신의 손 안에 있다는 생각, 개인의 비전 달성은 오직 자신하기 나름이라는 생각과 연결된다. 재능과 노력에 따라 얼마든지 높이 오르고 꿈을 이룰 수 있는 존재가 된다.

이러한 능력주의는 역사적 사례에서도 어렵지 않게 찾아볼 수 있다. 중국 명나라는 능력주의를 앞세운 대표적인 나라였다. 이탈리아 출신인 마테오 리치가 학문적 소양을 인정받아 황실 고문으로 위촉됐고, 밑바닥 출신도 시험만 통과하면 고위 관료가 될 수 있었다. 송나라 때 체계를 갖춘 이 시험 선발제도는 외국인들 눈에도 혁신으로 여겨졌다. 서구에선 프랑스 혁명을 계기로 능력주의가 본격적으로 부상했다. 능력주의는 1789년 제정된 유럽 최초의 인권 선언인 '인간과 시민의 권리 선언'에도 명시돼 있다. "모든 시민은 법 앞에 평등한 만큼 덕성과 재능 이외 기준은 전혀 상관없이 오직 자신의 능력에 따라 모든 공직, 지위, 일자리에 지원할 권리를 갖는다"고 했다.[22] 이런 생각은 18세기 프랑스의 대표 계몽사상가인 볼테르Voltaire를 비롯한 당대의 소설, 연극 등을 통해 사람들에게 퍼져나갔다.

강대국으로 도약한 모든 나라는 능력주의를 앞세웠다. 나폴레옹은 계급과 상관없이 참모를 고용했고, 능력 있는 사람에게 최고의 교육을 제공하는 그랑제콜Grandes Écoles[23]을 설립했다. 1800년대 초 나폴레옹에게 굴욕을 당한 독일도 능력주의를 받아들이고 난 뒤에야 프랑스를 능가하는 국력을 얻을 수 있었다. 영국 산업혁명의 선구자들부터 20세기 싱가포르의 부상까지 능력주의의 효용을 보여주는 사례는 무궁무진하다.[24]

• 능력주의의 이면

능력주의의 효용에도 불구하고 능력주의는 완벽하지 않다. '능력은 재능과 노력의 산물이다.'라고 여기지만 그 재능이라는 것이 개인이 완전히 통제할 수 있는 것이 아니다. 따라서 누군가의 재능이 좀 뛰어나다고 해서 그것을 온전히 '자신의 것'이라고 말할 수는 없다는 것이다. 더구나 어떤 재능이 얼마나 높게 평가받느냐는 것은 사회적·역사적 조건에 따라 달라질 수 있는데, 개인의 입

71

장에서 보면 이것은 완전한 우연의 산물일 뿐이라는 것이다.

예컨대, 예술적 재능이 그저 광대 취급받던 시대에 살았더라면 방탄소년단BTS의 세계적 성공은 아마 없었을 것이다. 마이크로소프트를 설립하고 억만장자가 된 빌 게이츠가 만약 레이크사이드 중학교에 컴퓨터가 없었다면 오늘날 마이크로소프트도 없었을 것이다. 이처럼 인간의 성공에는 반드시 하나 이상의 요인들이 복합적으로 다채롭게 기여한다. 따라서 내가 부잣집에 태어났다고 해서 혜택을 누릴 당연한 자격이 있다고 생각해서는 안 된다.

내가 만약 복권을 사서 100만 달러에 당첨되었다고 해서 그것이 내 능력의 성과라고 주장한다면 어리석게 들릴 것이다. 마찬가지로 내가 복권을 샀는데 꽝이었다면, 나는 실망하겠지만 내가 당연히 가져야 할 것을 놓쳤다면 불평하지는 않을 것이다.[25]

노력은 어떤가? 능력주의 옹호자들은 노력을 통해서 성공한 사람은 그 성공의 대가를 누릴 자격이 있고, 그 성실함에 찬사를 누려 마땅하다고 주장한다. 그것은 진실이나 일부만 맞는 말이다. 노력은 중요하다. 아무리 천부적인 재능을 가진 사람일지라도 노력하지 않으면 성공할 수 없다. 하지만 노력만 가지고 성공하기란 드문 일이다. 노력은 개인의 의지의 산물이라고 생각하기 쉽지만, 노력하려는 의지와 시도 자체도 가정환경의 영향을 받는다.

게다가 같은 노력을 하더라도 세계적 수준의 지도자에게 코칭을 받으면서 노력하는 것과 산골에서 혼자 독학으로 노력하는 것의 결과 차이는 클 수밖에 없다는 것이다. 이것은 노력만으로 칭찬과 보상을 받아야 한다는 신념에 의문을 제기한다. 따라서 재능과 노력의 산물인 능력, 그 능력대로 평가를 받고 보상을 받는 것이 공정하다고 생각하는 것은 일종의 착각이다.

하버드와 스탠포드 대학생 2/3는 소득 상위 5분위 가정 출신이다. 장학금과 기타 지원책이 후하지만, 아이비리그 대학생 가운데 하위 5분위 출신자는 4퍼센트도 되지 않는다. 하버드와 그 밖의 아이비리그 대학에서 소득 상위 1퍼센트 출신의 학생은 하위 50퍼센트 가정 출신 학생보다 많다. 노력과 재능만으로 누구나 상류층으로 올라갈 수 있다는 믿음은 더 이상 사실과 맞지 않다.[26]

샌델은 능력주의가 공정하지 않다는 것에 그치지 않고 심각한 윤리적 문제가 있음을 제기한다. 그가 말하는 능력주의의 윤리적 문제는 다음과 같다. 능력주의에 따르면, 결국 성공은 재능의 우연성을 외면하고 오로지 노력을 통해 갈고 닦은 스스로의 능력으로 얻은 것이다. 이 논리에 따르면, 성공한 자는 당연히 그만한 충분한 자격이 있어서 성공한 것이라고 생각하게 되는데, 이런 태도가 성공한 자의 오만과 자만심을 부추긴다. 그리고 이런 생각은 실패한 자들에 대한 멸시로 이어진다. 그들의 무능함이 그들을 실패자로 만들었다고 보기 때문이다. 이런 상황에서 결국 실패자들은 자신의 무능에 대한 열패감과 굴욕감에 놓이게 된다. 이와 같은 승리자의 오만과 멸시, 패배자의 열패감과 굴욕감은 사회의 공동선이나 연대감을 악화시킨다. 자신의 노력과 능력의 대가로 성취한 자들이 패배자들에 대해서 책임감을 가질 이유도 없고, 그들을 돌볼 이유는 더더욱 없다고 보게 되는 것이다. 결국 능력주의가 지배하는 문화는 부정의한 통치를 조장한다. 이것을 샌델은 '능력주의의 폭정The tyranny of merit'이라고 말한다.

● 능력주의의 대안

아무리 좋은 제도와 사상을 갖춰도 시대와 환경에 따라 바뀌고 변질되기 마련이다. 능력주의도 그런 단계를 거치고 있다고 샌델은 지적한다. 그렇다면 능력주의의 대안은 없는가? 샌델은 하버드대를 예로 들어 능력주의적 대입경쟁에 대한 대안을 제시한다. 하버드는 2,000명을 선발하는데 매년 약 40,000명이 지원한다. 이 중 하버드대에서 공부할 능력이 충분하다고 인정되는 학생을 25,000~30,000명 정도 선발한다. 이렇게 선발된 학생들에게 추첨권을 주고 제비뽑기를 통해 합격생을 결정하자는 것이다. '유능자 중에서 제비뽑기 방식'이 가능한 이유는 지원자 중 25,000~30,000명 정도는 하버드대에서 토론이나 학업 능력 수준이 서로 큰 차이가 나지 않을 것이기 때문에 이들 중 누굴 선발해도 문제가 없다는 것이다. 지원자 40,000명 중에서 추첨권을 받게 되는

25,000~30,000명을 어떻게 선발해야 할지에 대한 의문이 남지만 이런 방식은 능력주의를 완전히 부정하지는 않지만, 능력을 극대화되어야 할 이상으로 보지도 않는다는 의미다. 이렇게 선발된 사람들의 능력은 일정 관문을 넘을 수 있는 조건으로만 보고, 일정한 관문을 통과한 다음에는 운이 결정하도록 한다.

이런 방식이 어떤 효과를 가져올 수 있냐는 질문에 샌델은 "능력주의에 기반한 행운주의 방식으로 대입제도를 바꾸게 되면 능력주의 오만에서 바람을 빼게 될 것이고, 대입 경쟁에 매몰된 고등학생들에게 고등학교 시절의 건강함을 어느 정도 되찾아 줄 것"이라고 말한다.

대학의 불공정함을 시정할 수 있는 또 다른 방법으로 부유한 집 자녀들이 받는 특혜를 줄여 빈곤 가정 출신 학생에게 동문 자녀, 기부금 입학자, 체육 특기생들에게 주는 혜택을 줄 수 있다. 또한 사교육의 힘으로 SAT 점수에서 유리한 입장인 부유한 집 자녀들에 대응해, 더 이상 그런 시험을 입시 요강에 넣지 않음으로써 더 공정성을 확보할 수 있다. 실제로 시카고 대학과 그 밖에 대학들이 최근 그런 결정을 내리기도 했다. 이러한 방법은 사회 경제적 배경이 개인의 학업 능력 전망에 끼치는 영향을 배제함으로써 일부 공정성을 낳을 수 있으나 여전히 근본적 대책이라고 보기는 의문이 남는다.

20세기 위대한 정치철학자 중 한 명인 존 롤스John Rawls는 '차등의 법칙'을 제안했다. 차등의 법칙은 최소 수혜자의 이익에 부합하는 한에서만 최대 수혜자의 이익을 허용한다. 다시 말해 사회적 약자에게 경제적 이득이 돌아갈 때 경제적 불평등이 정당화된다는 것이다. 가장 잘 달리는 주자에게 자갈이 들어간 신발을 신길 필요는 없다. 단, 마음껏 전속력으로 달리게 하되, 그 승리가 전적으로 그에게 속한 것이 아님은 분명히 해야 한다.

장벽을 허무는 일은 좋다. 누구도 부의 편차나 편견에 의해서 성공할 기회를 빼앗아서는 안 된다. 성공한 사람과 실패한 사람, 부자와 빈자 모두 자신의 자리에서 만족할 수 있도록, 그리고 스스로 공동체 구성원으로 당당하게 권리를 주장하고 더불어 살아갈 수 있는 방법을 찾아야 한다. 능력이 없다고 해서 랠프 엘리슨Ralph Ellison이 쓴 소설처럼《투명인간the Invisible Man》취급해서는 안 된다. 애덤스가 미국은 인류에게 내려진 독특하고 유일한 선물이라고 쓴 까닭은 그 꿈이 그 땅에서는 모든 사람에게 더 낫고, 더 부유하고, 더 온전한 삶을 살아갈 기회가 누구에게나 자신의 역량이나 성취에 따라 주어진다는 것이기 때문이다. 그것은 단지 자동차나 높은 급여에 대한 꿈을 의미하지 않는다. 모든 사람이 자신의 잠재력을 발휘하여 뭔가를 최상까지 이뤄낼 수 있는, 그리고 태생이나 지위와 관계없이 자기 자신으로서 남들에게 인정받을 수 있는 사회 질서의 꿈이다.[27]

우리는 왜 부자는 빈자에게 베풀어야 하는가? 척 피니, 빌 게이츠, 워런 버핏은 왜 억만장자의 부를 이루고 부를 모두 사회에 환원하는 것일까? 스탠퍼드대학의 故 존 크럼볼츠John Krumboltz 교수가 비즈니스, 스포츠, 예술, 정치, 과학 등 다양한 분야에서 부와 사회적 성공을 누리고 있는 사람들을 조사한 결과, 그들이 큰 고비에 직면했거나 인생의 전환점을 맞이했을 때 이를 헤쳐 나갈 수 있었던 요인의 80퍼센트는 전혀 생각지도 못했던 우연한 사건과 만남이었다고 한다.[28]

따라서 우리에게 주어진 보상이 100퍼센트 자신의 능력에 의해 주어진 것이 아님을 인지하는 것이 필요하다. 운명의 우연성을 인지하면 일정한 겸손이 비롯된다. 겸손함은 우리를 갈라놓고 있는 가혹한 성공 윤리에서 돌아설 수 있게 해주어 '외유내강外柔內剛'이 아닌 '외강내유外剛內柔'의 신념을 도모한다. 그것은 능력주의 폭정을 넘어, 보다 더 이타적이고 더욱 관대한 공적인 삶으로 우리를 인도한다.

마이클 샌델 Michael Sandel

브랜다이스대학 정치학과를 졸업한 후, 27세에 영국 옥스퍼드대학에서 철학박사 학위를 받았고, 같은 해에 미국 하버드대학 교수가 되었다. 29세에는 자유주의 이론의 대가인 존 롤스의 정의론을 비판한 《자유주의와 정의의 한계》를 발표하면서 젊은 나이에 세계적인 명성을 얻었다. 현재까지 하버드대학에서 정치철학을 가르치고 있으며, 그의 수업은 수십 년 동안 학생들 사이에서 최고의 명강의로 손꼽힌다. 주요 저서로는 《정의란 무엇인가》《돈으로 살 수 없는 것들》《정치와 도덕을 말하다》《완벽에 대한 반론》《정의의 한계》《마이클 샌델, 중국을 말하다》 등이 있다.

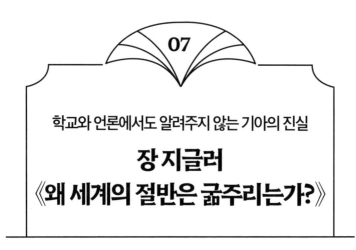

07

학교와 언론에서도 알려주지 않는 기아의 진실

장 지글러
《왜 세계의 절반은 굶주리는가?》

《왜 세계의 절반은 굶주리는가》는 UN 인권위원회 식량특별조사관이었던 '장 지글러'가 기아의 실태와 그 배후의 원인들을 아들인 '카림'과 대화하는 형식으로 설명한다. 지금까지 세계의 빈곤과 기아를 다룬 책들은 너무 어렵거나 피상적이어서 사실을 이해하는데도 쉽지 않았다. 하지만 이 책은 청소년부터 성인까지 누구나 쉽게 읽을 수 있는 문체로 세계 곳곳에서 벌어지고 있는 기아의 진실을 전달한다.

특히 전쟁과 정치적 무질서로 인해 구호조치가 무색해지는 현실, 구호조직의 활동과 딜레마, 부자들의 쓰레기로 연명하는 사람들, 사막화와 삼림 파괴의 영향, 도시화와 식민지 정책의 영향 등 모순된 현실 등을 자세히 설명한다. 이 책을 읽는 독자들은 인간의 비참한 현실과 인간의 이기성이 얼마나 정치·경제 질서와 깊은 연관을 맺고 있는가를 실감할 수 있다.

오늘날 지구는 심각한 굶주림의 위험에 직면해 있다. 2020년 7월 13일, 유엔이 발간한 《세계 식량 안보 및 영양 상태》 보고서에 따르면, 2019년 굶주린 사람의 수는 세계 인구의 9퍼센트에 가까운 6억 8천만 명으로 나타났다. 이는 2014년 이후 6,000만명, 2018년 이후 1,000만 명 가까이 증가한 수치다. 아시아 지역이 그 수가 가장 높지만 아프리카에서도 빠르게 증가하고 있다. 특히 전 세계가 겪은 코로나19 팬데믹으로 인해 식량 공급, 유통, 소비 등의 세계 식량 시스템이 더욱 취약해졌다.

보고서 통계에 따르면, 영양실조 인구 분포가 가장 높은 지역은 아시아로 그 수는 약 3억 8,100만 명이다. 아프리카가 2억 5,000만 명으로 그 뒤를 이으며, 중남미와 카리브해가 4,800만 명이다. 전 세계적으로 영양부족 및 굶주리는 사람들의 비율은 8.9퍼센트로 거의 변하지 않았지만, 2014년 이후 절대수치는 증가하고 있다. 시간이 지날수록 세계 인구와 함께 기아문제도 동시에 증가했다는 의미다. 이번 보고서에 따르면, 코로나19로 인한 경기 침체로 2020년 한해에만 8,300만 명에서 최대 1억 3,200만 명이 영양부족 상태에 빠졌으며, 이로 인해 '기아 종식Zero Hunger'의 달성은 불투명해질 것으로 전망된다.

19세기 후반의 산업혁명으로 생산성이 눈부시게 향상되어, 오늘날 19세기 같은 물질적 결핍이 사라졌다. 하지만 벌써 사라져야 할 기아문제는 아직도 해소되지 못하고 있다. 오늘날 세계 인구는 2024년 기준으로 81.18억 명인데 지구는 현재보다 두 배나 많은 인구도 먹여 살릴 수 있다. 하지만 식량 자체는 풍부하게 있어도 가난한 사람들에게는 그것을 확보할 경제적 수단이 없거나 불공평하게 식량이 분배되어 매년 수백만 명의 인구가 굶어 죽고 있다.

아빠! 우리나라에는 먹을 것이 넘쳐나서 사람들이 비만을 걱정하고 한 쪽에서는 음식 쓰레기도 마구 버리고 있잖아요? 그런데 아프리카나 아시아, 라틴아메리카의 많은 나라들에서는 아이들이 굶어 죽어가고 있다니 정말 기막힌 일 아니에요?[29]

● 기아의 근본 원인은?

기아는 원인에 따라 '경제적 기아'와 '구조적 기아'로 구분한다. 경제적 기아는 돌발적이고 급격한 일과성의 경제적 위기로 발생하는 기아를 말한다. 이를테면 갑작스런 태풍이나 가뭄이 마을과 경작지, 도로, 수원지를 파괴하거나, 2022년 2월에 발생한 러시아-우크라이나 전쟁으로 하루아침에 직장을 잃고 생활공간이 불타거나, 사람들이 거리로 내몰리고, 상점이 파괴되면서 갑작스럽게 식량이 바닥나고 수백만의 인구가 금세 굶어 죽을 위기에 처한 경우가 해당된다.

경제적 기아로 빼놓을 수 없는 지역이 에티오피아다. 1985년 에티오피아는 커피와 모피, 감귤류 등의 수출에 의존하고 있었는데, 갑자기 수출산업이 타격을 받는 가운데 가뭄과 기근에 노출되어 경작지는 바짝 말라서 회색이나 황색만 보였고 건물은 보여도 사람은 살지 않는 유령마을로 변해버렸다. 에티오피아에서 가장 넉넉한 지역이었던 바르카의 중심도시인 아고르다드는 보통 도시의 인구가 6,000명 이하인데, 2만 5,000명이나 되는 사람이 비참한 모습으로 피난민이 되어 식량을 구하려고 난민 캠퍼에 줄을 서야 했다.

더욱 슬픈 일은 간호사가 피난민들을 선별해야 했다. 긴 여정에서 살아남기 위해 아고르다드 난민 캠프에 도착한 피난민들은 대개 특별한 영양 섭취와 집중치료를 필요로 했다. 하지만 식량이나 의약품은 한정되어 있어서, 간호사들은 누가 살아남을 가능성이 있는지, 누구를 포기해야 할지 결정해야 했다. 선택되지 못한 작은 어린 아이들은 누더기 속에 가공할 고통을 겪다가 의식이 없는 상태에서 세상을 떠나야 했다. 엄마와 누이들은 숨진 아이의 얼굴에 수건을 덮어주는 행동밖에 할 수 없었다.

그런 '경제적 기아'를 해결하는 것은 간단한 일 아닐까요? 그 사람들에게 되도록 신속하게 충분한 식량을 배급하면 되잖아요![30]

안타깝게도 간단히 해결될 문제가 아니다. 제3세계의 많은 정부들은 자신의 나라가 처한 열악한 상황을 방치하거나 오랫동안 외부에 알리지 않는 경우가 많다. 쓸데없는 자존심과 행정기관이 사태파악을 소홀히 한 탓으로 경제적 기아의 희생자들은 뒤

늦게 구호단체에 보고되는 경우가 잦다. 또한 국제지원조직이 기아의 실태를 파악하고 긴급구호체제에 돌입하더라도, 실제로 구호품과 해당 지원인력이 현지에 도착하기까지는 상당한 시간이 소요된다.

더 큰 문제는 장기간 굶주림에 시달린 사람들에게 무턱대고 음식을 주면 자칫 생명을 앗아버리는 일이 될 수 있다. 왜냐하면 굶주림에 시달린 몸은 몹시 쇠약해져 신진대사가 극도로 악화되어 있고, 소화기관이 너무 약해져 있기 때문에 의료진의 처방에 따라 기력을 차츰차츰 회복해야 한다. 기본적인 회복과정은 정확한 진단과 개별 맞춤형 처방에 따라 보통 3~4주가 걸린다. 이 모든 일은 아주 잘 훈련되고 경험 많은 전문 의료인력이 반드시 있어야만 가능하다.

얼마 전 프랑스의 유명한 잡지에서 식료품을 실은 비행기가 수단의 관목지대 위에 구호 물품을 떨어뜨리자 거의 다 죽어가는 사람들이 구호 물품 쪽으로 몰려드는 장면이 있었다. 사진에는 "드디어 구호의 손길이 수단에 닿다!"라고 적혀 있었다. 잘못된 원인진단과 약해진 몸에 맞지 않는 무분별한 영양공급은 오히려 더 큰 부작용만 양산할 뿐이다.

구조적 기아는 장기간에 걸려 식량공급이 지체되는 경우를 말한다. 아프리카, 라틴아메리카, 아시아에서 수십만 명의 아이들이 비타민A 부족으로 시력을 상실하는 이유, 아프리카에서 매년 16만 5,000명의 여성이 아이를 낳다가 죽어가는 이유, 선진국에 없거나 오래전에 퇴치된 전염병이나 질병이 창궐하는 이유도 바로 구조적 기아에 있다. 구조적 기아는 굶주린 아이들이 난민 캠프에 줄을 서는 현상으로 나타나지 않기 때문에 대처하기가 더욱 어렵다.

필리핀의 수도 마닐라의 한 쓰레기장에서 연기가 모락모락 피어오르는데, 이런 쓰레기 산을 현지에는 '스모키 마운틴'이라고 부른다. 스모키 마운틴 옆에는 파야타스Payatas라고 불리는 빈민촌이 있는데, 300헥타르쯤 되는 이곳에는 30만 명이 거주하고 있고, 대부분이 실업자다. 물이 오염되어 있어 쥐나 모기가 들끓고, 습기가 많아 폐병이나 피부병도 심하다. 이들은 정부 관료나 부유한 상인, 금융가의 고급주택에서 버리는 음식 쓰레기들을 뒤져서 하루하루를 연명한다. 부자들의 쓰레기가 이들에게는 매일의 양식인 셈이다. 이들에게 더욱 비참한 것은 배고픔의 저주가 세대에서 세대로 대물림된다는 것이다. 심각한 영양실조에 걸린 수백만의 엄마들이 매년 지구 곳곳에서 수백만의 건강하지 않은 아이를 낳고 있다.

브라질 세아라 주의 크라테우스라는 곳에는 가톨릭교회의 묘지 옆에 작은 봉분들로 뒤덮인 넓은 지대가 있다. 사람들은 그곳을 '이름도 없는 작은 이들의 묘'라고 부른다. 태어난지 며칠 밖에 되지 않아 배고픔과 설사, 쇠약, 탈수 등으로 숨진 이름 없는 아기들의 무덤이다. 가난한 부모들은 출생신고에 드는 비용인 1~2레알원화 270~550원도 없어 아기가 죽으면 유해를 '이름도 없는 작은 이들의 묘'에 묻는다. 프랑스의 사상가이자《지식인의 종말I.F. suite et fin》저자인 레지 드브레Regis Debray는 이들을 가리켜

'나면서부터 십자가에 못 박힌 아이들'이라고 역설했다.

● 기아의 이면

미국을 비롯한 선진국의 소들이 먹어치우는 곡물의 양은 연간
50만 톤에 달한다. 전 세계에서 수확되는 옥수수의 4분의 1 또한
부유한 나라의 소들이 먹고 있다. 부자의 나라에서는 소들을 비
축해 고기를 너무 많이 먹거나 영양과잉 질병으로 사망하는 사
람이 늘고 있는 반면, 기아에 허덕이고 있는 잠비아 같은 나라에
서는 수많은 사람들이 영양실조로 굶어 죽고 있다.

이해가 가지 않아요. 유럽 도시에서 농민들이 농가수입 감소와
농산물의 과잉 생산에 반대하는 시위를 본 적이 있어요.[31] 농산
물이 그렇게 남아돈다면 가난한 사람들에게 배분하면 안 되나
요?

국제적인 곡물의 가격형성은 수요와 공급의 법칙에 따라 정해
진다. 하지만 사람들은 '이윤 극대화'라는 대전제 아래 투기꾼의
조작, 사재기, 덤핑전략, 대량 폐기처분 등을 통해 자신들의 이익
을 극대화할 뿐 차드, 에티오피아, 아이티 같은 가난한 나라의 사
람들을 눈꼽만큼도 고려하지 않는다.
유럽연합이 나름의 노력을 하고 있지만 자국 농민들의 이익을
우선해야 하기 때문에 굶주린 사람들을 돕는 것은 FAO국제연합

식량농업기구나 WFP 유엔세계식량계획의 과제일 뿐이다. 가뭄과 같은 기후 충격과 코로나19, 우크라이나 전쟁에 따른 에너지 가격 급등으로 식량 위기에 처해져도 8억 명 이상이 고통받고 있는 구조적 기아와 만성 영양실조에 대해 부유한 나라들은 잔인할 정도로 무관심하다.

FAO 역시 정치적인 조직이기 때문에 실질적인 문제를 해결하는 데는 한계가 있다. FAO 회원국은 미국, 일본, 프랑스, 독일, 스페인 등과 같은 선진국들의 지원으로 운영되고 있어, 기아의 실태를 조금은 덜 심각하게 보거나 약간의 낙관주의를 확산시키려 한다. 경제적 지원 결과가 비관론이 우세하다면 FAO에 지원하는 것이 쓸데없는 일로 여겨져, 더 이상 자금을 지원하려 들지 않기 때문이다. 그러니 현실을 미화할 수밖에 없다.

이러한 심리적 요인은 학교에서 기아문제를 어떻게 다뤄야 하는지에 영향을 미친다. FAO 이사회 의장을 역임한 조슈에 데 카스트로는 《기아의 지리학》에서 '금기시되는 기아'를 언급했다. 다시 말해 사람들이 기아의 실태를 인지하고 이야기하는 것에 대해 매우 부끄럽게 생각한다는 것이다. 그래서 침묵의 외투를 걸치고 낙관주의를 확산하려 한다.

기아를 무기로 삼는 나라도 있다. 서아프리카 라이베리아의 테일러 대통령은 내전이 계속되던 1996년 10월에 그가 이끄는 군대가 옵만부르크에서 수천 명의 적대세력을 포위한 채 굶어 죽게 만들었다. 선진국도 예외는 아니다. 미국은 이집트 사람들이 주식으로 먹는 '에이시'라는 빵의 주원료인 미국산 밀 식량원조

협정 이른바 PL-480 프로그램을 통해 자국의 잉여 농산물을 이집트에 팔아넘겼다. 당시 이집트는 무바라크 축출 운동이 진행되고 있었다. 표면상 무바라크 30년 독재가 발단이라곤 했지만, 이 같은 개혁 요구의 바탕에는 이집트인들이 주식으로 먹는 에이시 빵값의 폭등에 있었다.

이집트가 에이시를 만드는 밀가루엔 미국의 원조 밀가루가 23퍼센트 넘게 들어가 있었다. 미국은 이점을 이용해 무바라크를 꼭두각시로 이용했다. 가장 최근에는 러시아 푸틴 대통령이 흑해 항구에서 나가는 곡물로 연간 4억 명을 먹여 살리는데, 이걸 협상의 아젠다로 활용하며 서방의 경제 제재 해제를 요구했다. 참고로 우크라이나는 매년 약 4,500만 톤의 곡물을 전 세계에 공급하는데, 이 중 90퍼센트는 우크라이나의 흑해 항구에서 해상으로 선적된다. 2022년 2월, 러시아의 우크라이나 침공으로 최대 4,700만 명이 급격한 식량불안에 빠졌다.

다양한 나라의 사례에서 보듯 국가적인 차원에서의 공리주의는 전 지구적 문제를 해결하는 대안이 될 수 없다. 역사가 흐르면서 기아의 문제는 점점 더 사회적·정치적·경제적 힘의 문제로 변질되었다. 한쪽에서는 특권으로 가득한 풍요의 세계가, 다른 한쪽에서는 빈궁한 세계로 양분화되어 가고 있다. 하지만 희망을 가져야 한다. 칠레의 민중 시인인 파블로 네루다Pablo Neruda는 그 희망을 이렇게 표현했다.

"그들은 모든 꽃들을 꺾어버릴 수는 있지만 결코 봄을 지배할 수는 없을 것이다."

장 지글러 Jean Ziegler

1934년 스위스 툰에서 태어났으며, 스위스 제네바대학과 프랑스 소르본대학에서 사회학에서 강의했고, 1981년부터 1999년까지 스위스 연방의회에서 사회민주당 소속 의원으로 활동했다. 2000년부터 2008년 4월까지 유엔 인권위원회 식량특별조사관으로 활동하면서 전 세계 기아의 실태를 파헤치는 데 총력을 기울였다. 현재 유엔 인권위원회 자문위원을 맡고 있다. 사회구조 속에서 발생하는 빈곤과 불평등 문제에 깊은 관심을 가지고 국제법 분야에서 인정받는 학자이자 실천적인 사회학자다.《왜 검은 돈은 스위스로 몰리는가》를 발표한 뒤 의원 면책 특권을 박탈당하고 조국의 배신자라고 비난받았으며, 연이은 고소와 고발은 물론 목숨의 위협까지 받았지만 진실을 알리겠다는 신념으로 모든 것을 견뎌냈다. 주요 저서로는《왜 세계의 가난은 사라지지 않는가》《굶주리는 세계, 어떻게 구할 것인가?》《인간 섬》《유엔을 말하다》《인간의 길을 가다》등이 있다.

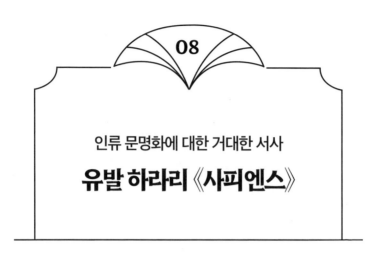

인류 문명화에 대한 거대한 서사
유발 하라리 《사피엔스》

유발 하라리는 2010년대 중반, 자신의 역사적 통찰을 담은 저서 《사피엔스》를 출간했는데, 이 책이 세계적인 베스트셀러가 되면서 기존 역사학계와 관련 학계, 대중들 사이에서 큰 관심을 불러일으켰다. 이 때문에 하라리는 일약 저명한 역사학자로 등극하게 되었고, 《사피엔스》가 해외 45개국으로 활발히 출간되면서 세계가 그를 주목하기 시작했다.

그의 연구는 '호모 사피엔스와 다른 동물들은 본질적으로 무엇이 다른 것인가?, 변방의 유인원 호모 사피엔스는 어떻게 세상의 지배자가 되었는가?, 역사에 하나의 정의란 진정 존재하는가?, 역사의 발전에는 방향성이 있는가?, 역사가 전개되면서 사람들은 정말로 행복해졌는가?' 등과 같은 심오하면서도 광범위한 질문들과 연관되어 있다. 이 질문에 대한 남다른 호기심과 통찰력이 나타난 결과물이 바로 《사피엔스》다. 저자는 인류의 발전을 DNA나 신의 선물이 아닌 조금 다른 시각에서 서술하고 있다. 그의 통찰력은 오히려 역사의 그늘진 구석과 반복되는 고통을 설명하는 과정에서 빛을 발한다.

● 뒷담화로 탄생된 사피엔스 제국

하라리는 우리가 흔히 교과서에서 볼 수 있었던 인류의 진화과 정을 부정한다. 유인원이 오스트랄로피테쿠스, 호모하빌리스, 호모에렉투스, 네안데르탈인, 호모사피엔스 순으로 인류가 순차적으로 진화과정을 거친 것이 아니라 불곰, 북극곰, 흑곰 등 수많은 종류의 곰들이 동시에 살고 있는 것처럼 인간 역시도 다양한 종이 동시에 살았음을 역설한다. 2백만 년 전부터 약 1만 년 전까지지구는 적어도 여섯 종의 인간이 살고 있었다. 하지만 지금은 딱한 종, 사피엔스만 존재하고 있다는 사실이다.

사피엔스의 탓이든 아니든, 사피엔스가 새로운 지역에 도착하자마자 그곳의 토착 인류가 멸종했다는 것은 사실이다.[32]

사피엔스는 어떻게 생태적으로 전혀 다른 생존의 벼랑 끝에서홀로 설 수 있었을까? 사피엔스가 세상을 정복한 것은 다른 무엇보다도 고유한 언어 덕분이다. 약 7만 년 전부터 3만 년 전 사이에 출연한 새로운 의사소통 방식은 인지혁명을 촉발했다. 모든 동물은 의사소통을 한다. 벌이나 개미 같은 곤충도 먹을 것이 있으면 위치를 서로에게 알려준다. 그렇다면 사피엔스는 동물과 다른 어떤 특별한 점이 있었기에 세계를 정복할 수 있었을까?

바로 뒷담화다. 뒷담화는 당사자가 없는 자리에서 그 사람을 헐뜯는 부정의 뜻을 내포하지만 많은 숫자가 모여 협동을 하기 위해선 반드시 필요한 의사소통의 방법이다. 함께한 사람들의 정보취득 욕구를 해소해주고 정보를 공유한 사람들 사이의 연대감을 북돋을 수 있기 때문이다. 현대의 사피엔스가 약 7만 년 전 획득한 능력은 이들로 하여금 몇 시간이고 계속해서 수다를 떨 수 있게 해주었다. 심지어 오늘날 대다수가 남 얘기다. 신문 기사든 전화든 이메일이든 SNS든 마찬가지다. 믿을 만한 사람이 내놓는 정확한 정보인지 여부가 확인되면 셀럽이나 인플루언서를 통해 더 큰 무리로 확장될 수 있다. 이는 사피엔스가 더욱 긴밀하고 복잡한 협력 관계로 발전할 수 있다는 뜻이기도 하다.

그런데 뒷담화는 결속할 수 있는 집단의 규모가 150명을 초과하지 못하는 임계치를 지닌다. 다시 말해 뒷담화로 수십만 명이 거주하는 도시, 수억 명을 지배하는 제국을 건설할 수는 한계를 내포한다는 것이다. 사피엔스는 이러한 임계치를 극복하기 위해 공통의 신화를 믿게 하여 성공적 협력을 가능하게 했다. 인간의 대규모 협력은 모두가 공통의 신화에 뿌리를 두고 있는데 원시 부족, 고대도시, 중세 교회, 현대 국가 모두 그렇다. 특히 교회는 공통의 종교적 신화에 뿌리를 두고 있다.

인지혁명에 뒤이어 신화 덕분에 우리는 단순한 상상을 넘어서 집단적으로 상상할 수 있게 되었다. 그런 신화 덕분에 사피엔스는 많은 숫자가 모여 유연하게 협력하는 유례없는 능력을 가질 수 있었다. 중략 인류가 공존하는 상상 밖에서는 우주의 신도, 국가도, 돈도, 인권도, 법도, 정의도 존재하지 않는다.[33]

시간이 흐르면서 신화는 가상의 실재가 되어 점점 더 강력해졌고, 오늘날 이르러서는 미국이나 구글, 아마존 같은 가상의 실재들이 세상을 좌지우지하고 있다. 원시인류의 행동 패턴이 수십만 년간 고정되어 있었던 데 비해 사피엔스는 불과 10년 내지 20년 만에 인지혁명을 통해 사회구조, 인간관계의 속성, 경제활동 등을 비롯한 수많은 행태들을 바꿀 수 있었다.

• 인류 역사상 최대의 사기극

미래학자 앨빈 토플러Alvin Toffler는 《제3의 물결》에서 인류문명의 발전에 가장 크게 공헌했다고 취급한 세 가지 개념을 '농업혁명', '산업혁명', '정보화 혁명'이라고 이름 붙였다. 특히 토플러는 농업혁명이 인류문명의 뿌리로서 자본주의와 시장경제 체제, 시민사회를 잉태하고, 기존 산업의 구조를 근본적으로 변화시키는 데 중요한 역할을 했다고 강조했다. 하지만 유발 하라리는 《사피엔스》에서 농업혁명이야 말로 인류 역사상 최대의 사기극이라고 평가한다. 대부분의 사람들은 앨빈 토플러처럼 농업혁명을 인류문명의 근본으로 바라보고 있는데, 하라리는 왜 농업을 역사상 최대의 사기극이라며 평가절하했을까?

1만 년 전 사피엔스는 거의 모든 시간과 노력을 몇몇 동물과 식물종의 삶을 조작하는 데 인생을 바치기 시작했다. 인간은 해 뜰 때부터 해 질 때까지 씨를 뿌리고 작물에 물을 대고 잡초를 뽑고 목초지로 양을 끌고 갔다. 노동을 반복하면 더 많은 과일과 곡물, 고기, 여유를 얻게 될 거라고 생각했다. 이러한 사고방식의 변화가 바로 농업혁명이었다.

하지만 농업혁명은 안락한 시대를 열지 못했다. 오히려 수렵 채집인들보다 더 힘들고 불만스럽게 살았다. 주요 범인은 한 줌의 식물종인 밀과 쌀, 감자였다. 특히 밀을 키우는 일은 끊임없는 노동의 연장선이었다. 밀은 바위나 자갈을 좋아하지 않기 때문에 사피엔스는 밭을 고르느라 등골이 휘었다. 타는 듯한 태양 아래 온종일 잡초를 뽑아야 했고 해충과 마름병을 조심해야 했다. 밀을 즐겨먹는 곤충과 동물을 막아야 했고, 샘과 개울에서 물을 끌어내 대고, 땅에 영양분을 공급하기 위해 동물의 변을 모아야 했다.

사피엔스는 이러한 과업에 맞게 진화하지 않았다. 고대 유골을 조사한 바에 따르면, 농업으로 이행하면서 디스크 탈출증, 관절염, 탈장 등 수많은 병이 생겨났다. 새로운 농업은 너무나도 많은 노동시간을 필요로 했다.[34]

농업혁명은 수렵채집인들보다 더욱 힘들고 불만스럽게 살았다. 농업혁명 덕분에 인류가 사용할 수 있는 식량의 총량이 확대된 것은 분명한 사실이지만, 여분의 식량이 곧 더 나은 식사나 더 많은 여유시간을 의미하지 않았다. 오히려 인구폭발과 방자한 엘리트를 낳았다. 평균적인 농부는 평균적인 수렵채집인보다 더 열심히 일했지만 그 대가로 더 열악한 식사를 했다. 농업혁명은 역사상 최대의 사기였다.[35]

오늘날의 풍요사회에 사는 사람들, 다시 말해 OECD 회원국의 일주일 노동시간은 평균 40~50시간 일한다. 개발도상국일수록 노동시간이 늘어나는 경향을 보인다. 개발도상국에선 평균 60시간, 심지어 보살필 가족 수가 많으면 80시간씩 일한다. 이에 비해 지구상 가장 척박한 곳에서 살아가는 수렵채집인은 주 평균 35~45시간밖에 일하지 않는다. 이들은 사흘에 한 번밖에 사냥에 나서지 않으며, 채집하는 데 걸리는 시간은 하루 3~6시간에 불과하다. 평상시에는 이 정도 일해도 무리 전체를 먹여 살릴 수 있다. 특히 이들에게는 가사노동의 부담이 적다. 매일 2~3회의 설거지를 하고 진공청소기로 바닥을 밀고 기저귀를 갈고 매달 밀려오는 각종 청구서를 납부해야 할 필요가 없다.

기원전 13,000년경 야생식물을 채취하고 야생동물을 사냥하면서 먹고살던 팔레스타인의 오아시스 주변 지역의 인구는 기껏해야 1백 명 정도의 건강하고 영양상태가 비교적 좋은 방랑자들이었다. 하지만 기원전 8500년 밀에게 자리를 내어준 뒤, 오아시스에는 1천 명이 사는 마을이 생겼다. 집은 다닥다닥 붙어 있었고 과거보다 많은 사람들이 질병과 영양실조로 허덕였다. 농경 및 산업

사회를 휩쓴 대부분의 전염병은 가축이 된 동물에 기원을 두고 있으며, 이것이 사람들에게 전파된 것은 농업혁명 이후부터다.

오늘날 현대인에게는 사람이 사람에게 감염시키는 코로나19라는 바이러스까지 탄생시키기도 했다. 역설적이게도 농업혁명의 핵심은 많은 사람들을 더욱 열악한 환경에서 살아있게 만드는 것이었다. 가축화되고 작물화된 동식물과 함께 지구 지표면의 2퍼센트에 해당하는 매우 좁은 지역에 몰려 살면서 정착자와 주변 자연환경을 황폐하게 만들었고 생태계의 자원 순환성을 저해하는 결과를 낳았다. 결국 사피엔스의 농업혁명은 농부들의 어깨에 더 무거운 짐을 얹었고, 역사상 최대의 사기극이라는 오명을 뒤집어썼다.

• 과학혁명의 승자는?

1492년 콜럼버스가 항해 도중 깊은 잠에 빠졌다가 21세기 아이폰 벨소리에 잠이 깼다. 그가 깨어난 세상은 과연 천국이었을까, 아니면 지옥이었을까?

지난 5백 년간 인간의 힘은 경이적으로, 유례없이 커졌다. 1500년에 지구에 살고 있는 사피엔스의 수는 5억 명이었다. 오늘날에는 77억 명이 산다. 1500년 인류가 생산한 재화와 용역의 총가치는 오늘날의 화폐로 치면 약 2,500억 달러였다. 오늘날 인류의 연간 총 생산량은 60조 달러에 가깝다.[36]

사피엔스는 어떻게 빠르게 진보할 수 있었을까? 과학혁명이 일어나기 전까지 인류는 진보를 믿지 않았다. 오히려 세상은 퇴화하지는 않더라도 정체되어 있다고 생각했다. 상황이 바뀐 것은 근대에 들어서였다. 근대 문화는 사피엔스가 모르는 중요한 것들이 많다고 인정했다. 그런 무지의 인정이 과학혁명을 낳고 인류에게 새로운 힘을 줄 수 있다고 생각했다.

과학혁명은 지식혁명이 아니었다. 무엇보다 무지의 혁명이었다. 과학혁명을 출범시킨 위대한 발견은 인류는 가장 중요한 질문들에 대한 해답을 모른다는 발견이었다.[37]

과학혁명 이전에는 번개를 분노한 신이 죄인을 처벌하기 위해서 때리는 망치로 생각했다. 18세기 중반 벤저민 프랭클린이 폭풍 속에서 연을 띄워 경험적 관찰과 전기 에너지의 속성에 대한 지식을 결합하여 피뢰침을 발명하고 나서야 번개는 단지 전류에 불과하다는 사실을 인지하게 되었다. 하라리는 이 사건을 '신들의 무장해제Disarming the Gods'라는 은유적 표현을 했다. 이로써 힘의 원천이 신에서 과학으로 이동하게 되었다.

사람들은 스스로의 무지를 자각하면서 자기성찰과 더불어 세계를 보는 눈이 달라졌다. 1620년 영국 고전경험론의 창시자인 프랜시스 베이컨Francis Bacon은 《신기관The New Instrument》에서 '아는 것이 힘'이라고 주장했다. 지식의 진정한 시금석은 그것이 진리인가 아닌가가 아니라 그것이 인간을 진보하게 해줄 수 있는 힘을 주느냐의 여부다. 베이컨의 과학선언문은 이젠 신의 계시가 아니라 인간 스스로 능력을 향상시키고 미래에 대한 기대와 신뢰의 사상을 갖도록 이끌었다. 지적 탐구심을 향상시키고 자신을 진보시키려는 새로운 상상력의 탄생이다.

현대는 명실공히 과학과 기술의 융합시대다. 국가와 자본가에 의한 자원투자가 일어나면서 자본주의가 한층 고도화된다. 자본이 모이면서 정치적 권력은 시나브로 탄생되고 종교나 이데올로기가 더해지면서 제국주의자의 손길이 스며든다. 때문에 과학혁명과 현대 제국주의는 서로 뗄 수 없는 불가분의 관계였다. 기술과 과학이 발전되고 자원투자의 생태계가 활성화될수록 제국에 막대한 이익을 가져다주었다.

1750년에서 1850년 사이에 유라시아 변방에서 세계권력의 중심이 된 유럽은 과학연구를 장려했으며, 많은 과학자들은 제국주의 주인을 위해 무기, 의학, 기술을 개발하는 데 대부분의 시간을 쏟았다. 당시 유럽군대가 아프리카 적군을 만났을 때 이렇게 말했다. "뭐가 오든 상관없다. 우리에게는 기관총이 있고 그들에게는 없다."

《사피엔스》의 마지막 부분에 하라리는 사피엔스의 미래에 대해서 얘기한다. 인지혁명으로 인류를 지배하고, 농업혁명으로 번식하고, 돈과 제국, 종교로 인류를 통합하더니 이제는 과학혁명으로 중무장하게 되었다. 앞으로 미래는 인간의 욕망 자체도 설계할 수 있을 것이다. 이제 인류가 마주하게 될 질문은 "어떤 존재가 되고 싶은가?"가 아니라 "무엇을 원하고 싶은가?"이다.

하지만 인간이 새로운 힘을 얻는 데는 극단적으로 유능하지만 이 같은 힘을 더 큰 행복으로 전환하는 데는 매우 미숙하다. 우리가 전보다 훨씬 더 큰 힘을 지녔는데도 더 행복해지지 않은 이유를 《사피엔스》에서 찾아보기 바란다.

유발 하라리 Yuval Noah Harari

이스라엘의 역사학자로 레바논계 유대인 부모 사이에서 1976년 이스라엘 하이파에서 태어났다. 2002년 영국 옥스퍼드대학교에서 중세 전쟁사로 박사학위를 취득했으며 현재 예루살렘 대학에서 역사학과 교수로 재직하고 있다. 하라리는 역사학자이면서도 단순 역사 연구가 아닌 생물학과 역사학 사이의 경계를 넘나들며 폭넓은 연구를 한다는 점이 가장 큰 특징이다. 역사와 생물학의 관계, 호모 사피엔스와 다른 동물과의 본질적 차이, 역사의 진보의 방향성, 역사 속 행복의 문제 등 광범위한 질문을 주제로 연구한다. 2009년과 2012년에 인문학 분야 창의성과 독창성에 대한 '폴론스키 상 Polonsky Prize'을 수상했고, 2012년에는 '영 이스라엘 아카데미 오브 사이언스 the Young Israeli Academy of Science'에 선정되었다. 주요 저서로는 《사피엔스》《호모 데우스》《극한의 경험》《대담한 작전》《21세기를 위한 21가지 제언》 등이 있다.

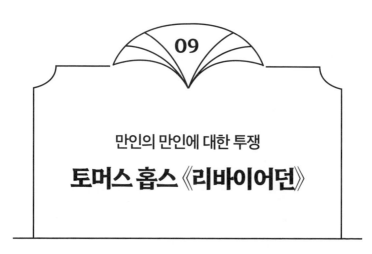

09

만인의 만인에 대한 투쟁
토머스 홉스《리바이어던》

《리바이어던》은 구약성서 욥기 41장에 나오는 바다의 괴물 레비아탄의 영어식 발음이다. 원제는 'Leviathan or The Matter, Forme, and Power of a Commonwealth Ecclesiasticall and Civil' 리바이어던, 혹은 교회 및 세속적 공동체의 질료와 형상 및 권력 이다. 《리바이어던》은 정치·인간·자연·종교에 대한 포괄적인 이론을 개진함으로써 내용의 깊이와 폭에 의해 그 자체가 압권일 뿐 아니라 근대 국가론의 바이블로 통하는 대표적 고전이다. 《리바이어던》은 사회계약론에 관한 최초의 문헌으로서, 행정과 입법의 이권분립을 주장한 존 로크와 삼권분립을 최초로 주장한 몽테스키외에 영향을 끼쳐 근대 민주국가를 형성하는데 선구자 역할을 했다.

● 인간의 본성

도덕과 정치를 이해하려면 먼저 인간에 대한 이해가 선행되어야 한다. 그런 의미에서 홉스의 인간론은 도덕성과 정치이론을 이해하는 데 핵심적인 의제 가운데 하나다. 만일 독자들이 인간 본성에 관한 홉스의 견해를 수용하지 않는다면, 그가 주장하는 국가론 역시 이해하는 데 어려움이 있을 수 있다.

홉스는 인간의 본성을 선한 존재가 아니라 개인주의적이고 이기적인 존재로 여겼다. 이러한 생각은 순자의 성악설과 비슷하다.[38] 인간은 다른 사람보다 더 많은 것을 원하고, 또 그런 야망이 다른 모든 사람의 안전과 안보에 지속적인 위협을 가하게 된다. 각 개인은 자신의 주권을 자기 보존과 자기 이익 극대화를 도모하는 권리로 인식하며, 때로는 극단적 개인주의의 양상까지 보이기도 한다. 이러한 상황은 전쟁상태 또는 자연상태에 가깝다. 극단적으로 자기 이익에만 집착하는 무한경쟁상태에서 각 개인은 다른 사람의 존재를 결코 고려하지 않는다. 이런 상태에서는 자기 이외의 다른 사람은 모두 끊임없이 경계하고 의심하며 이기고 지배해야 할 경쟁상대일뿐이지, 함께 공존해야 하는 동반자가 아니다.[39]

홉스는 인간의 본성 속에서 갈등이나 분쟁을 야기시키는 주된 원인을 경쟁심, 불신감, 공명심에서 찾고 있다. 경쟁심은 자신의 이익 확보를 위해 약탈자가 되어, 타인의 인신과 소유물을 지배하기 위해 폭력을 동원한다. 불신감은 자기방어와 생존 가능성을 높이기 위해 타인을 먼저 공격한다. 공명심은 자신의 명예 수호를 위해 사소한 표현을 이유로 폭력을 동원한다. 명예를 지키는 것이 자신의 권력을 확대하는 일이기 때문이다. 요약하자면 경쟁심은 이익 확보를 위해, 불신은 안전 보장을 위해, 공명심은 좋은 평판을 얻기 위해 다른 사람을 공격하게 만든다. 홉스는 이것이 인간 본성 안에 있는 바람직한 특성이라고 생각하지는 않았으나 그럼에도 아주 중요하게 간주했다.

로크와 마찬가지로, 홉스도 사회계약론을 '자연상태'에서 시작한다. 자연상태란 국가가 성립되기 이전의, 인위적인 강제력이 존재하지 않는 상태다. 자연상태에는 개별적이고 독립적인 인간만이 존재하는데, 이들은 어떠한 사회적 관계도 맺지 않고 정치적 권위나 조직에 의해 통제되지도 않은 채 각자 고립된 상태로 생존을 유지한다. 따라서 '만인에 의한 만인의 투쟁' 상태이다.

이런 상태에서는 근로의 성과가 불확실하기 때문에 근면한 노동의 여지가 없다. 따라서 토지의 경작, 항해술, 해상무역을 통해 들어오는 생필품의 소비도 없으며, 넓은 집, 무거운 물건을 운반하는 도구, 지표에 관한 지식도 없고, 시간의 계산, 예술이나 문학도 없으며 사회도 없다. 그중에서 가장 나쁜 것은 끊임없는 공포와 폭력적인 죽음에 대한 공포다. 이런 조건에서 인간의 삶은 고독하고, 비참하고, 괴롭고, 잔인하며 짧다.[40]

철학자 아리스토텔레스가 인간을 사회적 동물로 본 것과는 달리, 홉스는 인간을 '반反사회적 동물'로 파악한 것이다. 내가 먼저 상대를 죽이지 않으면 내가 죽는 야만의 상태, 다시 말해 '죄수의 딜레마 상태'라고 표현해도 무방하다.

물론 홉스가 자연상태야말로 진정한 도덕철학이라고 외치기도 했지만 만인의 대한 만인의 투쟁상태에서는 그 어떤 것도 부당한 것이 될 수 없음을 분명히 하고 있다. 정의와 부정의, 옳고 그름의 개념도 없다. 공동의 권력이 있는 곳에는 법도 존재하지 않으며, 법이 없는 곳에는 불의도 존재하지 않는다. 한 사건을 두고 그에 대한 정의와 부정의, 그리고 옳고 그름의 판단은 오직 사람들이 사회계약을 맺고 사회 안으로 들어왔을 때 나타난다. 결국 자연상태로는 인간의 안전을 보장할 수 없다는 것이다. 그래서 코먼웰스commonwealth, 다시 말해 국가가 등장하게 된다.

● 코먼웰스의 탄생과 역할

국가가 왜 존재하고 어떻게 세워졌는지에 관한 내용은《리바이어던》에서 가장 중요한 부분이다. 홉스의 생애 대부분은 여러 종류의 공포에서 자유로울 수 없었다. 종교개혁의 여파로 내란과 폭동이 유럽을 휩쓸었고, 영국 역사상 가장 참혹한 피해를 불러온 찰스 1세의 처형, 10년 동안의 프랑스 망명 생활, 올리버 크롬웰의 독재정치와 왕정복고 등 근대 영국 역사상 엄청난 격변이 몰아친 시대였다. 이러한 사회적 상황에서 성장한 그는 국가론 형성에 상당한 영향을 미친다.

《리바이어던》 표지에는 한 인물의 큰 화상畵像이 그려져 있는데, 홉스의 국가론 전개가 고스란히 예고된다. 머리에 왕관을 쓰고 왼손에는 칼을, 오른손에는 주교가 종교 행사 때 드는 목장牧杖을 들고 산 너머에서 도시를 굽어보는 모습이 그려져 있는데, 더 자세히 보면 수없이 많은 사람들의 모습이 머리와 몸에 구성되어 있다. 이 그림이 의미하는 바는 명백하다. 그것은 통치의 대권이 무수한 사람들의 자연적 권리를 통치자에게 위임함으로써 형성된다는 것을 상징한다.

국민의 동의에 의해서 주권을 부여받은 주권자는 다음의 권리를 갖는다. 국민은 통치의 형태를 변경할 수 없고, 주권을 박탈할 수 없으며, 주권 설립에 대하여 항의하거나 주권자의 어떤 행위도 처벌할 수 없다. 반대급부로 주권자는 장관, 행정관, 관리 등을 선임할 인사권을 갖고 국민의 평화와 방위에 대한 대책을 강구하고, 규칙을 제정하고 분쟁을 심리하며, 조세평등과 국민이 어떠한 교육을 받아야 하는지를 판단해야 한다. 주권자는 본인이 직접 포기하지 않는 이상 권리를 양도할 수 없으며, 주권자의 권력 앞에서는 국민의 권력과 명예도 사라진다.

홉스는 사람들의 합의체에서 자기통제 권리를 양도하고 그 결과로 주권자의 모든 행동들에 대한 권위를 인정해주는 일에 모든 사람들이 함께 동의할 때, 인공적 인격체가 세워진다. 이것이 바로 리바이어던의 탄생이다,

홉스는 정부형태를 한 사람이 주권을 갖는 '군주정치', 국민 전체의 합의체가 주권을 갖는 '민주정치', 특정인들의 합의체가 주

권을 갖는 '귀족정치' 단 세 가지 종류밖에 없으며, 그중 군주정치가 다른 두 통치 유형보다 더 낫다고 주장했다. 왜냐하면 오직 군주정치 안에서 인간의 이기성은 주권자가 변함없이 자기 백성들을 보살피도록 이끌어주고 있기 때문이다. 그런데 만약 주권자가 정신적으로나 감정적으로 불안정하다면 어떻게 해야 할까? 홉스는 이 질문에 대해 인간의 본성에서 나타나는 문제점을 인정하면서도 주권자 한 사람에게서 발생하는 불안정성의 위험이 집단통치 내에서 발생하는 것보다 덜 위험하다고 단언한다.

국민의 자유에 대해서 홉스는 어떤 방식으로든 갇히거나 족쇄에 묶이지 않는 것을 자유라고 정의하고 있다. 그러면서도 공적 자유, 다시 말해 국가의 통치 행위에 간섭할 수 있는 자유는 인정하지 않는다. 왜냐하면 주권은 코먼웰스의 영혼이기 때문이다. 국민들은 사회계약을 맺음으로써 주권자의 통치에 복종하고, 주권자의 모든 행동을 마치 백성들 자신의 행동처럼 간주하는 것이다. 그렇다고 주권자의 무제한적인 권한을 주장하는 것은 아니다. 그는 통치하는 데 옳은 방법과 나쁜 방법이 있음을 구분하고 비록 주권자가 독단적이라 하더라도 복종을 받아들여야만 한다고 말한다. 그러면서도 분명하게 영국의 통치자들이 이런 방식으로 행동하리라 인정하지도 않았다.

홉스는 국가를 약화시키고 국가의 목적을 파괴할 수 있는 요인들에 대해 상세히 검토하고 있다. 그가 주장하는 코먼웰스의 대표적인 결함은 절대권력의 결여, 선악에 대한 사적 판단, 잘못된 양심, 영감으로 핑계대기, 통치권력을 시민법에 종속시키기, 백성들에게 절대적 소유권 부여하기, 통치권력을 분할하기, 이웃 나라 모방하기, 혼합통치, 부유한 사람들의 영향력, 재정의 부족, 도시의 과도한 성장과 조합의 과다, 주권자 권력에 반박하는 자유, 국가의 해체 등이 이에 해당된다.

● 신神에 대하여

홉스의 국가론과 정치체계를 마무리하기 위해서는 신이 맡은 역할을 정해야 한다. 왜냐하면 부분적으로는 홉스의 국가론과 정치체계에서 신이 조연 역할을 맡고 있었기 때문이다.

인간이 두 가지 상반되는 명령을 받았는데 그중 하나가 신의 명령이라는 것을 알았을 때는 다른 명령이 합법적인 주권자의 명령이라 할지라도 …, 혹은 아버지의 명령이라 할지라도 그 명령이 아니라 신의 명령을 따라야 한다는 것은 명백하다.[41]

홉스는 인간의 권위에 대한 신의 권위의 이론적 우위에 대해 의문을 제기하지 않았다. 이것은 분명한 사실이기는 하지만 필연적 사실은 아니다. 왜냐하면 홉스는 신의 권능이 최상위에 있음을 인정하면서도 신의 권능이 인간의 권위와 충돌하는 것은 논리적으로 가능하다고 봤다. 사실상 그는 국가에 대한 자신의 철학이 정확하게 성서적 가르침과 일치하며, 제대로 이해만 된다면 성서적 가르침에 의해 인정되고 있다는 것을 보여주고 싶었다.

신의 왕국은 권력이 아니라 자신의 말로 다스리는 사람들로만 이루어진다. 홉스는 신의 말에는 합리적인 것rational, 지각할 수 있는 것sensible, 예언적인 것prophetic, 세 가지로 구분했다. 이것들은 자연적 이성이나 명령, 계시, 그리고 기적을 일으켜 다른 사람들에게 신망을 얻은 인간의 목소리에 의해 주어진다. 홉스는 신은 어떤 법칙에 따라 말을 하는 것이 아니라, 여러 사람들에게 여러 가지 것들을 말하기 때문에 지각할 수 있는 신의 말로 법이 주어지지 않음을 분명하게 주장한다. 그러면서 신의 왕국은 자연적 왕국과 예언적 왕국이 있는데 자연적 왕국에서는 신의 섭리를 인정하는 다수의 인간들을 올바른 이성의 자연적 명령에 의해 다스린다.

예언적 왕국에서는 하나의 특수한 민족을 선택해 자연적 이성뿐만 아니라 신의 신성한 예언자들의 입을 통해 그들에게 준 실정법에 의해 오직 그들만을 다스린다. 우리가 근본적으로 관심을 두는 것은 신의 자연적 왕국이다. 신의 예언적 왕국은 신이 그대로 주권자인 국가이기 때문에 종교와 정치는 하나이며, 신과 인간은 충돌할 수 없다. 하지만 신의 자연적 왕국은 인간 주권자의 통치와 공존한다. 그래서 우리는 공존하는 정치체제와 모순되지 않는지를 알기 위해 코먼웰스의 주권자로서 신의 역할을 정해야 한다.

현대의 많은 홉스 연구자 중 독일 태생의 유대계 미국 정치철학자인 레오 스트라우스Leo Strauss는 "홉스의 정치철학은 자신의 이론을 위해서 성서의 권위를 이용하고자 했으며, 이어서 특히 성서의 권위 그 자체를 흔들어 놓기 위해 그렇게 했다."고 주장했다.[42] 이런 관점에서 홉스는 구시대의 세계론을 타파하는 계몽주의의 선구자였다.

토머스 홉스 Thomas Hobbes

17세기에 활동하던 영국의 정치철학자이자 최초의 민주적 사회계약론자이다. 교구 목사인 아버지는 술주정뱅이로 전락해 가족을 돌보지 않자 홉스는 삼촌의 도움으로 학업에 전념할 수 있었다. 열네 살에 옥스퍼드대 마그덜린 단과대학에 입학해 학사학위를 취득하면서 청교도적 학풍에 상당한 영향을 받았다. 이후 캐번디시가 가정교사로 지내면서 기하학 등 폭넓은 학문 활동을 했고, 1608년부터 1610년 사이에는 프랑스와 이탈리아를 여행하면서 프랜시스 베이컨과 교류했다. 열렬한 절대군주제 지지자였으며, 영국에서 장기의회가 결성되자 프랑스로 도피생활을 하기도 했다. 90세 나이에도 저서를 출판할 만큼 왕성하게 학문 활동을 했다. 대표적인 저서로《리바이어던》《시민론》《물체론》 등이 있다.

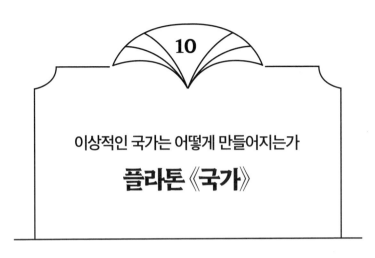

이상적인 국가는 어떻게 만들어지는가
플라톤《국가》

《국가》는 플라톤이 50대 초반이었던 기원전 375년에 쓴 것으로 총 10권으로 나뉜다. 중심 인물은 그의 스승 소크라테스이며, 대화형식으로 저술된 플라톤의 대표저술이다. 소크라테스는 저술을 남기지 않았기 때문에 플라톤의 대화편에 등장하는 소크라테스의 생각들은 소크라테스의 사상으로 통상 간주한다. 그래서 그의 저작을 '플라톤의 소크라테스'라고도 한다. 《국가》는 서양철학의 가장 위대한 작품들 중의 하나로 정치철학뿐만 아니라 윤리학, 형이상학, 인식론, 미학, 논리학, 예술철학과 같은 광범위한 논쟁점들을 다루고 있다. 2400년 전에 기록되었지만 여전히 오늘날에도 가장 분분한 논쟁점들을 시사하며 폭넓은 논의를 불러일으키고 있다.

• 정의란 무엇인가?

 이 대답을 찾기 위한 노력은 고대 그리스부터 현재까지 계속되고 있다. 《국가》의 핵심주제도 정의正義의 본성이다. 정의가 무엇인가에 대한 해답을 찾기란 쉽지 않다. 그 이유는 정의란 하나의 정답으로 풀 수 있는 문제가 아닌, 철학의 근본적 물음 중 하나이기 때문이다.

 소피스트인 트라시마코스Thrasymachus는 정의를 더 강한 자의 편익이라고 규정한다. 국가에는 통치를 하는 집단과 약한 자들인 통치를 받는 집단이 존재한다. 통치 집단은 자신에게 이익이 되는 법을 제정한 후, 피통치 집단에게 이 법에 따르는 것이 정의로운 것이라고 공표하며, 법을 위반한 자들은 정의롭지 못한 자로 처벌한다.[43]

 이러한 주장에 대해 플라톤은 다음과 같이 반론한다. 통치자들이 실수로 그들에게 이익이 되지 않는 법을 제정하여 피통치자들에게 강제할 경우 결국 통치자들에게 이익이 되지 못하는 경우도 발생하게 된다. 아울러 몸은 몸 자체로 부족하므로, 몸에 부족한 것들을 제공하기 위해 의술이 존재함을 지적한다. 모든 기술은 자신의 편익뿐만 아니라 기술이 관여하는 대상의 편익도 고려한다. 따라서 엄밀한 의미에서의 통치술은 그 대상인 피통치자들에게도 필요한 이익을 제공해준다는 것이다. 이런 논리에 의하면 정의가 강한 자의 편익이라고 규정한 트라시마코스의 주장은 틀린 것이며, 정의는 자신에게 편익이 되는 걸 생각하지 않고 더 약한 자, 통치를 받는 집단의 이익이라고 보는 것이 타당할 것이다.

한편 부정의가 더 강력해야 한다는 트라시마코스의 주장에 대해 플라톤은 나라나 군대, 도둑의 무리 등이 집단에 부정의하게 무엇인가를 도모한 경우, 그 집단 안에서 서로에 대해 부정의한 짓을 저지른다면 그들은 공동의 목표를 달성할 수 없다. 부정의는 서로를 싸우게 하고 대립하게 만들기 때문이다. 부정의한 자들이 공동의 목표를 달성할 수 있는 것은 적어도 같은 일을 도모하고 있던 상대와 자기 자신에 대해서는 정의롭게 대했던 탓이다. 마찬가지로 부정의가 한 개인 안에 깃들게 되어도 내면의 갈등으로 인해 그 개인은 무력해진다.[44]

플라톤은 정의란 단지 법적인 옳음과 정치적 옳음이란 물음뿐만 아니라 '어떤 방식으로 살아가야 하는지'에 관한 삶에 대한 문제로 확장한다. 이 문제는 《국가》 전체를 관통하는 핵심 문제이자 플라톤이 《크리톤》과 《고르기아스》에서도 천착하는 그런 문제이기도 하다. 현대에 흔히 이야기되는 정의는 다수를 위한 정치, 거시경제, 사회제도에 더 깊이 관여되어 있지만 개인의 삶과 분리해서 생각할 수 없다.

삶의 방식과 관련된 문제인 '이익'은 비단 물질적인 것에만 그치는 것이 아니라 행복이나 명예, 평판과 같은 삶의 여러 조건과 관련된 가치들을 모두 포괄하는 개념이다. 영화 《반지의 제왕》을 본 대부분의 사람들은 '절대반지'가 가지고 있는 악마적 힘에 대한 도덕적 성찰을 요구한다. 따라서 올바른 사회 형태에 대한 물

음은 개인의 올바른 삶, 다시 말해 도덕적 옳음에 대한 문제까지
도 포괄해야 한다.

살아서나 죽어서나 정의는 물론이고 다른 덕을 단련하는 것, 이것
이 가장 좋은 삶의 방식임을. 그리고 다른 사람에게도 권하세.[45]

• 이상적인 국가란?

국가는 어떻게 성립하는 걸까? 플라톤의 수제자로 알려진 아
리스토텔레스는 가족이 확장되어서 부락이 되고, 부락이 확장되
어서 국가가 된다고 했다. 개인은 부모가 없이 존재할 수 없는 생
물학적 관계로 그런 점에서 가족관계는 공동체가 성립되는 가장
기초적인 단위로 보았다. 반면 플라톤은 공동체가 가족관계로부
터가 아니라 한 사람에게 요구되는 다양한 필요에 의해서 성립
된다고 봤다. 개인이 필요한 모든 것을 충족할 수가 없기 때문에
공동체가 만들어졌고, 이런 의미에서 국가는 자연적이지 않고
인위적인 것이다.

인간이 살아가는 데 필수적인 의식주를 예를 들어보자. 의식주
는 모든 인간에게 반드시 필요하지만 한 사람이 모든 것을 해결
할 수 없다. 때문에 플라톤은 최초의 국가에 농부와 목수, 직공,
거기다 신발을 만드는 제화공이나 일상생활에 필요한 한두 명의
인원도 추가했다. 이렇게 넷 또는 다섯 사람으로 구성된 공동체
는 각자 자신의 일만 하면서 서로의 생산물을 다른 사람에게 채

위주면서 함께 살아간다.

플라톤은 각 사람들에게 맞는 몫이 있으며 이는 자연에 의해서 결정된다고 주장했다. 즉 원래 타고난 재능을 발휘하는 삶을 살아야 한다는 것이다. 자연의 선택이 아닌 자연적으로 타고난 본성에 맞는 일을 해야 하고, 직분을 맞바꿔서는 안 된다. 그러면서 다른 사람이 하는 일에는 신경써지 않을 때 모든 일이 잘 진행된다. 농부가 목수의 일에 간섭하지 않아야 하고 목수가 직공에게 밤 놔라 대추 놔라 하지 않아야 한다. 각자 자신이 제일 잘하는 일을 꼭 해야 하는 시점에서 열심히 할 때 최소한도의 나라는 효율적으로 운영된다. 결론적으로 플라톤이 생각하는 정의로운 국가는 철저한 역할분담을 원칙으로 한다.

이 지점에서 현대의 독자들은 엄청난 불편함을 느낀다. 플라톤이 《국가》에서 그려지는 이상국가의 모습은 근대 자유민주주의 사회에서의 자유와 정확히 일치하는 것은 아니다. 그런데 정말 본성에 맞는 일만 하고 살아야 하는 걸까? 인생에는 여러 선택지가 있는데, 마음에 끌리는 다른 일을 해서는 안 되는 것일까? 플라톤은 매우 현실적이다. 신발 만드는 사람은 신발 만드는 일이 제일 행복하다. 괜히 하지도 못할 농사일에 신경써서는 안 된다. 분업의 원리에 따라 각자 자신의 역할에 충실할 때 국가라는 전체 시스템이 제대로 작동된다. 오늘날 엄청난 사교육비를 지출하면서 적성에도 맞지 않는 자녀들을 의사나 판·검사로 키우려는 것은 국가 전체의 손해다. 플라톤이 경계하는 것이 바로 이런 것이다. 각자에게 주어진 역할이 있는데, 그것을 하지 않고 그때 그때 하고 싶은 일을 자신의 능력과 관계없이 하고자 한다면 국가 전체의 목표는 달성될 수 없다.

그렇다고 플라톤은 인간의 욕구를 모두 없애야 한다고 주장하지는 않았다. 오히려 인간의 욕구를 만족시키려는 시도를 인정해주는 시스템을 만들고자 했다. 자신의 적합한 분야에 일을 하다보면 사람들이 늘어날 것이고, 자연히 시장이라는 것이 형성되고, 물물교환 대신 화폐도 필요하게 될 것이다. 물품을 맡아 보관 및 판매해주는 중개인과 상인도 생기면서 점점 작은 국가가 큰 국가로 성장하게 된다.

플라톤은 최소한의 필요만 충족시켜주는 나라는 현실적이지 않다고 여겼다. 인간은 다양한 욕구를 가지고 있는 존재이기 때문에 그 욕구를 채우고 만족감을 얻어야 행복하다고 느낀다. 이를 위해서는 더 많은 재화가 필요하고, 다양한 직종의 사람들이 국가에 편입되어야 한다. 이 과정에서 나라는 더 커지게 되나 재화 분배과정에서 갈등이 심해진다. 따라서 기본적인 욕구는 채우되, 그 욕구가 무제한적으로 늘리지는 않도록 적도適度를 찾는 것이 중요하다.

이것이 플라톤에게 정의를 이해한다는 '좋음'이다. '좋음'이란 단순히 '내가 너를 좋아해'라는 뜻이 아니다. '좋음'이란 존재가 제대로 구실을 하는 상태이다. 나무가 풍성한 열매를 맺으면 제구실을 하는 것이고 그것은 좋은 상태다. 자동차가 잦은 고장 없이 인간의 이동을 편리하게 제공했다면 마찬가지로 좋은 상태다. 가족 구성원이 빈곤하지 않고 건강하고 화목하게 지낸다면 좋은 상태이고 국가가 정치적·경제적으로 안정되고 국민의 행복수준이 올라간다면 그것 역시 좋은 상태다.

인적 및 물적 자원과 상관없이 무엇인가 존재의 구실을 제대로 이행하는 상태, 그것이 좋은 상태다. 좋음의 이데아를 일단 보게 되면 나라와 개개인들 그리고 자신들을 다스리지는 본$_{paradeigma}$으로 삼는다. 플라톤이 좋음의 이데아를 인식의 목적으로 삼는 이유는 그것이 나라와 개인 그리고 자신을 다스리는 본이기 때문이다. 본은 나라를 나라답게, 개인을 개인답게, 그리고 자신을 자신답게 하는 척도인 것이다. 아울러 이 본에 알맞게 각각이 구현된 것이 각각의 훌륭함인 것이다.

● **철인왕**

플라톤은 《국가》에서 철인왕의 통치를 가장 이상적인 통치의 형태라고 주장했다. 《국가》의 저술 동기이자 궁극적 지향점인 이상적인 나라로 만드는 것이 바로 철인왕의 과업이자 존재 이유이기 때문이다. 소피스트들은 철학을 우주와 인간에 대한 쓸모없는 한담이라고 비난했지만, 플라톤은 철학이 국가의 지도자를 키워내는 데 있어 아주 중요한 역할을 할 것이라고 믿었다.

여기서 철인왕의 의미는 정치적 계급의 의미로서가 아니라 교육받은 이상적인 인간으로서의 의미를 지닌다.

플라톤에 의하면, 통치자는 최고의 지식을 가진 자이어야 하며 충실히 교육받은 사람이어야 한다. 다시 말해 가시계可視界와 가지계可知界의 차이인 의견과 지식의 영역과 현상과 실재의 차이를 이해하는 사람이어야 한다. 그는 교육을 통해 분할된 선線을 거슬러 올라가 결국은 선의 이데아에 대한 지식을 소유하게 된 사람이다. 이 단계에 도달하기 위하여 철인왕은 여러 단계의 교육을 거쳐야 한다. 그리하여 결국 가장 유능한 사람이 가장 높은 지식의 이데아를 인식하는 경지에 도달하게 된다. 그제서야 국가를 통치할 자격이 구비된다. 그러므로 플라톤의 이상적인 인간은 도덕적으로 발달한 사람이며 정치적으로 현명하여 나라를 통치할 수 있는 철인왕이라 하겠다.[46]

또한 플라톤은 철인왕에게 다음과 같은 생활방식을 요구한다. 첫째, 통치자들에게는 주거든 토지든 금전이든간에 사유재산 소유를 금지시키고 그들을 공동막사에 살게하며 공동식탁에서 식사하게 한다.

둘째, 아내와 사적인 가족관계의 소유가 인정되지 않는다. 이에 대하여 플라톤은 다음과 같이 설명한다.

많은 불경한 일들이 흔한 주화와 관련되어서 일어나기 때문에 그들의 그러한 신성한 소유물을 사멸하는 인간세계의 황금과 혼합함으로써 더럽히는 일이 없도록…이 나라의 시민들 중 오직 이 사람들에 대해서만 황금이나 은을 손에 넣거나 만지는 일이 허용되지 않으며…그렇게 함으로써 그들 자신의 안녕은 물론 나라의 안녕을 꾀할 수 있다.[47]

이처럼 철인왕의 관심은 성인의 도를 겸비하여 정의를 수호하고 진리를 추구하는 데 있다. 물질적인 쾌락은 하찮은 것으로 관심이 없으며 궁극적으로 선의 이데아를 실천하는 데 있다.

플라톤은 소크라테스가 젊은이를 타락시키고 신을 모독한 죄목으로 무고한 죽음을 당한 후, 현실정치에 큰 환멸을 느꼈다. 이런 배경에서 플라톤은 철인에 의해 통치되는 정의로운 국가를 꿈꿨다. 그가 그린 철인과 국가의 모습에는 지혜와 용기, 그리고 절제를 한몸에 구현한 화신, 바로 스승 소크라테스의 모습이었다.

플라톤 Platon

기원전 424년에서 348년에 활동한 고대 그리스의 철학자이자 사상가이며, 객관적 관념론의 창시자이다. 명문 귀족 집안에서 태어나 20세에 소크라테스의 제자가 되었다. 소크라테스가 독배를 마셨을 때 그의 나이 28세였다. 그 후 여러 곳을 여행하며 견문을 넓히고 기원전 387년에 철학 중심의 종합 학교인 아카데메이아를 세웠다. 연구분야는 형이상학, 정치학, 윤리학, 인식론 등 서양 철학의 온갖 영역에 걸쳐있으며, 실상 플라톤 이후 2000년 동안의 철학이 플라톤 철학에 대한 주석에 지나지 않는다고 말할 정도로 매우 중요한 철학자로 평가받는다.《소크라테스의 변론》《라케스》《프로타고라스》《고르기아스》《메논》《파이돈》《크리톤》《향연》《알키비아데스》 등 35편의 저서를 남겼다.

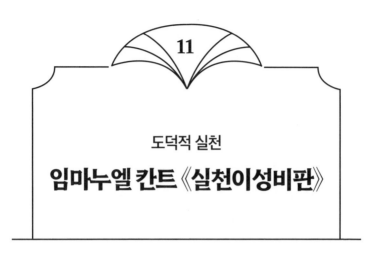

도덕적 실천
임마누엘 칸트 《실천이성비판》

1788년에 출판된 《실천이성비판》은 《순수이성비판》에 뒤이어 나온 책이며, 의심할 여지없이 현대 철학의 가장 영향력 있는 작품 중 하나다. 《순수이성비판》이 인식에 관한 '이론이성'을 밝혔다면 《실천이성비판》은 도덕철학과 윤리에 관한 '실천이성'을 다루었다. 《실천이성비판》에서 제시된 칸트의 윤리학은 현대에도 단순히 역사적 가치를 인식하는 데 그치지 않고 주류 윤리학의 논의에서 중요한 모델로 평가받고 있다.

● 도덕철학

도덕moral이란 사람이 사람답게 사는 이치, 또는 사람이 사회생활하는 데서 마땅히 행해야 할 도리다. 이때 도리를 도리道理이게끔 해주는 것을 선善이라고 한다. 선이란 인간의 마음씀이 방식으로 지知·정情·의義를 말하면서 그에 대응하는 최고의 가치를 진眞·선善·미美로 말할 때의 그 선을 지칭한다. 진리가 인식의 핵심 가치라면, 선은 실천행위의 핵심 가치다.

도덕 행위는 사람과 사람 사이에서 일어나는 실천행위이며, 그 실천행위 가운데서도 선이라는 가치를 실현하려는 것이다. 다시 말해 도덕이 사람과 사람이 함께 어울려 사는 사회에서 사람의 행위를 사람답게 해주는 원리라면, 도덕이 도덕이도록 해주는 것이 선이다. 그래서 우리는 선을 담지하는 있는 행위를 도덕적 행위라고 한다.[48]

내가 그것들을 더욱 자주, 더욱 진지하게 생각하면 할수록 항상 새롭고 더욱 높아지는 감탄과 경외로 나의 마음을 가득 채우는 것이 두 가지가 있다. 그것은 내 위에 있는 별이 빛나는 하늘과 내 안에 있는 도덕법칙이다.[49]

칸트는 밤하늘에 영롱하게 빛나는 무수한 별들이 규칙적으로 움직인다는 것은 복잡 다양한 인간의 세포와 장기가 자유의지의 준칙으로 유기적으로 운행되듯이 인간의 가슴 속 깊은 곳에는 자유의 법칙, 다시 말해 도덕법칙이 있음을 확신하였다. 칸트는 도덕법칙을 찾기 위해 먼저 '최고의 선'이 무엇인지를 규명한다. 최고의 선이기 위해서는 다음의 조건이 필요한데, '그 자체로 선한 것', '아무런 제한 없이 언제 어디서든 선한 것', '행위의 결과로 나오는 우연적 부산물이 되어서는 안 된다는 것'이 그것이다. 이런 기준에 의해서 탄생된 것이 바로 선의지다. 선의지는 그것이 수행한 행위의 결과나 목적이 아니라 오로지 선에 대한 의욕, 다시 말해 동기를 중요시한다.

예를 들어보자. 30대 직장인이 시간대가 가장 혼잡한 지하철 좌석에 앉아서 가고 있는데 백발의 허리가 구부정한 할머니가 다가왔다. 할머니가 자리 양보를 요구하지는 않았지만 그 젊은이는 자리를 양보했다. 이 상황에서 할머니에게 자리를 양보한 것은 칭찬받을 만한다. 그러나 칸트는 도덕적으로 옳은 행동은 단순히 착하다는 것과 구분이 되어야 한다고 주장한다.

만약 젊은이가 인仁의 근본인 사양지심辭讓之心의 마음으로 자리를 양보했다면 그 행동은 도덕적으로 옳다. 그런데 그가 다른 사람들의 눈치를 보며 자신이 괜찮은 사람이라는 것을 보여주기 위한 수단이나 자발성이 결여된 마음에서 자리를 양보했다면 그것은 옳지 않다. 말하자면 선의지란 옳은 행위를 오로지 그것이 옳다는 이유에서 마땅히 해야 할 의무로 받아들이고 이를 따르려는 의지여야 한다.

따라서 칸트에게 있어 도덕법칙은 보편적이고 절대적이어야 한다. 칸트는 이를 '정언명령'이라 명하고 이를 순수 실천이성의 근본 법칙으로 간주했다. 인간은 결코 도덕법칙을 일관되게 지킬 수 없다. 만약 그럴 수 있다면 인간은 정언명령을 필요로 하지 않기 때문이다. 정언적이고 도덕적인 명령을 구분시키고 있는 것은 바로 의지의 강제 개념이다. 단순한 강제가 아닌 모든 상황에서 항상 타당성을 갖는 강제라면 그것은 무조건적이거나 정언적인 특성을 가진 것이다.

● 자율성

칸트의 도덕철학에서 자유_{자율성}의 개념은 도덕을 가능하게 하는 근거이자 핵심적 요소다. 자유란 일상적인 사용에서 흔히 어떤 것으로부터의 해방이나 독립을 뜻한다. 그렇기 때문에 도덕은 밖으로부터 강제된 규칙, 다시 말해 자연법칙이 아니라, 자유로운 자기 강제의 규칙인 자율의 힘에 기반한다. 칸트는 그의 도덕철학에서 자유가 어떤 지위를 가지고 있는지 《실천이성비판》 머리말에서부터 강조한다.

무릇 자유 개념은, 그것의 실재성이 실천 이성의 명증적인 법칙에 의해 증명되는 한에 있어서, 순수 이성의, 그러니까 사변 이성까지를 포함한, 체계 전체 건물의 마룻돌宗石을 이룬다.

칸트는 《도덕형이상학 원론》에서 실천적 자유는 증명할 수 없다고 보던 입장에서 《실천이성비판》에 와서는 실천적 자유의 실재성을 문제삼고 나아가 증명될 수 있는 것으로 보고 있다. 뿐만 아니라 그는 인간을 자유로운 존재로만 본 것이 아니라 실천적 행위의 동인임을 분명히 밝히고 있다. 그는 인간의 이성이 요구하는 근본적 체계가 단순히 이론만으로는 완성될 수 없으며 반드시 실천이 전제되어야 함을 강조했다.

이처럼 인간은 자연법칙에 속해 있어 보존과 번영이라는 행복을 추구하지만 그것과는 별개로 실천이성을 발휘하는 존재다. 약자에게 내가 가진 것을 나눠주거나, 남을 위해 희생하는 등 마땅히 해야 할 도덕적 사건을 발생시키는 존재인 것이다. 이 지점에서 자율성인 한 도덕법칙의 주체인 인간, 다시 말해 인격으로 승격한다. 그래서 자율성이야 말로 인간과 모든 이성적 자연존재자의 존엄성의 근거가 된다. 그 자체로 존엄한 인간은 목적 그 자체다.

그러므로 칸트에 따르면, 순수 실천이성의 원칙에서 "너 자신의 인격에서나 다른 모든 사람의 인격에서 인간을 항상 동시에 목적으로 대하고, 결코 한낱 수단으로 대하지 않도록 행위하라." 는 명령이 나온다. 다시 말해 인간을 물건이나 수단으로 대하지 말라는 의미이다. 만약 정치인이 국민을 그저 세금을 내는 존재, 전쟁에 동원할 수 있는 물자로 여긴다거나, 기업가가 노동자를 자신의 배를 불려주는 존재로 생각한다면 이는 인간을 사물이나 수단으로 대하는 것이다. 결국 자율성이야말로 순수 실천이성의 원칙에서 객관적으로 타당한 실천 명령이 나온다.

• 행복

'행복'은 칸트의 도덕이론에서 중요한 개념이자 칸트의 초월철학 기획에 있어서도 정합적으로 놓여 있는 대상이다. 인간은 이 세상의 행복을 얻으려는 욕심의 지배를 받아 이를 실천의 원리로 삼으려 한다. 선의지와 대비하여 권력, 부, 명예, 건강과 같은 행운에서 얻는 그 자신의 전적인 평안과 만족을 행복이라 한다. 칸트는 행복이 선의지를 전제하지 않을 경우 사람들을 교만하게 만든다고 지적한다. 《실천이성비판》에서도 순수하게 도덕적 의무의 명령에 따르는 것이 선이며 행복의 지배를 받는 것은 악으로 보았다.

그렇다면 인간이 어떤 경우에도 행복을 취하려고 해서는 안 되는 걸까? 여기에는 논란의 여지가 있다. 하지만 칸트는 행복에 대한 갈망이 도덕적 동기를 훼손한다고 보았지만, 어떤 경우에는 도덕적 의도와 일치할 수 있다고 보았다. 자기 자신의 행복을 추구하려는 노력은 적어도 간접적인 의무로 보았는데, 행복을 추구하려는 의도 속에 건강과 같이 자기 자신을 유지 관리하는 덕목도 포함되어 있기 때문에 그렇게 본 것이다.

그러나 일반적으로 행복은 경험에서 추구하는 강렬한 경향성들에 충족되는 총합에 의해 결정된다. 칸트는 행복이라는 이름을 가진 모든 경향성의 총족의 총합에 대해 어떤 확실한 개념도 가질 수 없다고 말했다. 이에 대해 칸트는 이렇게 말한다.

어떤 행위가 이성적 존재자의 행복을 촉진할 것인가를 확실하게 그리고 보편적으로 결정하는 일은 온전히 해결될 수가 없고, 따라서 엄밀한 의미에서 행복을 주는 행위를 하라고 지시하는 행복에 대한 명령은 가능하지 않다. 행복은 이성의 이상이 아니라 단지 경험적 근거들에 의거한 상상력의 이상이기 때문이다.

칸트는《실천이성비판》변증론에서 '최고선'의 문제와 도덕성과 행복의 결합 가능성에 대하여 논의한다. 여기에서 칸트는 도덕과 행복의 관계를 보다 구체적으로 다룬다. 칸트에 의하면, '에피쿠로스학파는 행복으로 이끄는 것을 자신의 준칙으로 의식하는 것을 덕'이라고 했고, '스토아학파는 자신의 덕을 의식하는 것을 행복'이라고 했다. 에피쿠로스는 영리함과 지혜, 스토아는 덕과 도덕성에 우선성을 부여했다. 칸트는 이들의 차이가 감성적인 요구와 이성적 요구에서 비롯된다고 이해했다. 그래서 '온전한 최고선'을 에피쿠로스가 행복으로 보았다면, 스토아는 덕으로 여겼다는 것이다. 칸트는 이 두 개념이 전적으로 다르다고 보는 사실에서 이들과 차별화한다. 그리하여 '최고선'이라는 이름으로 덕과 행복의 결합 가능성을 타진한다.

도덕성과 행복의 비례적인 결합을 가능하게 하는 조건명제를 반영한 연구에도 불구하고 행복은 도덕적 행위가 동기가 될 수 없으며, 오직 도덕적 행위에 따르는 위안적 희망의 차원에서만 그 존립 근거가 마련될 수 있는 결론을 도출했다. 칸트는 세계창조에서 신의 최종목적은 이성적 존재자들의 행복이 아니라 최고선이라고 말한다. 하지만 행복이 주어질 가능성이 마련되지 못할 경우에 최고선은 무너지고, 도덕법의 구속성까지 위협을 받게 될 수 있다. 칸트의 최고선은 '도덕성'과 '행복해도 좋을 품격'에 따라서 이성 존재자들이 '지혜로운 창시자의 손'을 잡고서 '행

복에 참여하기를 희망할 수 있는 유일한 기준'을 제시하기 때문이다.[50]

이상에서 볼 때, 행복은 결코 칸트 윤리학 체계 안으로 들어설 수 없다는 사실을 확인하게 된다. 그렇다고 칸트가 도덕의 원리로서의 행복주의를 비판하는 것이지 행복 자체를 부정한 것은 아니다. 왜냐하면 행복이 도덕적 원리로서의 자격을 지닐 수 없지만 행복은 인간 본성의 중요한 실천적 관심사로서 부각되어 있기 때문이다. 최고선 개념 역시 단지 이념일 뿐이어서, 행복을 구성요소로 요구한다는 사실만으로 도덕법을 구속하는 것은 아니다. 따라서 하느님의 존재 여부와 연관된 행복은 도덕성과 어떤 연결도 갖지 못했다. 그리하여 칸트는 도덕성과 행복의 관계 규명을 위한 다양한 논의를 통해서 오직 도덕적인 동기에 의해서 이루어진 행위만이 결과적으로 행복해도 좋을 품격을 조성할 수 있고, 그것을 기반으로 해서 경험적 행복을 누려도 좋다는 희망을 갖게 되는 것이다.

임마누엘 칸트 Immanuel Kant

근대 계몽주의를 정점에 올려놓았고 독일 관념철학의 기반을 확립한 프로이센의 철학자이다. 서양 근대철학사에서 데카르트에서 이어지는 합리주의와 존 로크에서 이어지는 경험주의를 종합하였으며, 인식론, 형이상학, 윤리학, 미학 등 분야를 막론하고 서양철학의 전 분야에 큰 발자취를 남겼다. 눈부신 학문적 성취와 더불어 1786~8년에는 쾨니히스베르크대학의 총장에 선출되는 영예도 누렸다. 저서에는 3대 비판서인 《순수이성비판》《실천이성비판》《판단력비판》과 더불어 《윤리 형이상학의 정초》《영구 평화론》《윤리 형이상학》 등 다수가 있다. 평생 독신으로 규칙적이고 반복적인 삶을 산 칸트는 1804년 2월 12일, 80세를 향년으로 생을 마감했다. 그가 마지막으로 남긴 말은 "좋아Es ist gut"라고 전해진다.

"당신이 아무것도 모른다는 것을 아는 것이 진정한 지혜다"

_ 소크라테스

2장

동양사상

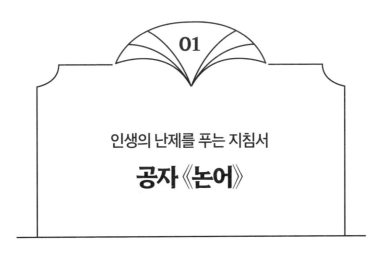

01

인생의 난제를 푸는 지침서
공자《논어》

《논어》는 공자가 세상을 떠난 후 공자와 그 제자들의 언행이 담긴 어록으로 내용은 공자의 말과 행동, 공자와 제자 사이의 대화, 공자와 당시 사람들의 대화, 제자들의 말과 제자들 사이의 대화 등으로 구성되어 있다. 그래서 책 제목도 공자와 그 제자들이 '토론한 이야기'라는 뜻의《논어論語》가 되었다.

《논어》는 오늘날 우리가 마땅히 갖춰야 할 수양은 어떤 것이며, 배움을 대하는 자세와 삶의 태도, 인간관계에 대한 근본적인 물음, 사회와 국가의 일에 어떠한 태도와 시각을 가져야 하는가를 총망라한다.《논어》는 한 번은 꼭 읽어야 하는 고전 1순위로 2,500년 넘게 전해 내려온 공자의 지혜를 생생하게 독자들에게 전달해주어 4차 산업혁명의 시대를 살아가는 현대인에게도 사람됨의 도리와 세상살이의 이치를 가르쳐주고 있다. 읽다 보면 경전인 듯 철학인 듯 인문학인 듯 더 나아가 자기계발서의 면모까지 갖춘 논어의 매력에 흠뻑 빠질 수 있다.

하버드대 마이클 푸엣Michael Puett 교수는 자신에게 가장 큰 영향을 준 책은 《논어》라고 하면서, "인간이 학문과 수양을 통해 더 나은 능력을 지니게 되고, 자신을 둘러싼 사람들과 더 좋은 관계를 구축할 수 있다는 것을 가르치는 책이다."고 강조했다. 푸엣 교수는 학생이 직접 《논어》《맹자》를 읽고 그 내용을 각자의 삶 속으로 가져오게 한다. 스스로 생각하게 하는 강의라는 점에선 《정의란 무엇인가》《공정하다는 착각》의 저자인 마이클 샌델 교수와 같다.

● 진짜 잘못이란?

매년 연말이면 전국 대학교수들이 그해의 시대상을 반영한 사자성어를 선정한다. 2022년 연말에는 우리나라 지도층 인사들의 정형화된 언행을 반영한 '과이불개過而不改'가 선정되었다. 과이불개는 《논어》 위령공편 '과이불개過而不改 시위과의是謂過矣' 다시 말해 '잘못을 저지르고도 고치지 않는다면 이것이 바로 잘못이다.'에 등장한다. 이 땅의 최고지성이라 할 수 있는 대학교수들도 올해도 한 해를 정리하는 사자성어를 《논어》에서 찾았다.

'인간은 불완전한 존재로 크고 작은 잘못을 저지르지만 이를 스스로 감당하지도, 고치지도 않는다면 이것은 더 큰 잘못이다.'라는 것이 공자의 가르침이다. 선정에 참여한 교수들은 학계의 관행과 특수성, 연구부정행위와 더불어 국민의 삶은 안중에도 없고 오롯이 정권의 오만과 독선, 여야의 내로남불 정치 행태를 꼬집었다. 다수의 국민들이 잘못됐다고 하는데도 반성도 인정도 없다.

그렇다면 왜 잘못을 깨닫고 고치는 것이 어려울까? 두 가지 이유 때문이다. 하나는 자신의 잘못을 인정하기가 어렵기 때문이다. 잘못을 인정하는 데는 용기가 필요하다. 다른 하나는 잘못을 고치는 것 자체가 어렵기 때문이다. 이전과는 다르게 생각하고 올바른 행동을 한다. 이스라엘 2대 다비드 왕이 위대했던 것은 수많은 전쟁에서 승리를 거둬 나라를 안정시키고 강하게 만들었기 때문이 아니다. 왕권이라는 왕실의 권력을 가졌음에도 자신의 잘못을 인정하고 이를 숨기지 않고 만천하에 드러내 사죄를 구했기 때문이다.

그는 전쟁 중에 왕궁에 머무르다 부하의 아내를 탐해 임신시키고 그 부하는 격전지에 보내 죽게 만들었다. 하지만 자신의 잘못이 드러나자 한 마디 변명도 하지 않고 인정한 뒤 용서를 구했다. 그는 절대권력의 위치에 있었으나 고발자를 죽여 자기 잘못을 덮으려 하지 않았다. 자신의 실수를 솔직히 인정하면 당장 모든 것을 잃는 것처럼 보이지만 장기적으로 신뢰를 얻고 더 큰 문제를 예방할 수 있다. 반면 실수를 덮거나 남 탓으로 돌리면 순간의 위기는 모면할 수 있지만, 결국 주위의 인심을 잃게 되고 문제는 안으로 곪아 더 큰 문제를 초래한다.

어떤 사람은 자신의 잘못을 인정하면 평판을 우려하거나 때로 큰 손실마저 볼 수 있다고 걱정한다. 실제로 잘못을 인정한다는 것은 자신의 과오로 인한 모든 불이익을 달게 받겠다는 의미다. 이는 권력과 권위, 재산, 명성 등 자신이 가진 모든 것을 포함한다. 교만했다면 겸손해져야 하고, 사치스러웠다면 검소해져야 한다. 따라서 잘못을 인정하는 데는 큰 용기가 필요하다. 무엇보다 용기를 내어 자신의 잘못을 고치려는 태도가 없다면 그것이 진짜 잘못이다.

● 공자의 학습법

'배우고 때맞춰 익히면 또한 즐겁지 아니한가學而時習之, 不亦說乎.' 동양 최고의 인생 교과서인《논어》는 첫 장을 배움의 기쁨으로 시작한다. 공자는 스스로의 정체성에 대해 학學을 좋아하는 사람이라고 규정했다. 그는 "십여 가옥이 모여 있는 마을 정도면 반드시 나만큼 충신忠信한 사람이 있다. 그런데 나만큼 학學을 좋아한 이는 없을 것이다."라고 했다. 그도 그럴 것이 제1편 학이學而에서 제19편 자장子張까지 빠지지 않는 내용이 학, 다시 말해 배움이다.

공자는 왜 이렇게 배움을 강조했을까? 공자는 지금부터 약 2,500년 전, 중국 춘추시대 노나라의 곡부에서 태어났다. 공자가 세 살 때 아버지가 돌아가시고, 스물네 살 때는 어머니마저 세상을 떠나시는 바람에 홀로 힘들게 살아야 했다. 하지만 공자는 자신의 삶에 대해 실망하거나 원망하지 않았다. 오히려 '어떻게 해야 어려움을 이겨낼 수 있을까?'라며 고민했다. 그러한 고민 끝에 그가 찾은 결론이 바로 '배움'이었다. 공자는 '배움이야말로 자신을 만들어내는 가장 중요한 것'이라고 생각했다.

한 번은 제자가 공자에게 물었다.

"스승님은 어떻게 그렇게 많은 것을 아십니까?"

그러자 공자는 이렇게 답했다.

"오소야천 고 다능비사吾少也賤 故 多能鄙事, 나는 어려서 천하게 살았기 때문에 많은 것을 할 수 있는 능력을 가졌다."[51]

가난하고 힘들게 살았던 자신의 어린 시절 덕분에 오히려 깊고 넓게 배울 수 있었고 큰 능력을 갖게 되었다는 말이다.

그럼, 공자가 강조하는 배움의 본질과 의미가 무엇인지 살펴보자. 누구나 경전의 의미를 이해하고 그 의미를 흉내내어 입 밖으로 내는 것은 어렵지 않다. 하지만 그렇게 한다고 해서 그것을 바로 실천할 수 있는 것은 아니다.

文 문, 莫吾猶人也 막오유인야, 躬行君子 궁행군자,
則吾未之有得 즉오미지유득

학문과 자식에 있어서는 나도 남을 따라갈 만큼은 된다.
하지만 몸소 군자의 도를 실천하는 것은 내가 전혀 얻은 것이 없다.[52]

공자는 스스로를 글을 많이 읽어서 학문적인 면에서는 다른 사람과 비슷하지만, 아직 실천하는 면에서 있어서는 군자의 경지에 이르지 못했음을 자각한다. 자신의 겸손한 모습을 바탕으로 제자들에게 학문수양은 끝이 없으며, 학문을 갈고 닦으려면 실행이 무엇보다 중요하다는 경각심을 주기 위함이었다. 여기서 학은 단순한 실천행위가 아니다. 유사한 예로 공자는 이렇게 말했다.

인仁만 좋아하고 학學을 좋아하지 않으면 그 폐단은 어리석게 되는 것愚이고, 지知만 좋아하고 학을 좋아하지 않으면 그 폐단은 방탕해지는 것蕩이고, 믿음信만 좋아하고 학을 좋아하지 않으면 그 폐단은 과격해지는 것賊이고, 정직함信만 좋아하고 학을 좋아하지 않으면 그 폐단은 조급해지는 것絞이고, 용감함信만 좋아하고 학을 좋아하지 않으면 그 폐단은 어지럽게 되는 것亂이고, 강함信만 좋아하고 학을 좋아하지 않으면 그 폐단은 경솔하게 되는 것狂이다."[53]

공자는 인仁, 지知, 신信, 직信, 용信, 강信 등의 덕목 실천과 학을 대비하면서, 이런 실천들만 있고 학이 없다면 각각 특수한 폐단에 이를 것임을 경고한다.

실행은 동서양을 막론하고 중요성이 강조된다. 미국인 최초로 노벨문학상을 수상한 싱클레어 루이스Sinclair Lewis가 하버드대에 글쓰기 특강을 하러 갔다. 그는 학생들에게 이런 질문을 던졌다.

"여러분은 글을 잘 쓰고 싶습니까?"

학생들이 모두 "네"라고 대답하자 루이스가 이렇게 말했다.

"그럼 왜 여기 앉아 있습니까?

집에 가서 글쓰기를 해야죠."

그것으로 특강은 끝이 났다.

베스트셀러 작가도 글을 써야 하고, 초보 작가도 글을 써야 한다. 군자와 소인의 차이는 아는지 모르는지 있지 않다. 실천의 유무에 있을 뿐이다.

● 인텔의 운명, 논어에서 답을 찾다

1991년, 미국 스탠퍼드 경영대학원의 강의실에서 한 강연자가 학생들에게 다음의 질문을 던진다.

"저희 회사는 오직 기술력 하나로 업계 1위를 지켜왔는데 최근 그게 무너졌습니다. 그래서 두 가지 선택을 놓고 고민 중입니다. 계속 기술력에 올인해야 할지, 아니면 전혀 새로운 전략으로 시장을 공략할지… 두 가지 중 뭐가 더 좋을까요?"

이후 강의실은 학생들의 질문과 대답이 수없이 오가며 열띤 토론이 이어졌다. 그리고 두 달 뒤에 마케팅 역사의 한 획을 긋는 광고전략이 탄생했다. 그 전략은 바로 '인텔 인사이드Intel Inside' 였다. 이는 인텔의 중앙처리장치CPU를 사용한 컴퓨터에 인텔로고를 부착하면 판매금액의 6퍼센트를 리베이트로 제공한다는 것이었다. 인텔은 이 전략으로 브랜드 인지도를 획기적으로 높였고, 그 결과 88퍼센트의 높은 시장점유율을 기록했다.

그런데 스탠퍼드 경영대학원의 강의실에서 강의를 한 사람은
누구였을까? 그는 스티브 잡스의 멘토이자 1987년부터 1998년
까지 인텔의 CEO로 일하며 회사를 세계 최고의 반도체 기업으
로 만들었다는 평가를 받고 있는 앤디 그로브Andy Grove였다. 그
런 그에게 문제가 발생했다. 굴지의 대기업 CEO가 경영학 초보
자들에게 인텔의 운명을 결정지을지도 모르는 내용을 물었던 사
실이 알려지자 'CEO 자질을 의심할 행동'이라며 그를 향한 비난
여론이 빗발친 것이다. 그러나 앤디 그로브는 "내가 몰라서 질문
한 것이 왜 문제인가?"라며 당당히 반문했다.

敏而好學 민이호학, 不恥下問 불치하문
민첩하게 배우기를 좋아하고,
아랫사람에게 묻는 것을 부끄러워하지 않았다.[54]

자공이 공자에게 궁금한 듯이 물었다.
"위나라에 공문자라는 사람이 있는데, 그 사람은 무슨 까닭으
로 '문文'이라는 영광스런 시호를 불리게 되었는지요?"
공자가 다음과 같이 대답했다.
"이해력이 뛰어나고 학문을 사랑하며, 아랫사람에게 모르는
것을 물어보면서도 전혀 부끄러워하지 않았기 때문에 '문'이라
고 할 만한다."
아랫사람에게 묻는 것은 결코 부끄러운 일이 아니다. 조선
후기 실학자 연암 박지원은 "노비라도 자기보다 한 자字를 더

안다면 그에게 배워야 한다."고 했다. 현명한 사람은 모르는 것을 알기 위해 노력하지 않는 것을 부끄러워하지, 묻는 것을 부끄러워하지 않는다.

우리는 왜 고전인 《논어》를 읽어야 할까? 《논어》는 우리의 과거이자, 현재이자 미래이기 때문이다. 공자는 "옛것을 익히며 새것을 안다.[55]"고 했다. 옛것을 존중하며 익힌다고 할 때 그 태도는 단순히 수동적인 것과는 거리가 멀다. 익힐 만한 가치가 있는 옛것을 선택하는 것 자체에 이미 주체의 능동성과 창조성이 개입되어 있으며, 선택한 것을 익히는 과정은 새로운 통찰 및 실천적 지평을 이끌어낸다. 21세기 최고지성이라 할 수 있는 대학교수와 미국의 세계 최대 다국적 종합반도체회사인 인텔도 옛것을 익혀 오늘날 실천적 삶과 경영의 근본 원리로 삼지 않았는가.

공자의 궁극적인 관심은 삶의 현재와 미래를 향해 있다. 현존하는 공동체의 바람직한 삶의 질서와 가치의 구현이야말로 공자가 꿈꾸는 바다. 이러한 의도로 기획된 《논어》는 인간의 본질을 가장 정확하게 분석하고 인간이 지향하여 나아갈 바를 가장 본원적으로 가르쳐준다. 올바름과 지향점이 철저하게 실종되고 전례를 찾기 어려울 정도로 가치관의 붕괴로 인해 가치관의 대혼란을 겪고 있는 미증유의 혼란기인 현재는 난세 중의 난세였던 춘추전국시대와 전혀 다를 바가 없다. 이럴수록 우리는 사상의 토대가 되어준 《논어》를 다시 펼쳐 시대를 초월하는 지혜를 얻고 의미있는 실천을 이끌어내야 한다.

공자 孔子

B.C. 551년 지금의 중국 산둥성 취푸曲阜 지역인 노魯나라 창평향 추읍에서 태어났다. 3살 때 아버지를 여의고 17살 때 어머니를 여의었으며, 19살 때 송나라 출신 여인과 혼인했다. 20살 때부터 계씨季氏 가문의 창고지기로 일했고 가축 사육일도 맡았지만 학문을 게을리하지 않았다. 48살 때 정치에서 물러나 본격적으로 제자를 가르치기 시작했다. '인仁'과 '예禮'의 도덕적 규범을 통해 이상사회의 실현을 꿈꾸면서, 춘추시대의 불안한 질서를 주나라 문화와 제도의 회복을 통해 안정시키고자 했으나 끝내 실현하지 못하고 B.C. 479년 73세의 나이로 생을 마쳤다.

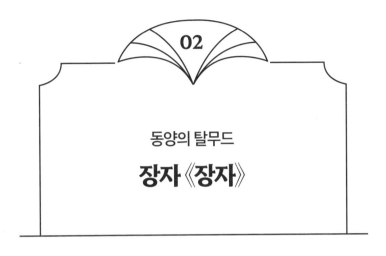

02

동양의 탈무드
장자《장자》

《장자》는 원래 52편이었는데 오늘날에는 위진魏晉시대에 곽상郭
象이라는 사람이 정리한 33편만이 전해진다. 곽상본郭象本은 내편
7편, 외편 15편, 잡편 11편으로 구성되어 있는데, 내편은 장자가
직접 저술한 장자의 어록이고 외편과 잡편은 그의 영향을 받은
후학들에 의해 덧붙여진 것들이 대부분이다. 《장자》는 다른 고전
과 달리 우화를 통한 비유적인 수법이 상당히 많다. 자기 사상을
딱딱한 규범적인 방식이 아니라 비유와 암시를 통해 익살맞게
묘사했다. 《장자》는 오늘날 물질만능주의에 고통받고 있는 사람
들의 자화상이다. 현실문제나 고통을 외면하지 않고 직설적으로
표현했다. 하지만 그의 해결책은 상당히 우아하고 아름답다. 《장
자》의 지혜는 고통과 고민을 기쁨으로 전환하는 데 좋은 지침을
준다.

● 무위자연의 삶

　장자의 핵심 철학사상에서 '무위자연無爲自然'을 빼놓을 수 없다. 무위無爲는 한자 그대로 인위를 가하지 않는 이상적인 자연으로 가고자 하는 행위다. 무위無爲가 글자 그대로 유위有爲의 반의어로 아무것도 하지 않는 나태함을 의미하는 것은 결코 아니다. 오늘날까지도 장자에 대한 잘못된 이해가 남아 있는데, 무위자연은 아무것도 하지 않는 무위도식 행위라는 것, 장자가 인간세상을 벗어나 무릉도원과 같이 도가에서 꿈꾸는 이상세계를 동경해 세상 및 인생을 비관적으로 해석하는 염세주의厭世主義적이라는 것, 유사有史 이전의 세계로 돌아가자며 반문명주의적 삶을 제창했다는 것이다. 장자가 대중들의 오해를 받게 된 것은 장자의 최고 주석가로 평가되는 곽상郭象이라는 서진의 사상가가 장자와는 엄청나게 다르게 해석했기 때문이다. 우리에게 익숙한《장자》는 모두 이 곽상이라는 사람에게 뿌리를 둔다.

　예컨대 장자의 '나'는 독립적이지만, 곽상의 '나'는 의존적이다. 곽상은 소인에게는 소인의 자유, 대인은 대인의 자유가 있다고 했는데 이것은 본인에게 주어진 틀 안에서만 자유를 누릴 수 있다는 뜻이다. 다시 말해 만인이 평등하게 누리는 것이 아닌 본인에게 주어진 한도 내의 자유만을 누릴 수 있다는 방식의 해석이다. 곽상에게 주체적인 '나'란 제도 속의 나일 뿐이다. 이런 주장들은 장자의 '자연의 결을 따르자'는 말을 오해한 것에 불과하다. 장자는 자연에는 결이 있고 그 결대로 사는 것이 '허'에 이

르는 것이라 말했다. 여기서 허는 허무주의가 아니라 삶을 보존하고 잘 길러보자는 의미다.[56]

좀 더 쉽게 이해해보자. 자연自然이란 '스스로 그러한 모습으로 살아갈 그러함'이다. 그것은 위에서 아래로 흐르는 물의 본성도 포함하지만 삶과 죽음, 끝과 시작처럼 끊임없이 대립하고 변화하는 유동체이자 동시에 가장 알맞은 형태로 평형을 이룬 상태이기도 하다. 일체의 인위적인 행위를 가하지 않고無爲, 만물이 스스로 그러하도록 둠으로써 이루어지지 않는 것이 없다無不爲. 즉 자연은 어떤 것에도 영향받지 않는 자유로움의 결정체이며, 무위자연은 자연 그대로의 상태를 추구한다.

물오리의 다리가 짧다고 늘여주면 근심하게 되고, 학의 다리가 길다고 자르면 슬퍼한다. 본성이 길면 잘라 주지 않아도 되고, 본성이 짧으면 이어 주지 않아도 된다. 아무것도 걱정할 것이 없다. 인의는 사람의 진실한 모습이 아니다.[57]

장자의 말처럼 자연 그대로의 상태가 가장 좋은 것이며, 인위적으로 더 좋게 만들려고 하면 오히려 망치는 일이 될 수 있다는 것이다. 이러한 가치관에 입각한 인위적 삶은 절대평등의 도道와는 거리가 멀다. 장자는 도가道家의 인仁이나 체體 등을 인위적인 것이라 하여 모두 배격하였다.

무위자연을 발현하는 길은 사실 쉬운 일이 아니다. 세계 경제가 구조적 변화를 겪으면서 부의 양극화가 심해지고, 시장이 개방되면서 기술발달과 더불어 해로운 물건이 더 많아졌으며, 각종 규제와 법령이 많이 만들어질수록 도둑은 더욱 늘어난다. 특히 돈과 명예, 권력과 같은 외물外物은 큰 장애다. 외물을 중히 여기면 쾌락과 욕망을 자극하여 속마음을 졸렬하게 만들고 나아가 자신이 갖고 있는 능력조차 잃게 만든다.

하지만 우리는 이러한 삶을 당연한 양상으로 받아들이고 있다. 무위자연을 원시적 자연 그대로의 모습으로만 받아들인다면 당장 스마트폰이나 자동차를 버려야 하고, 고속도로나 건물을 만들지 말아야 하며, 인류가 개발한 모든 편의적인 것들을 다 포기해야 한다. 그런데 여기서 핵심은 인위적 물건을 이용하되 그것에 속박되지 않아야 한다. 다시 말해 '인공人工'과 '인위人爲'에 둘러싸여 살되 거기에 구속되지 않는 것, 그 중심이 바로 '무위'이고 '자연'이다. 외부의 자극이나 구속으로부터 벗어나 앉아서 잊어버림의 뜻을 지닌 좌망坐忘과 마음을 비워서 깨끗이 하는 심재心齋의 경지에 이르게 되면 그것이 곧 지인至人, 신인神人, 진인眞人으로 명명되는 이상적인 인간이다.

장자는 노자가 욕심을 버리고, 만족할 줄 알고, 인위를 버리고 자연스럽게 살아야 한다고 주장하는 것에서 더 나아가 자연을 본받고 참된 것을 귀하게 여기되法天貴眞, 그 어느 것에도 속박되거나 구애받지 않는 자유로움을 강조했다. 오늘날 많은 사람들이 더 많이 일하면 더 높은 성과를 인정받고 더 많은 보상을 얻고자 한다. 굳이 그렇게 하라고 강요하거나 시키는 사람도 없건만 자유의지로 죽도록 일하고, 그 결과로 스스로를 착취하게 만든다. 스스로에게 물어보자. "나는 과연 삶의 주인인가, 노예인가?" 과로와 고통에 시달려 삶의 향기를 잃은 피로사회에 장자의 외침은 시공을 초월하여 영원한 자유인의 모습으로 우리에게 다가온다.

● 생각의 감옥

　미국 남부 문학의 아이콘인 윌리엄 포크너William Faulkner는 20세기에 가장 영향력 있는 작가 중 한 사람으로, 그는 1949년 노벨 문학상을 받았다. 그의 작품 중《에밀리에게 장미를A Rose for Emily》은 남부 문학의 전통을 다룬 서사적이고 신화적인 작품으로, 최고의 걸작이라 일컬어진다. 줄거리는 다음과 같다.

　미국 남부 소도시에 귀족의 상징인 에밀리라는 여인이 살고 있었다. 그녀는 아주 보수적인 아버지 아래 자신의 주체성을 배척당한 채 30살까지 살았다. 아버지가 돌아가신 후에도 그녀의 옆에는 채찍이 놓여 있는 것만 봐도 아버지에게 얼마나 구속당하고 살았는지 알 수 있다. 사회성이 전혀 없었던 그녀는 성격까지 괴팍해 마을 주민들과 전혀 어울리지 못했고 평생을 독신으로 살았다.

　그러던 어느 날 아버지와 전혀 다른 인물로 유쾌하고 자유로운 성격을 가진 건설현장 감독 호머 베론을 만나 사랑에 빠지게 된다. 그러던 중 귀족이 천한 양키와 결혼할 수 없다는 평판이 일자 베론은 에밀리를 배신하고 도망쳐 버렸다. 에밀리는 문을 걸어 잠그고 죽을 때까지 평생을 집 안에서 숨어 지내며 외부와의 소통을 완전히 차단했다. 에밀리의 집은 오랜 세월 굳게 잠겨 늙은 하인 외에는 아무도 들어간 적이 없었다. 그녀의 아버지가 죽고 애인마저 자취를 감춘 뒤, 그 집은 폐쇄된 비밀의 성과 같았다.

마침내 에밀리가 죽자 마을 사람들은 수십 년 동안 열린 적 없는 그녀의 집안을 구경하게 된다. 호기심에 가득찬 사람들이 2층의 방문을 열었다. 하인조차 드나들지 못했던 방문을 열기 위해서는 무덤의 관 뚜껑 같은 문짝을 부숴야만 했다. 문을 열자 먼지가 뿌옇게 덮여 있는 방안에는 방금 벗어 놓은 듯한 남자의 구두, 양말, 셔츠, 타이가 가지런히 놓여 있었다.

그 방은 첫날밤을 위해 온통 장밋빛으로 꾸민 신방이었다. 침대 위에는 30년 전에 에밀리를 배신하고 도망친 것으로 알고 있었던 베론의 싸늘한 시신이 놓여 있었다. 살이 다 썩어 해골이 된 그 남자는 누군가를 포옹하는 자세였다. 그 옆의 베개에는 누군가가 베었다가 방금 일어난 듯이 움푹 들어간 베개 자국이 남아 있었다. 에밀리는 자신을 배신하고 떠나려는 베론을 죽여 신방에 눕혀 놓고 수십 년 동안 문을 걸어 잠근 채 그의 베개 옆에서 사랑을 나눴던 것이다.

인간은 누구나 자신만의 생각에 갇혀 스스로의 삶을 해치며 산다. 에밀리처럼 시체를 끌어안고도 시체인 줄 모르고 평생을 망상 속에서 보내기 일쑤다. 남들은 지독한 악취에 코를 틀어막지만 정작 자신은 아무런 이상도 느끼지 못하는 게 인간이다. 특히 마음이 달처럼 고요한 사람도 욕망에 불붙으면 자기 생각에 갇혀 자신이 틀렸을 수도 있다는 것을 인정하지 않는다.

《장자》의 추수편에는 우물 안 개구리는 바다를 이야기할 수 없고, 비뚤어진 선비는 도道를 이야기할 수 없다고 말한다. 한가지 가르침에 얽매여 사는 사람, 또는 우물 밖으로 나간 적이 없는 사람은 감옥처럼 좁은 그곳이 세상의 전부인 줄로 안다. 이는 자기 의義라는 생각의 감옥에 갇혀 있기 때문이다. 문제는 누구도 자신이 생각의 감옥에 갇혀 있다고 생각하지 않는 것이다.

백 개를 듣고 만 개를 아는 양 기고만장하다는 얘기가 있는데, 바로 저를 두고 한 말인가 봅니다. 공자의 학문과 백이의 절개를 능가하는 대단한 사람이 있다는 말을 듣고도 이제까지 저는 믿지 않았습니다. 그런데 지금 저가 없는 바다를 보니 여기 오지 않았더라면 저는 도를 터득한 사람들에게 두고두고 비웃음거리가 될 뻔했습니다.[58]

소크라테스는 "유일한 지혜는 당신이 아무것도 모른다는 것을 아는 것이다."라고 말했다. 우물 안에 살고 있는 것을 아는 것이야말로 생각의 감옥에서 빠져나오는 첫걸음이다.

• 어떻게 죽음을 맞이할 것인가

《장자》는 삶과 죽음에 대한 태도를 엿볼 수 있는 내용이 여러 곳에 나온다.《장자》에는 생生에 대한 문구가 내편에만 150여 회, 외·잡편에 200여 회 사용되었고, 사死는 내편에 50여 회, 외·잡편에 130여 회 사용되었다. "삶도 모르는데 어찌 죽음을 알겠는가."[59]라고 한 공자의 언급은 '어떻게 살아야 할까'에 초점을 맞춘 것으로 죽음보다는 삶에 초점을 맞춘 것이다. 그러나 장자는 공자가 언급을 꺼려했던 죽음에 대해 많이 거론하며 오히려 삶보다는 죽음의 문제를 본질적으로 탐구했다.

《장자》의 지락편에 등장하는 아내의 죽음에 대한 장자의 태도는 널리 알려진 이야기이다. 장자의 친구 혜자惠子는 아내가 죽었는데도 두 다리를 뻗고 앉아 질그릇을 두들기며 노래를 부르는 장자를 이해할 수 없었다. 그런 혜자에게 장자는 아내가 죽은 것은 슬픈 일이지만, 그 근원을 살펴보면 삶도 인간으로서의 형체 자체도 본래 없었던 것이라고 한다. 장자는 죽음을 춘하추동 사계절의 순환과 같다고 봤다. 계절의 변화처럼 죽음도 자연스러운 변화의 일부로 해석한 것이다. 무無와 춤이 다른 것이 아니듯 삶과 죽음도 다른 것이 아니다. 그렇기에 장자는 죽음 앞에서도 춤추고 노래할 수 있었던 것이다.

하루는 장자가 숨을 거두려고 하자 제자들이 장례를 성대히 치르려 했다. 이때 장자는 제자들에게 "나는 천지를 관으로 삼고, 해와 달을 한 쌍의 구슬로 장식하며, 별들을 진주와 옥 장식으로 달고, 만물을 부장품으로 삼는다. 이미 장례 준비가 다 되었거늘 무엇을 더 보태려고 하느냐."라고 말했다. 이 말을 들은 제자들이 "스승의 시신을 까마귀나 솔개 따위에게 뜯어먹게 놔둘 수 없다."라고 하자 장자는 다음과 같이 따끔하게 일침을 놓았다. "땅 위에 놓아두면 까마귀와 솔개가 먹을 것이고, 땅 아래 묻으며 땅강아지와 개미들이 파먹을 것이다. 이쪽 놈이 먹는다고 그걸 빼앗아 딴 놈에게 주려고 하느냐? 쯧쯧!"[60]

장자는 모든 문제를 자연주의 관점에서 풀고자 하였다. 죽음 또한 마치 계절이 바뀌듯 자연의 일부인 것이다. 죽음은 지극히 자연스러운 세상의 질서에 들어가는 일인데 새삼스럽게 슬퍼하거나 두려워할 필요도 없다는 생각이다. 세계적인 베스트셀러 작가인 미치 앨봄Mitch Albom의 《모리와 함께한 화요일》에서도 이러한 관점이 엿보인다.

죽음에 대해서 좀 더 긍정적으로 접근해 보자구. 죽으리라는 것을 안다면 사는 동안 자기 삶에 더 적극적으로 참여하며 살게 되거든. 죽음과 직면하면 모든 것을 다 벗고, 결국 핵심에 초점을 맞추게 되지. 자기기 죽게 되리라는 사실을 깨달으면, 매사가 아주 다르게 보이거든.[61]

옛날의 진인眞人들은 삶을 즐겁다 할 줄도 몰랐고, 죽음을 싫다 할 줄도 몰랐다. 태어남도 좋아하지 않았고, 죽음을 거역하지도 않았다. 의연히 가고, 의연히 올 따름이었다. 삶의 시작을 꺼리지도 않았거니와 삶의 마침을 탓하지도 않았다. 삶을 받으면 기뻐하고, 삶을 잃으면 제자리도 돌아갔다.[62] 그러므로 만물은 하나다.

장자 莊子

맹자와 동시대 인물로서 이름은 주周이고, 송나라 몽蒙지방 출신
이다. 일찍이 몽의 칠원漆園에서 관리 노릇을 했고, 박학하여 모든
서적에 막힘이 없었다. 장자는 노자의 무위자연無爲自然사상을 이어
받고 도가사상道家思想을 집대성시킨 사람이라고 하여 대표적인 노
장사상가라고 일컬어진다. 장자의 생애에 관한 기록은 이 정도가
전부다. 자연에 묻혀 살아서인지 그의 행적은 거의 지워져 전해지
는 게 별로 없다. 그러나 발자취는 지워져도 그의 사상은 불멸의
경전이 되어 오롯이 남아 있다.

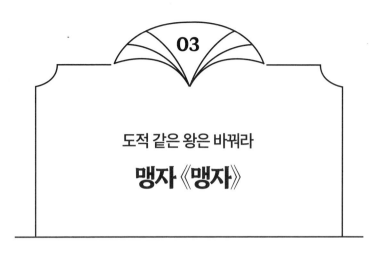

도적 같은 왕은 바꿔라

맹자 《맹자》

《맹자》는 맹자가 왕도정치의 이상을 당대에 실현할 전망을 상실하고, 고향으로 돌아와 제자들과 함께 유학정신에 대해 토론하면서 만들어진 정치철학서이다. 《맹자》는 《논어》와 같이 어록체로 되어 있고, 각 편 안의 장 사이에 논리적인 연관이 없이 나열됐다. 당시 《맹자》에 대한 평가는 그다지 큰 반향을 불러일으키지 못했다. 오히려 맹자를 비난하는 사람이 더 많았다. 《맹자》는 송대에 이르러 지위가 격상되어 유가의 십삼경 중 하나로 인정받게 되었다.

명나라 때 양명학을 개창한 왕양명王陽明은 누구보다도 《맹자》를 중시했다. 양명학의 핵심인 양지론良知論은 《맹자》에서 비롯되었다. 이후 《맹자》는 경서經書로서의 확고한 지위를 획득하였고, 사서는 오경과 함께 강독의 근본으로 편성되어 과거시험의 필수

과목으로 채택되었다. 《맹자》를 읽고 있노라면 당대의 권력자, 변설가들과 펼치는 논쟁을 통해, 오늘날 우리 사회의 모순을 파악하고 그 해결책도 함께 얻게 된다. 《맹자》는 과거가 아닌 우리의 오늘과 미래를 위해 반드시 읽어야 할 필독서다.

● 성선설과 사단

맹자는 인간의 본성에 대해 근본적으로 선하다는 이른바 성선설性善說의 인식을 갖고 있다. 《맹자》 7편은 이러한 성선설의 정신으로 일관되어 있고, 그중에도 특히 〈고자〉와 〈진심〉 두 편에는 인간의 본성은 선하다는 이론이 여러 군데 개진되어 있다. 성선설은 제자백가 중 맹자가 거의 유일무이하게 내세운 사상이다. 왜냐하면 전쟁의 소용돌이에 몸서리치던 춘추전국시대는 인간을 둘러싼 사회라는 울타리가 크게 변화되었고 종법과 예, 덕이 무너지고 오로지 부국강병과 광토중민廣土衆民이라는 시대적 과제가 요구되었던 때였다. 이러한 난세 속에 사람들은 잔혹의 끝을 보여주었기에 인간의 본성은 성악설을 바탕으로 하고 있었다.

이때 맹자는 성선설을 들고나온 것이다. 성선설과 성악설이 한가한 철학적 문제일 것 같지만 이 당시에는 사회를 바꾸기 위한 전략적 방향의 문제였다. 인간의 본성이 어떠한지 제대로 알아야 그에 적합한 제도를 만들 수 있고 반면, 새로운 제도가 인간의 본성에 맞지 않으면 성공하기 힘들기 때문이다. 예컨대 소련과 동구권의 사회주의 국가들이 인간의 본성을 무시하고 제도만능주의에 빠져 붕괴된 대표적인 예이다.

〈고자〉 편에는 맹자와 한 시대를 살았던 사람으로 묵자의 제자인 고자告子가 등장한다. 고자는 맹자와는 달리 사람의 본성을 태어날 때부터 지니게 되는 것이 아니라, 이미 있는 버드나무 그릇이라는 변형품을 만들듯이 후천적으로 지니게 되는 것이라고 주장한다. 그래서 사람의 본성이란 잘 휘어지는 버드나무처럼 나중에라도 언제든지 변형될 수 있다는 관점을 가지고 있었다.

고자 : 사람의 본성은 마치 한군데서 소용돌이치고 있는 물과 같은 것이오. 동쪽을 터주면 동쪽으로 흐르고, 서쪽으로 터주면 서쪽으로 흐르는 것이오. 그러므로 사람의 본성에 선과 악의 구별이 없는 것은 마치 물 자체에는 동쪽과 서쪽의 구별이 없는 것과 같은 것이오.

맹자 : 고여 있는 물은 확실히 동서의 구분이 없습니다. 하지만 상하의 구분까지 없다고 할 수 있겠습니까? 사람의 본성이 착한 것은 마치 물이 아래쪽으로 흘러가는 것과 같습니다. 사람은 누구라도 착하지 않은 사람이 없고, 물은 어느 것이라도 아래로 흐르지 않는 게 없습니다. 이제 물을 손가락으로 튕겨 튀어 오르게 하면 사람의 이마도 넘어가게 할 수 있고, 또 꼭 막았다가 흘러가게 터 주면 산꼭대기까지 올라가게도 할 수 있습니다. 하지만 이게 어찌 물의 본성이겠습니까? 외부적인 힘에 의해 일시적으로 그렇게 되었을 뿐이지요. 사람이 나쁜 짓을 할 수도 있겠지

만, 그것 역시 외부의 힘에 의해 일시적으로 그렇게 되었을 뿐이랍니다.[63]

이렇듯 맹자는 성선설의 입장에서 고자가 주장한 인간의 본성은 선하지도 악하지도 않은 '성무선악설性無善惡說'과 대립했다. 맹자는 성선설을 뒷받침할 근거를 하나 이야기한다. 한 어린이가 우물에 빠지게 되었다 하자. 그것을 본 사람이라면 누구나 깜짝 놀라는 동시에 불쌍히 여기는 마음이 일어날 것이며, 그리하여 그 아이를 구해준다고 해서 그 아이의 부모와 친교를 맺기 위해서 그러는 것도 아닐 것이고, 이웃 사람들에게 칭찬을 듣기 위해 그러는 것도 아닐 것이며, 구해주지 않았다는 비난을 듣기가 싫어서 그러는 것도 아닐 것이다. 우물에 빠지려는 아이를 구하려는 선한 본성은 어떤 이익 계산을 한 것도 아니고 단지 구하려는 그 마음이 근거다. 그래서 맹자는 그 선한 마음을 발현시키는 방법으로 사람이라면 누구나 가지고 있는 사단에 대해 이야기한다.

사람에게는 도덕적 인간이 될 수 있는 네 가지 마음의 사단四端이 있으며, 이것을 각각 인의예지仁義禮智를 실현할 수 있는 실마리라고 하였다. 맹자는 사람이 태어날 때부터 팔과 다리를 지닌 것처럼, 마음에도 다음과 같은 마음을 지니고 태어난다고 보았다.

불쌍하고 가엽게 여기는 마음인 측은지심惻隱之心, 불의를 부끄러워하고 미워하는 마음인 수오지심羞惡之心, 양보하고 공경하는 마음인 사양지심辭讓之心, 옳고 그름을 분별하는 마음인 시비지심

是非之心의 네 가지 마음을, 다시 말해 사단을 가지고 태어난다는 것이다. 측은지심은 인의 싹이요, 수오지심은 의의 싹이며, 사양지심은 예의 싹이고, 시비지심은 지의 싹이다. 사람에게 이 네 가지 싹이 있는 것은 그에게 팔다리가 있는 것과 마찬가지이다.

맹자는 이처럼 본래부터 자기 안에 들어 있는 사단을 확충할 때 인의예지라는 네 가지 덕四德이 된다고 보았다. 이러한 맹자의 관점은 인간의 본성에는 선이나 악이 없다는 고자의 성무선악설과는 차이가 있다.

• 왕도정치

인간은 누구나 선하게 태어나 사덕을 소유하고 있지만 평생토록 그 덕성을 실천하며 살지는 못한다. 대다수의 사람들은 기질의 욕구에 휘둘려 본성을 잃어버리기 일쑤다. 역사 속 군주들 중에서도 그렇지 못한 인물이 많다. 그래서 맹자는 마음을 보존하여 그 속에 존재하는 본성을 잘 길러야 한다고 주장했다.

또한 당시 권력자들에게 왕도정치를 베풀고 백성들과 즐거움을 함께하는 여민동락與民同樂을 실천하라고 했다. 만약 유교의 최고 덕목인 인의를 해치는 자가 있다면 이는 하나의 잔적殘賊에 불과하니 죽여도 된다고 말한다. 여민동락을 멀리하고 자신의 이익만 탐하고 간언을 받아들이지 못하는 군주라면 왕을 바꾸어버릴 수도 있다고 주장한다. 이 때문에 역사상 많은 전제 군주들은 맹자를 두려워했다.

제선왕이 맹자에게 물었다.

"은나라 탕왕湯王은 하나라 걸왕桀王을 추방하여 천하를 차지했고, 주나라 무왕武王은 은나라 주왕紂王을 쳐 천하를 취했다는데, 그런 일이 있었습니까?"

맹자가 대답했다.

"탕왕은 걸왕의 신하였고, 무왕도 주왕의 신하였는데, 신하로서 임금을 죽이는 일이 과연 옳은 일입니까? 무도한 짓을 하여 일을 해치는 자를 적賊, 즉 흉악하다고 하며, 정의를 파괴하는 자를 잔殘, 즉 잔악하다고 합니다. 이 같은 흉악함과 잔악함을 일삼는다면 이미 임금이 아니라 한낱 비천한 사내에 불과합니다. 저는 비천한 사내인 주왕을 죽였다는 소리는 들어보았지만, 임금을 죽였다는 말을 들은 적이 없습니다."**64**

군주가 인의를 행하지 않다면 하늘의 이치와 인륜을 거스리는 것이니 군주가 아니라 '필부'에 불과하다는 가르침이다. 이것이 바로 맹자의 '역성혁명론易姓革命論'이다. 약한 자가 도덕적으로 올바르다면 역으로 강한 자가 될 수 있다는 것이 역성혁명론이다. 혁명 자체를 정당화한 것이 아니라, 혁명이 후세 왕에게 경계를 남기기 위한 장치이기도 하다. 이게 문제가 되어 《맹자》가 후대에 금서가 되는 일이 종종 생겼다. 역성혁명을 좋아하는 군주는 없을 테니깐 말이다.

명태조 주원장朱元璋은 《맹자》를 읽다가 "임금이 신하를 풀이나 개미처럼 여긴다면 신하도 임금을 도적이나 원수처럼 볼 것이다."라는 대목에 이르자 분기탱천하여 이렇게 말한다. "이놈의 늙은이가 지금까지 살아 있다면 사지가 멀쩡할 것 같은가. 장안의 책을 다 끌어다가 불태워버려라"[65] 이처럼 역성혁명론은 맹자가 살아생전에 쓰임을 받지 못한 가장 큰 이유이기도 하다. 하지만 훗날 역성혁명론은 왕조 전복의 중요한 이데올로기 역할을 했다.

맹자의 역성혁명론은 민본주의와 직접 연결된다. 따라서 민심이 곧 천심이란 말과 같이 민의가 곧 천의에 맞닿게 되는 것이다. 왕도는 덕치주의를 의미하기 때문에 맹자는 민본을 중요하게 생각하여 이렇게 말했다.

백성이 가장 귀하고 사직은 그 다음이며, 임금이 제일 가볍다. 그래서 백성의 마음을 얻으면 천자가 되고, 천자에게 신임을 얻으면 제후가 되고, 제후에게 신임을 얻으면 대부가 된다.[66]

이렇게 힘이 아닌 덕으로써 백성을 다스릴 것을 주장했다. 그것이 바로 맹자의 왕도사상이다. 맹자의 사상 가운데 가장 파격적이면서도 가장 맹자다운 말이다.

천하는 백성의 것이다. 오직 하늘과 백성이 받아들여 주었을 때만이 천자가 될 수 있다. 아무리 성군인 요임금이라도 사사롭게 천하를 남에게 넘길 수 없다. 오직 백성이 받아 줄 때 천자가 될 수 있는 것이다. 따라서 임금이 가장 먼저 해야 할 일은 백성의 먹고사는 문제를 해결해주는 것이고, 임금이 이루어야 할 목표는 백성들이 떳떳한 마음으로 살 수 있게 해주는 데 있다.

2,500년 전 맹자가 고민했던 문제는 지금도 여전히 시퍼렇게 살아 있는 현실의 과제다. 현재 이 세상은 사람보다 물질이 우선시되고, 약자에 대한 강자의 억압이 횡횡한다. 정치인들과 권력자들은 내로남불과 도덕적이지 못함에 많은 국민들에게 실망과 경제적 어려움을 가중시키고 있다. 이 모든 것이 역사의 서랍에서 《맹자》를 꺼내게 한다. 보다 유능하고 깨끗하고 백성 중심의 세상을 만들어가는 왕도사상이 지금 대한민국에서 무엇보다 필요한 때다.

맹자 孟子

중국 전국시대의 유교 사상가다. 공자의 손자인 자사子思에게 학문을 배웠으며, 다른 학설을 물리치고 유가의 가르침을 전승하고자 노력했다. 공자의 인성론과 교육관을 재해석하여 자신의 사상 체계를 확립했으며, 이로 인해 성인 공자를 잇는 아성으로 불리며 유가 도통을 계승한 인물로 평가받는다. 인의仁義의 덕을 바탕으로 하는 왕도王道정치가 당시의 정치적 분열상태를 극복할 유일한 길이라고 믿고 왕도정치를 시행하라고 제후들에게 유세하고 다녔지만 현실과 동떨어진 이상적인 주장이라고 생각되어 제후에게 채택되지 않았다. 이후 제자들과 함께 《시경》과 《서경》, 그리고 공자의 정신에 대해 토론했으며, 그 때 만들어진 책이 오늘날 전해지는 《맹자》 7편이다. 기원전 372년경에 태어나 기원전 289년경에 사망한 것으로 추정된다.

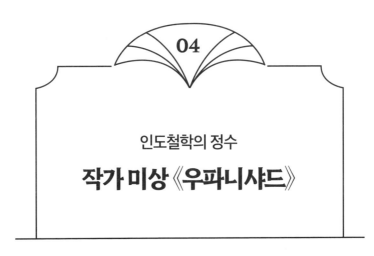

인도철학의 정수

작가 미상 《우파니샤드》

《우파니샤드》는 '우파upa:가까이'와 '니ni:아래로' 그리고 '샤드 sad:앉다'의 합성어로 '스승의 무릎아래 가까이 앉다.'라는 뜻이다. 이는 인도의 전통적인 훈육방식과 관련이 있다. '가까이', '바로 아래' 등의 용어가 시사하듯 《우파니샤드》는 누구나 얻을 수 있는 지식이 아니라 자격을 갖춘 스승과 제자가 진지하게 주고받는 대화의 형식으로 전수되는 신중하고 엄격한 가르침을 뜻한다. 짤막하지만 교훈을 담고 있는 구성이 유대인의 율법서인 《탈무드》와 비슷하다.

  《탈무드》에 비해 《우파니샤드》가 우리에게 생소하게 다가오는 이유는 산스크리트어로 되어 있어서 접근하기 어려울 뿐만 아니라, 영어나 한국어로 번역이 되어도 특이한 저작술과 방대한 내용으로 그 의미를 파악하기가 쉽지 않고 내용들 사이의 논리적

일관성을 찾기도 어렵기 때문이다. 그러나 힌두교 최고의 경전으로 자리매김한《우파니샤드》는 힌두교가 지향하는 종교적 이념이 무엇이며, 삶의 지혜가 무엇인가를 이해하는 데 중요한 단서를 제공할 뿐만 아니라, 인도에 출현한 여러 가지 사상과 종교, 예컨대 석가모니의 불교 형성에 크게 영향을 미치는 경전으로 평가된다.

《우파니샤드》는 베다 중심의 힌두교 전통의 의미뿐만 아니라 자아와 세계에 관한 힌두교의 형이상학적 가정을 '이론적 수준'이 아닌 '실천적 수준'으로 탐구하였다. 이러한 실천적 논의가 스승과 제자들이 수 세기 동안 계보를 이루면서 이어진 것은 한 개인의 과업이 아니라 종속적 과업으로 의미가 크다.

• 우파니샤드의 핵심

《우파니샤드》의 기본적 사상을 이루는 주요 개념은 '브라만'과 '아트만'이다.《우파니샤드》의 수많은 내용 가운데 공통되는 중심 내용이 모두 브라만과 아트만으로 집결되기 때문이다. 브라만brahman은 산스크리트어로 어근은 브리마brmha로 '널리 퍼져 있는 것'이라는 뜻이다. 다시 말해 세상 전체에 퍼져 있는 우주적 영혼, 우주적 참모습이며 세상의 근원이다. 모든 것을 알고 있는 모든 것을 할 수 있는 완전한 존재다. 이것은 모든 세상의 에너지원의 원천이다. 브라만을 간단히 설명한다는 것은 쉬운 일이 아니다. 하지만 초기《우파니샤드》의 하나인《브리하드 아라냐카 우파니샤드》를 보면 브라만을 어느 정도 이해할 수 있다.

젖은 장작에서 피어오르는 불길이 다양한 형태의 연기를 뿜어내듯, 이 위대한 존재가 내쉬는 숨과 같이 리드베다, 야주르베다, 사마베다 그리고 아타르바-앙기라사 Ātharvāngirasa의 찬가, 역사또는 역사시, 고대의 전승, 학문, 우파니샤드, 시구, 경구, 설명서와 주석서 들이 나왔다. 실로 이 위대한 존재가 내쉬는 숨에서부터 이 모든 것이 나왔다.[67]

이 본문에 따르면, 모든 베다[68]와 그 이후의 해석서 등 세상의 모든 지식과 지혜는 '위대한 존재'인 브라만이 내쉬는 숨에서 비롯되었다. 위대한 존재란 만물의 근원으로, 그 보다 더 큰 실재가 없음을 말한다. 브라만의 속성과 본질을 이해하기 위해서는《찬도기야 우파니샤드》7장 1편에서 15편을 보면 되는데, '이름'에서 시작하여 '호흡'이라는 속성에 이르기까지 다양한 요소가 질문과 대답 형식으로 꼬리에 꼬리를 물고 계속된다. 브라만과 더불어《우파니샤드》를 이해하기 위한 또 하나의 핵심단어가 아트만이다. 아트만 Ātman은 자기 자신 혹은 자신의 참모습을 가리킨다. 힌두교의 기본 교의인 브라만이 중성적 원리라면 아트만은 인격적 원리라 할 수 있다.《우파니샤드》의 본문에 따르면, 아트만을 알면 모든 것을 알게 된다고 한다. 그것은 곧 아트만이 참된 지식의 시작이자 끝이라는 뜻이다.

실로 마이트레이여, 아트만을 보고 듣고 사색하고 명상해야 하오. 실로 아트만을 보고 듣고 생각하고 깨달음으로써 모든 것을 알게 된다오.[69]

현자인 야즈나발키야와 그의 아내 마이트레이가 나눈 대화에서 보듯《우파니샤드》의 가장 큰 주제는 아트만, 다시 말해 자신의 참모습을 발견하는 것이다. 단 자신의 정체성을 파악하고 자신을 둘러싼 세계, 자연 등 모든 것이 자신과 다른 어떤 것이 아니라, 서로 가깝게 연결되어 있음을 함께 파악하라는 것이다. 이것은 범아일여梵我一如 사상으로 '브라만과 아트만은 하나다.'라는 의미다.

• 산다는 것의 의미는?

브리하드라타라는 왕이 있었다. 그는 왕으로서 누릴 수 있는 모든 부와 명예를 다 가진 사람이었다. 그런데 인생의 황혼기에 접어들면서 삶에 대한 회의를 느끼고 홀연히 왕위를 버리고 숲속으로 들어가 고행을 하며 삶의 의미를 간절하게 구한다. 그가 지독한 고행을 하고 있을 때 샤까얀야라는 성자가 나타났다. 그는 왕의 마음을 꿰뚫어 보고 다음과 같이 말했다.

"일어나시오, 무슨 소원을 빌기에 천 일을 이러고 있단 말이오?"

왕은 샤까얀야 성자에게 두 손을 모으고 머리 숙여 대답했다.

"저는 인생의 참모습을 찾고 있습니다. 사람이란 이렇게 허망한 존재입니까? 진정 산다는 것은 무엇입니까? 저에게 설명을 좀 해주실 수 없을까요?"

성자는 왕이 경험과 지식은 많으나 진정으로 아트만과 브라만에 대한 지혜가 없음을 알아챘다. 하지만 왕에게 아트만과 브라만에 대한 지혜가 통할 수 있는지 시험해보고 난 뒤 답을 주기로 마음먹었다.

"그대는 어려운 문제를 나에게 묻고 있구려, 그 소원은 들어주기 힘드니 다른 소원을 말해보시오."

왕은 뛰어난 용맹으로 명성과 존경을 받았을 뿐만 아니라 평생 동안 누릴 수 있는 모든 것을 누리고 살아왔기에 다른 소원이 있을 리가 없었다. 왕은 자신의 마음속에 든 고민을 진지하게 털어났다.

"존경하는 분이시여, 뼈, 껍질, 근육, 골수, 살, 정액, 피, 점액, 눈물, 콧물, 똥, 오줌, 바람, 담석, 가래 같은 것들로 만들어진 이 냄새나는, 기반도 없는 육신을 가지고 욕망을 즐기는 것이 다 무슨 소용이겠습니까. 중략 사람, 반인반신 간다르와, 악마, 약샤, 괴물, 귀신, 떼를 지어다니는 영들, 악령, 뱀, 흡혈귀, 그 무엇이든 다 무엇합니까. 중략 젊은이가 아무리 아름다운 여자와 술로 지새도 허망하고, 사람이 애써 육신을 살찌워도 죽습니다. 죽고 나서는 다시 이 허망한 세상으로 돌아와야 한답니다. 이러함을 제가 아는데, 육신을 가지고 욕망을 즐기는 것이 다 무슨 의미가 있겠습니까. 중략 저는 물 없는 우물 속의 개구리입니다. 당신이 유일한

길입니다."**70**

왕의 고백을 듣고 성자는 이만하면 왕의 마음가짐이 아트만과 브라만의 지혜를 받아들일 준비가 되어 있다고 생각했다. 브라만은 두 가지의 모습이 있다. 형태가 있는 브라만과 형태가 없는 브라만이다. 형태가 있는 브라만은 공기와 대공과 같은 것이 아닌 것으로서 죽음을 겪을 브라만이며, 제한된 것이며, 여기 존재하는 브라만이다. 반면 형태가 없는 브라만은 공기 속에, 대공 속에 있다.

이것은 불멸이며, 제안되지 않으며 참존재다. 이 두 가지의 모습을 분별하는 것이 삶의 지혜다. 생명의 탄생과 죽음이 반복되는 윤회를 피할 수 없는 것이 사람이지만, 자기 자신의 참모습을 깨닫고 반복된 윤회가 아닌 완전한 자유의 상태를 희망한다면, 그 삶은 드넓은 내 안에서 자유를 만끽하는 삶이다. 그래서《우파니샤드》는 현실과 이상 그 어느 쪽도 기울이지 말고 균형을 지키라고 말한다.

눈에 보이는 것만을 숭배하는 자는
깊은 어둠 속으로 들어가게 된다.
그러나 오로지 눈에 보이지 않는 영원한 것에만 빠져 있는 자는
그보다 깊은 어둠 속으로 들어가게 되리라.
눈에 보이는 것만을 숭배하는 것과
눈에 보이지 않는 영원한 것만을 숭배하는 것.

이들이 각기 다른 결과를 가져온다는 것을
우리는 현인들에게서 들었도다.[71]

눈에 보이는 것이란 남들에게 잘 보이기 위한 물질이나 재물, 허례허식 등을 말한다. 눈에 보이지 않는 영원한 것에 빠져 있다는 것은 자만심과 허영심에 빠져 무엇인지도 잘 알 수 없는 보이지 않는 것만을 좇는 것을 의미한다. 어떤 일이든 균형감 없는 지식, 한쪽으로만 치우친 노력은 오히려 해가 된다. 브리하드라타 왕은 이제 천 일을 고행하며 그렇게 갈구하던 답을 들었다. 왕은 지금과 다른 인생의 길을 보여준 성자에게 두 손 모아 스승에 대한 예를 갖추었다. 일화에서 보듯《우파니샤드》는 사람들이 본세계를 찾지 못하고 방황하며 삶을 고苦로 여기는 것을 무지에서 비롯됐다고 보며, 지혜를 통해서 이 무지로부터 벗어나고자 한다. 따라서《우파니샤드》는 해탈의 종교이자 철학이다.

우리는 인생을 살면서 꼭 한 번은 접하는 질문이 있다. "삶의 의미는 무엇인가?"하는 물음이다. 아무리 많은 부와 명예를 쌓아도, 아무리 많은 지식과 경험이 넘쳐나도 이 질문은 사라지지 않는다. 오히려 4차 산업혁명의 첨단 시대를 살아가는 현대인들의 삶은 더 많이 불안하고, 절망하고, 괴로워한다. 왜 그럴까? 하루 정보량이 약 25억 GB, 다시 말해 20조 비트라는 어마어마한 양이 쏟아지면서 너무 많은 지식과 정보를 읽고 소화해내느라 정작 자기 자신에 대해서는 생각해 볼 시간도 여유도 없기 때문이다.

자고 나면 매일같이 쏟아지는 새로운 영화와 다양한 SNS 영상, 유튜브 콘텐츠들이 우리에게 재미와 즐거움을 선사하지만 사실 우리는 이런 것들이 없어도 행복할 수 있다. 미세먼지 없는 청명한 하늘과 공기, 문득 만난 자연의 들꽃, 하늘을 수놓은 별과 구름 등에서 행복을 느낀다. 자극적인 영화나 오락거리는 눈과 귀를 자극해서 얻은 것이고, 자연 속에서 느끼는 행복은 눈과 귀가 보고 들은 것이 내 안의 자유를 일깨우기 때문에 생긴 것이다.

시선을 자신의 밖으로 돌릴수록 우리는 자신의 삶이 허망하게 느껴진다. 눈에 보이는 것만을 숭배하는 자는 깊은 어둠 속으로 들어가게 되기 때문에 눈이나 귀만 만족시켜 줄 뿐이다. 시선을 자신의 안으로 돌리면 내면의 자유 속에서 참존재를 깨닫게 된다.《우파니샤드》는 인생의 진리가 우리 자신의 밖이 아닌 안에 있다고 말한다.

작자 미상

기원전 1000년경부터 기원전 500년 공자에 이르러 500년 걸쳐 완성된 유교경전 《주역》과 마찬가지로, 《우파니샤드》 또한 기원 전 800년에 시작해 기원전 300년까지 500여 년에 걸쳐 수많은 현자들의 공동 작품이다. 작자는 대부분 미상이며, 《우파니샤드》 의 어원은 '스승과 제자 사이의 비밀스러운 가르침'이라는 뜻인데 스승과 제자가 마주 앉아 '나는 누구인지, 인간이 어디서 왔는지'와 아울러 인간과 우주의 근원에 대해 현자와 제자 사이의 대화가 주 된 내용이다.

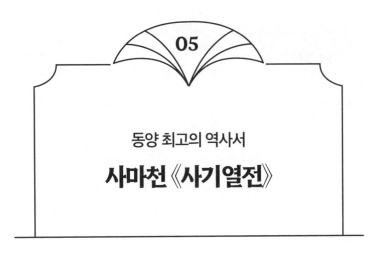

05

동양 최고의 역사서
사마천《사기열전》

서양에 있어서 헤로도투스Herodotos[72]가 '역사의 아버지'라면 동양에 있어서 그것은 사마천이고, 서양에 있어서 '인물전의 고전'이 플루타르크Plutarque[73]의 영웅전이라면 동양에 있어서 그것은 사마천의《사기열전》이라고 할 수 있다.

《사기열전》은 전全 130권으로 구성된 '사기'의 '열전' 70권을 통칭하는 것이며, 사마천의 웅혼한 필치가 유감없이 발휘된 명저다. 전기적인 서술 방법과 함께 역사에 등장하는 인물의 일면과 심리의 변화까지도 서술함으로써 인간 그 자체를 생생하게 그려내고 있다. 한편으로는 자신도 시대의 희생물이 되었듯이 그의 문맥에는 뜨거운 연민과 따뜻한 인간애가 작품 전반에 흐르고 있다.

● 왕위, 사양하겠습니다!

정치인의 최종목표는 무엇일까? 사람마다 차이는 있겠지만 시장이, 국회의원이, 대통령이 되고자 한다. 서로 존중하고 배려하는 아름다운 사회를 만드는 것은 뒷전이고 정당한 과정은 무시한 채 자신의 목표 달성과 당의 이익을 위해 어떻게든 이기고 보자는 심산이 큰 것이 우리나라 정치의 현실이 아닐 수 없다.

기원전 11세기, 은나라 말기 고죽국 지금의 하북성 노룡현의 군주에게는 백이와 숙제라는 두 아들이 있었다. 아버지는 작은 아들 숙제에게 왕위를 물려주고 싶었으나, 정작 아버지가 세상을 떠나자 숙제는 형 백이에게 왕위를 양보했다. 아버지의 뜻을 저버리고 싶지 않았던 백이는 동생 숙제의 제의를 완강하게 거절한 뒤, 동생을 난처하게 만들지 않기 위해 몰래 나라를 떠난다. 그런데 이 사실을 알게 된 숙제도 형의 뒤를 쫓아 나라를 떠나버린다.

은나라 사람들은 하는 수 없이 다른 인물을 군주로 세웠다. 형제가 모두 왕 자리를 마다하고 나라를 떠나버렸으니 한편으로는 무책임하다는 비판을 면하기 어렵겠지만, 다른 한편으로는 그 대범함과 무욕의 경지가 놀랍다.

세월이 흘러 형제들은 서쪽 주나라에 갔다. 주나라 서백이 늙은이와 현자를 몹시 존중한다는 소문을 들었기 때문에 그에게 몸을 맡겨볼 생각이었다. 그런데 뜻밖에 서백은 이미 세상을 떠난 뒤였고, 그 자리를 이어받은 무왕이 은나라 주紂임금을 정벌하기 위한 준비를 서두르고 있었다. 이 모습을 본 백이와 숙제는 "이는 우리가 그리던 세상의 도가 아니다. 음모와 뇌물이 횡행하고 맹세의 문서가 오가는 세태는 결국 백성을 농락하는 것이다. 천하가 갈수록 어지러워지겠구나!"라며 한탄했다.

얼마 뒤 무왕은 아버지 문왕의 목조位牌를 군대 안에 모신 채 은나라를 정벌하러 나섰다. 백이와 숙제는 은나라를 치러가는 무왕의 말고삐를 붙들고 간곡하게 호소했다.

"아버지가 돌아가시고 장례도 치르지 않았는데 전쟁을 일으키는 것을 어찌 효도라 할 수 있겠습니까? 또한 신하인 제후가 임금인 천자를 죽이려 하니 어찌 어진 일이라 할 수 있겠습니까?"

당시 은나라는 천자天子의 나라요, 주나라는 제후의 나라였다. 다시 말해 천자의 나라는 모든 제후국들의 추앙을 받는 나라이며 제후국과는 급이 달랐다. 그렇기 때문에 설령 은나라가 멸망의 문턱에 가쁜 숨을 몰아쉬고 있는 빈사상태였더라도 제후국인 주나라가 폭력으로 이를 제압하려고 하는 것은 어짊仁을 숭상하는 당시 중국에서는 명분이 없는 일이었다.

'부끄러운 세상이로다! 우리가 어찌 주나라의 곡식으로 먹고 살아가겠는가!' 백이와 숙제는 주나라의 백성이 된 것을 탄식하며 수양산으로 들어갔다. 그리고 그곳에 숨어 고사리를 캐어 먹으며 살다 굶어 죽었다.[74]

사람은 누구나 한 번 죽지만 어떤 죽음은 태산보다 무겁고 어떤 죽음은 새털보다 가볍다. 이는 죽음을 사용하는 방향이 다르기

때문이다.[75]

오늘날 백이와 숙제의 이야기에 대해 여러 논란이 많지만, 극단의 대립으로 점철된 지금의 현실정치에서 그들은 끊임없이 소환된다. 왕의 자리를 서로 양보하는 무욕의 경지와 때로는 목숨을 걸고 할 말은 하고 마는 대범함. 오늘날 국민이 목말라하는 모습, 국민이 간절히 원하는 모습이 아닐까?

요즘 세상을 보면 참으로 이해하기 힘든 점이 많다. 어떤 사람은 온갖 악행을 저지르고도 호위호식하며 부귀영화를 누리는가 하면, 말을 아껴 행동하고, 공정한 일이 아니면 나서지 말며, 나에게 주어진 길이 아니면 다니지 않았는데도 재앙을 만나는 사람은 수를 헤아릴 수 없을 만큼 많다. 과연 이런 것이 천도라고 한다면 그 천도는 옳은 것인가 그른 것인가?[76] 백이와 숙제가 비록 불우하게 일생을 마쳤으나 그들의 천도를 공자가 다음과 같이 칭송하는 말에서 위안이 된다.

구름은 용을 따라 생기고雲從龍, 바람은 범을 따라 일어난다風從虎. 세상 만물도 다 뚜렷이 드러나게 되는 법이다.

● 인재관리의 핵심

오늘날 전 세계의 글로벌 기업들이 직면한 최대의 과제는 유능한 인재의 공급망을 구축하고 유지하는 일이다. 유능한 인재를 확보하는 것이야말로 조직에 긍정적 조직문화를 조성함과 동시에 신 성장동력 사업의 제고와 글로벌 경쟁우위를 갖는 등 기업의 가장 중요한 경쟁력이기 때문이다. 사마천은 이러한 점을 일찍이 지적해내고 인간관계의 방식에 대한 혜안을 제시했다.

5척 단신에 추남이었던 안자晏子는 춘추시대 제나라의 명재상으로 중국 역사상 가장 훌륭한 재상으로 꼽힌다. 어느 날 안자가 외출을 하려고 하는데, 안자의 마차를 모는 마부의 아내가 문틈으로 남편의 행동을 엿보고 있었다. 재상 안자의 마부는 마차의 큰 차양 아래에 앉아 네 마리 말에 채찍질하며 의기양양 매우 만족스러워하는 모습이었다. 마부가 집으로 돌아오자 아내는 마부에게 이혼을 요구했다. 깜짝 놀란 남편은 아내에게 이유를 물었다.

"키가 여섯 자도 못 되는 안자는 제나라 재상이 되어 제후들 사이에 명성을 날리고 있지요. 오늘 재상이 외출하는 모습을 보니 품은 뜻은 깊고 항상 자신을 낮추는 겸허한 자태였어요. 그런데 키가 여덟 자나 되는 당신은 남의 마부 주제에 아주 만족스러워하더군요. 제가 이혼을 요구하는 이유는 바로 이 때문이에요."

그 후 마부는 아내의 조언을 받아들여 겸손한 자세를 취했다. 마부의 달라진 모습을 느낀 안자는 까닭을 물었고 마부가 사실대로 대답했다. 안자는 마부를 대부大夫로 천거했다.

이야기는 마부인 남편을 대부로 출세시킨 아내의 역할도 중요하지만, 평소와 달리 성숙해진 모습을 보인 마부를 대부로 발탁한 안자의 안목과 인간관계에 대한 탁월한 인식을 말해준다. 끝임없이 자신을 반성하고 성찰하여 변화하는 사람, 발전 가능성을 가진 사람을 찾아 그들을 발탁했으면 극진히 대접하여 그 사람의 마음을 얻어야 한다.

세상에 완벽한 사람이 존재하지 않듯, 안자에게도 결함이 있었다. 어느 날 안자가 길을 가다가 온몸이 오랏줄로 묶인 채 감옥으로 끌려가는 죄수를 목격했다. 안자가 가만히 보니 죄수는 다름 아닌 현자 월석보越石父였다. 안자는 즉시 관아에 요청하여 속죄금을 내고 월석보를 석방시킨 다음, 그를 수레에 태워 자신의 집으로 모셔왔다.

그런데 안자는 월석보를 집에다 모셔놓기만 하고 이런저런 바쁜 일 때문에 신경을 쓰지 못했다. 푸대접을 참다못한 월석보는 안자에게 두 사람의 우의를 끊겠다고 선언했다. 영문을 모르는 안자는 깜짝 놀라며 자세를 바로잡고 이렇게 물었다.

"비록 제가 어질지는 못하나 당신을 위급한 상황에서 구해주었거늘 어찌 이렇게 성급하게 절교를 선언하십니까?"

이에 월석보는 이렇게 대답했다.

"그게 그렇지 않지요, 듣자하니 군자는 자기를 알지 못하는 자에게는 굽히지만, 자기를 알아주는 사람에게는 뜻을 편다고 합니다. 내가 묶여 있을 그 당시의 포졸들은 나를 모르는 사람들이었습니다. 그러나 당신이 느끼고 깨달은 바가 있어 속죄금을 내고 나를 구했으니, 이는 나를 안다는 뜻일 겁니다. 하지만 나를 알면서 무례하게 대한다면 이는 묶여 있을 때보다 더 못한 것 아닐는지요?"**77**

안자는 이 말을 듣고 월석보를 큰손님에 대한 예의로 대우했다. 공자의 인정까지 받은 천하의 안자가 한순간 사람 대접을 소홀히 했다가 혼이 난 것이다. '선비는 자신을 알아주는 사람을 위해 목숨을 바친다.'는 말이 있듯이 인간관계란 알아주는 것만으로 끝나는 것이 아니라, 알아줬으면 그 사람을 대접하고 필요한 곳에 쓸 줄 알아야 완성된다.

그래서 예나 지금이나 인간관계가 쉽지 않다. 따라서 혜안慧眼이 필요하다. 혜안은 흔히 '세勢'라고 말하는 끊임없는 흐름에 대한 '관찰觀察'과 자신에 대한 '성찰省察'에서 나온다.[78] 다시 말해 앞을 내다보는 전망과 뒤를 돌아볼 줄 아는 자기반성의 자세가 동시에 필요하다는 것이다. 이렇게 할 줄 아는 사람이야말로 인재를 제대로 등용한 탁월한 리더라고 할 수 있다.

사마천은 안자의 열전 마지막 부분에 "만약 안자가 지금 살아 있다면 그를 위해 마부가 되어 채찍을 드는 일이라도 마다하지 않았을 것이다."라며 그의 능력에 대한 극찬을 아끼지 않았다.[79]

• 부자가 된다는 것은?

주서周書에 이런 글이 있다.

농업이 부진하면 식량이 부족해지고, 공업이 부진하면 공산품이 모자라며, 상업이 침체하면 삼보三寶 식량, 자재, 상품 의 유통이 끊어지고, 산림관의 활동이 활발하지 못하면 자재가 모자란다.

자재가 모자라면 산림이나 택지는 개발되지 않는다.'

위 네 가지는 백성이 입고 먹는 것의 근원이다. 이 근원이 활발하면 백성들의 삶은 풍요롭고, 근원이 침체되면 궁핍해진다. 그래서 사람들은 지세에 맞는 생업을 택해 부富를 좇는다. 장수가 전투에 임해 목숨을 돌보지 않고 용맹을 발휘하거나, 조나라 미녀들이 어여쁘게 화장을 하고 거문고를 손에 들고 눈짓으로 유혹하며 사람의 마음을 잡기 위한 것도 역시 부를 얻으려는 데 목적이 있다. 의사나 도사가 여러 기술을 익히는 것도 어부와 사냥꾼이 밤낮을 가리지 않고 깊은 골짜기를 돌아다니는 것도 마침내 부를 위한 것이다. 결국 모든 생업의 제1목적은 바로 부다.

전국시대 종횡가로 알려진 제나라 귀곡 선생鬼哭先生에게서 가르침을 받은 소진蘇秦은 배운 바를 써먹기 위해 수년 동안 천하를 돌아다니며 유세를 했다. 그러나 안타깝게도 그의 유세에 귀를 기울이는 사람은 아무도 없었다. 결국 초라한 행색에 빈털터리가 되어 집으로 돌아왔다. 이런 모습을 본 형제와 형수, 누이, 첩이 모두 비웃었다.

"이제 입과 혀를 그만 놀리시고, 살 궁리나 하시지."

소진은 부끄러워 얼굴을 들지 못했다. 그는 깨달았다.

'글을 배웠다 한들 출세하지 못한다면 무슨 소용이 있겠는가!'

이후 소진은 천하의 군주를 설득할 수 있는 묘한 이치를 깨닫고 한韓, 위魏, 제齊, 초楚, 연燕, 조趙의 6국이 힘을 합하여 합종하는 데 기여함으로써 합종 맹약의 우두머리가 되었고, 6국의 재상을 겸임하게 되었다. 소진이 6국 맹약을 마치고 조나라로 낙양을 지나가게 되었다. 6국에서 받은 선물을 수레에 가득 싣고, 왕의 행차로 생각할 만큼 수많은 사신이 소진의 행차를 호위를 했다.

이 모습을 본 소진의 형제와 아내 형수가 깜짝 놀라며 소진의 행차를 감히 쳐다보지 못하고 수레 뒤에서 머리를 조아린 채 따라가니 소진이 형수에게 물었다.

"전에는 저를 거지 취급하더니 어째서 오늘은 공손하십니까?"

형수가 몸을 굽혀 기어와서 머리를 땅에 대고 사과했다.

"시동생께서 지위가 높고 부자가 되었기 때문입니다."

소진이 탄색했다.

'아, 친척도 몸이 부귀하면 우러러보고, 가난하면 업신여기는 구나! 가족이 이러하니 하물며 세상 사람은 오죽하겠는가.'

그는 천금을 일족과 친구, 이웃에게 모두 나눠주었다.

부를 추구한다는 것은 단순히 경제적 자유를 누리기 위함이 아니다. "창고가 꽉 차야 예절을 알고, 옷과 음식이 풍부해야 영욕을 안다."는 말처럼 예라는 것은 재산이 있으면 생기고 없으면 사라지는 것이다. 그런 까닭으로 군자가 부유하면 덕을 베풀기를 즐겨하고, 소인이 부유하면 자신의 능력에 맞게 행동하려 한다. 연못이 깊어야 고기가 살고 산이 깊어야 짐승이 뛰놀 듯이, 사람은 어느 정도 부가 충족되어야 인의가 따르는 법이다.

사마천 司馬遷

중국 전한시대의 역사학자로서 자는 자장子長이고 섬서성 용문龍門에서 태사공 사마담司馬談의 아들로 태어났다. 그는 10세 때에 고대 문자로 된 경서를 암송할 정도의 천재성을 보였고, 20세 때부터 중국 각지의 유적을 직접 답사하면서 사가史家로의 자질을 쌓아갔다. 사마담이 죽으면서 자신이 집필하기 시작한 《사기》의 완성을 부탁하고, 그는 그 뜻을 받들어 자료를 수집하기 시작했다.

그러나 사마천은 자신의 벗인 이능李陵이 흉노족에 투항하자, 이것을 변호하다가 한 무제의 노여움을 사게 되어, 생식기를 자르는 궁형宮刑에 처해져 환관이 되었다. 그는 옥중에서도 저술의 고삐를 늦추지 않았다. 이후 신분이 회복되어 아버지의 유언을 받든 지 20여 년만에 불후의 역사서인 《사기》를 완성했다. 그는 무제가 죽은 해와 같은 해인 시원始元 원년기원전 68에 죽었다. 후대 사람들은 그를 '역사를 재창조한 역사학자'라고 불렀다.

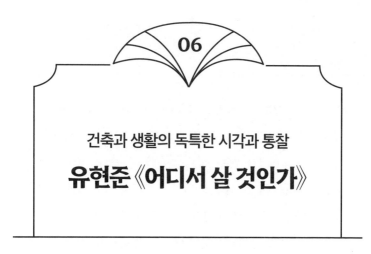

06

건축과 생활의 독특한 시각과 통찰
유현준《어디서 살 것인가》

《어디서 살 것인가》는 제목부터 질문으로 시작한다. 흔히 우리는 '어디서 살 것인가'라는 질문을 이사갈 장소나 집을 고르는 정도로 생각한다. 저자는 단순히 살 집의 장소나 평수를 넘어 사람과 자연이 화목하고, 건물 안의 사람과 건물 주변의 사람 사이도 화목하게 하고, 제대로 설계된 공간을 통해 갈등을 줄여 모든 세상이 좀 더 화목해지는 건축을 강조한다.

그에게 건축은 화목하게 하는 건축이다. 그러기 위해서는 건축물을 만들 때 건축물 자체에 초점을 맞추기보다는 해당 건축물 안에서 이루어질 사람들의 삶의 모습에 초점을 맞추어야 한다. '어디서 살 것인가' 이 문제는 수학처럼 정답이 있는 과목이 아니다. 우리가 써 나가는 것이다. 현재 세대 그리고 그 다음 세대를 위해 모두가 화목한 공간을 만들 수 있도록 우리 모두가 건축

주이자 건축가가 되어야 한다.

자신의 아이가 조금 더 나은 환경에서 교육받기를 원하는 부모님, 어디서 살아야 할지 고민이 많은 직장인, 공간과 부동산을 새로운 관점으로 접목하고 싶은 혁신가들도 혜안을 얻을 수 있는 책이다.

• 무선 이어폰이 필요한 이유

필자의 중학생인 아들이 어느 날 무선 이어폰을 사달라고 졸라댔다. 주로 집에서 인터넷 강의, 유튜브, 음악을 듣는 용도로서는 유선 이어폰으로도 충분할 텐데 왜 굳이 무선 이어폰이 필요한지 이해가 되지 않았다. 나의 의문과 무선 이어폰을 소유하려는 아들의 욕구는《어디서 살 것인가》를 읽고 나서 해소되었다.

기성세대가 추구하는 가치들은 모두 공간과 관련되어 있다. 집을 소유한다는 것은 이 세상에서 나만의 공간을 가진다는 뜻이다. 자동차 소유는 원하는 곳을 어디든지 갈 수 있는 공간의 실시간 이동과 확장을 의미한다. 반면 잘파세대Zalpha Generation를 포함은 젊은 세대들에게 실제 공간을 소비하는 것은 별로 의미가 없다. 집값 폭등과 고금리 시대가 열리면서 집을 사는 것이 더 어려워졌다. 월급을 고스란히 모아도 집을 사는 데 20년이 걸리고, 월급의 반 이상이 주거비용으로 나가기 때문에 내집마련은 그저 소망일 뿐이다.

이 때문에 이들에게 공간의 의미는 소유가 아닌 소비다. 스마트폰이나 태블릿으로 영화를 보고 음악 듣고 컴퓨터 게임을 하면서 미디어를 소비하다. 이전 세대는 음악을 듣기 위해 전축이나 CD 플레이어와 함께 LP나 CD를 사야 했다. 물건을 사면 그것을 보관할 공간도 많이 필요했다. 그래서 거실에게는 TV와 더불어 전축은 필수적인 공간을 차지했다. 하지만 지금은 훨씬 적은 돈으로도 스마트기기와 연결해 모든 음악을 스트리밍해서 들을 수 있다. 소유하지 않으니 공간도 필요 없다.

초기 인류 역사는 정복을 통해서 공간을 소유하려는 자들의 역사였다. 각종 제국과 식민지가 그 결과다. 지금은 81억 인구가 비좁은 공간에 살아야 한다. 지나친 공간의 소유는 갈등이고 공멸이다. 미디어 속의 공간으로 숨어 들어가는 것이 유일한 해결책인지도 모른다. 우리 아이들의 어쩔 수 없는 선택에 미안한 마음이 든다.[80]

공간 중심에서 미디어 중심의 가치관으로 이전하듯이 건축도 마찬가지로 끊임없이 물질에서 정보로 전환되는 중이다. 젊은 세대는 기성세대보다 훨씬 더 많은 시간을 인터넷과 가상공간에서 보낸다. 메타버스와 NFT는 토지를 구매해 자신만의 공간을 만들뿐만 아니라 개인 투자자에서 기관 투자자로 뻗어나갈 수 있다. 그들이 인식하는 세상은 더 이상 물질로 구성된 세상이라기 보다는 의식 속에 존재하는 세상이 되어 가고 있다. 결국 우리 다음 세대의 가치관은 구체적인 물질보다는 가상과 현실을 넘나들며 소유보다 경험에 더 중점을 둘 수밖에 없을 것이다. 필자의 아들은 지금 외부 자극을 완화시켜 줄 수 있는 무선 이어폰으로 자신만의 미디어 공간에서 경험을 소비한다.

● 지옥 같은 학교

1970~1980년에 학교를 다닌 X세대는 방과 후 집의 마당과 골목길에서 자유롭게 뛰어놀았다. 드라마 〈오징어 게임〉에 등장하는 게임들이 대표적인 놀이일 것이다. 그 세대는 자연이 놀이의 대상이었고, 자연과 함께 어울린 공간은 자유로움과 해방감, 편안함을 느끼게 해주었다. 하지만 지금의 아이들은 다르다. 요즘 아이들은 똑같이 생긴 아파트에서 산다. 아파트에는 마당이나 골목길이 없다.

이들은 마당 대신 거실에서 TV를 보고 혼자 운동을 즐긴다. 방과 후에도 노란색 승합차를 타고 이동하고 상가에 있는 학원에 잔여 시간을 보낸다. 아이들 생활의 대부분은 실내 공간에서 활동하며 시간을 보낸다. 이런 아이들에게는 자연을 만날 시간이 없다. 책을 통해서 지식을 배울 뿐 자연을 통해 지혜를 배울 수 있는 기회가 박탈당하고 있다.

문제는 학교다. 학생 1인당 사용하는 실내면적이 넓어지면서 체육관, 강당, 도서관, 식당, 특별활동실 같은 시설이 늘어났다. 실내면적은 늘어났지만 학교 부지 면적은 그대로다. 그러다 보니 학교 건물은 고층화되고 야외공간은 줄어들었다. 학교가 고층화되면 쉬는 시간에 운동장에 내려가는 시간이 줄어 아이들을 더욱 실내에 머물게 만든다. 그러다보니 아이들은 쉬는 시간에도 모두 교실에서 지낸다. 무려 12년 동안이나 말이다.

아이들을 내부 건물에만 머물게 만들면 더욱 스마트폰과 게임에 빠지게 만든다. 12년 동안 실내공간에만 지내면 나뭇가지 사이로 들이치는 빛이나 바람의 변화, 계절의 다채로움을 느끼지 못한다. 아이들이 스마트폰과 게임에 빠지게 만들게끔 어른들이 조장하고 있었던 것이다.

아이들은 12년 동안 지옥같은 학교를 다니고 있다. 당신의 자녀가 축구도 못하고 공부도 못한다면, 그 아이가 학교를 가 주는 것만으로도 고마워해야 한다. 그들은 정말 힘든 시기를 참고 있는 것이다.[81]

저자는 학교가 저층화되어야 함을 강조한다. 그래야 10분 쉬는 시간 동안 잠깐만이라도 바깥 공기를 쐬면서 하늘과 자연을 접할 수 있다. 대안은 충분하다. 몇 년 전부터 학생수가 줄면서 빈 교실이 생기기 시작했다. 빈 교실을 부수어 테라스를 만들어 10분 쉬는 시간에 잠깐씩 자연을 접할 수 있게 해주어야 한다. 그게 안 된다면, 1층에 있는 행정실과 교무실을 꼭대기 층으로 올려보내고 1층을 아이들의 공간으로 만들어야 한다. 학교의 주인공은 아이들이니 야외 공간과 접근성이 가장 좋은 1층을 내주어야 한다. 교무실이 1층에 있으면 2~3층에 있는 학생들조차 밖으로 나가기 어려운 것이다.

● 공간은 인간의 사고를 지배한다.

세상의 모든 것이 변화되고 있다. 4차 산업혁명의 기술들로 인해 지능화와 DX가 빨라지면서 제품생산 공장들의 생산력이 향상되고 의료, 행정, 교육, 교통 등 모든 분야가 지능화로 변하고 있다. 하지만 변하지 않는 두 곳이 있다. 바로 학교와 교도소 건축물이다. 학교와 교도소는 운동장 하나에 4~5층짜리 건물로 이루어져 있다. 창문의 크기만 다를 뿐 공간 구성상의 차이를 찾아보기 어렵다.

건축에는 "형태는 기능을 따른다."라는 오래된 화두가 있다. 미국의 건축가 루이스 설리번이 처음 사용한 이 말은 모든 형태는 특정한 기능을 위해 필연적으로 만들어졌음을 의미한다. 즉 건축물에 '시간'이라는 요소가 첨가되면 그 시대의 필요에 맞게 살아남기 위해 진화를 해야 한다. 마치 살아 있는 유기체처럼 말이다. 테이트 모던과 오르세 미술관이 주어진 건물 형태에 맞추어 새로운 기능을 덧입은 경우가 그러하다.[82]

1945년 광복 이후 77년 동안 학교 건물은 전국 어디서나 똑같은 크기와 모양으로 구성되어 있다. 이런 공간에서 12년 동안 생활한 아이들은 전체주의적 사고를 가질 수밖에 없다. 똑같은 시간에 똑같은 교복을 입고 똑같은 식판에 똑같은 밥을 배급받아 먹는 것은 교도소와 다름없다. 학교에 있는 아이들이 폭력적으로 바뀌는 이유는 학교 공간이 교도소와 비슷해서다. 학생들에게 생겨나는 법리적인 사회현상은 교도소에서 일어나는 현상과 비슷하다.

학교는 점점 교도소와 비슷해져 가고 있다. 공간적으로 우리는 아이들을 12년 동안 수감상태에 두고 있다고 봐야 한다. 우리는 어쩌면 고등학교 졸업생에게 꽃다발을 주기보다는 두부를 먹여야 할지도 모르겠다.[83]

공간은 인간의 인식과 사고를 지배한다. 때문에 사무실 공간에 적절한 환경생태계를 조성하는 것은 매우 중요하다. 책상과 PC만 덩그러니 놓여 있는 무미건조한 사무실 구조로는 핵심인재들을 오래도록 붙잡아 둘 수 없다. 특히 창조적인 아이디어를 필요로 하는 회사의 경우는 더욱 그렇다.

미국 시애틀에 있는 아마존의 본사 건물 옆 혁신적 업무공간인 '더 스피어스The Spheres'는 아파트 12층 정도인 30미터 높이에 지름 40미터의 거대한 유리돔 3개를 겹쳐 놓은 듯한 구조물로서 400여 종의 식물 4만 점을 심었다. 사무실이라기보다는 열대우림과 같은 일터다. 당연히 책상 칸막이도 없다. 아마존 창립자이자 CEO인 제프 베조스가 직원들의 창의적인 아이디어를 끌어내기 위하여 마련한 특별한 사무용 건물이다. 내부에는 나무로 된 회의실과 강, 폭포도 만들어져 있다.[84]

물론 학교를 회사와 같은 구조로 바꿀 순 없다. 지금의 학교 건축으로는 다양성과 창의성에 기초한 인재를 양성하는 데 한계가 있음을 인지하고 학교 건축의 변화를 촉구해보자. 저자는 그 대안으로 스머프 마을 같은 학교를 제안했다. 이 콘셉트는 아이들에게 자연을 돌려주자는 것이었다. 운동장을 가운데에 위치한 숲 공원으로 옮겨 숲속 나무에 둘러싸여 아이들을 뛰어놀 수 있게 해준다. 이 운동장은 방과 후에 자연스럽게 지역 주민들이 와서 사용하게 된다.

학생들은 사방이 꽉 막힌 공간이 아닌 숲속에 놓은 조깅 코스에서 뛰거나 걸을 수 있다. 학교 건물은 저층화되고 분절화되어 2층 이내의 주택 같은 크기의 교실동으로 만들고 그 앞에는 각기 다른 모양의 마당이 있다. 주택 같은 학교는 과하지 않은 크기의 건물이기에 '내 집'이라는 생각이 들어, 아이들이 쉽게 정을 붙이고 추억을 쌓을 수 있다. 공간은 인간의 인식과 사고를 지배하기 때문에 학교는 개성 있는 다양한 건물군과 접근성 높은 마당이 있어야 한다. 어른들이 호수와 정원이 놓여 있는 주택을 선호하듯 아이들에게도 한 발자국만 옮겨도 변화하는 마을 같은 풍경 속에서 화목하게 자라게 해주어야 한다.

유현준 Hyun Joon Yoo

하버드대학, MIT, 연세대학교에서 건축 공부를 하고 현재 홍익대학교 건축대학 교수로 재직중이다. 하버드대학을 우등으로 졸업 후 세계적인 건축가 리처드 마이어 사무소에서 실무를 하였다. MIT 건축연구소 연구원 및 MIT 교환교수 2010 로 있었다. 2013 올해의 건축 Best 7, 2013 김수근건축상 프리뷰상, CNN이 선정한 15 Seoul's Architectural Wonders 등 다수의 상을 수상했다. 주요 작품으로는 〈165 Charles Street Apartments, New York〉〈테마 동물원 ZooZoo〉〈강북삼성병원 종합검진센터〉〈고리원자력 발전소 신사옥〉〈플로팅 하우스〉〈머그학동〉 등이 있다. 주요 저서로는 《공간의 미래》《모더니즘: 동서양문화의 하이브리드》《현대건축의 흐름》《52 9 12》 등이 있다.

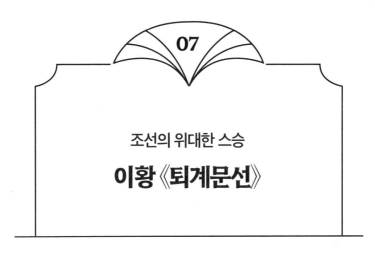

조선의 위대한 스승
이황 《퇴계문선》

퇴계 이황은 우리나라 천 원권 지폐에 새겨져 있어 일상에서 쉽
게 떠올릴 수 있는 유학자이다. 하지만 퇴계가 지폐에 그려진 의
미를 충분히 이해하는 사람은 많지 않다. 청렴결백한 공직자이
자 교육자, 그리고 성리학을 발전시킨 사상가로 대한민국을 대
표하는 퇴계의 업적은 450여 년이 지난 오늘에도 많은 이들에게
귀감이 되고 있다. 퇴계가 활동할 당시에는 벼슬을 한다는 것이
최고의 가치였다. 모든 사람들이 열심히 과거 공부를 해서 벼슬
을 얻어 정승판서가 되면 부귀영화가 따랐다. 하지만 퇴계는 임
금이 벼슬을 주면 고사하기 일쑤였고, 출세를 위해 학문을 닦는
학습 풍토를 개선하는 데 일조했다.

• 이기이원론

이理는 퇴계의 성리학에서 핵심 개념이다. 퇴계하면 이기이원론理氣二元論이라는 건 교과서에도 나오는 공식이지만, 그 실체가 무엇인지에 대해 정확히 아는 사람은 많지 않다. 이理와 기氣는 함께 존재하고 있으며, 이 두 요소로 만물이 구성됐다고 보는 것이 '이기이원론'이다. 여기서 이理와 기氣는 평등한 입장을 갖지 않는다. 이기이원론에서 이理는 기氣를 움직이는 근본적인 원리다. 반면에 기氣는 단순히 어떠한 물체로서 원리인 이理가 존재하기 위해 있어야 할 바탕이 된다.

예를 들어보면, 소리 나는 전자제품에 빗대어 설명할 수 있다. 소리 나는 제품으로는 스피커, 헤드폰, 라디오, 스마트폰 등이 있다. 이 제품들은 음성전류를 음향신호로 바꾸어준다는 데 있어서 원리는 다 같지만 모양이나 진동수나 음파의 모양이 다르기 때문에 소리의 크기가 제각기 다르다. 여기서 소리 나는 원리는 '이치' 다시 말해 '리'가 같은 것이고, 소리 크기나 음파의 모양이 서로 다르기에 '기운' 다시 말해 '기'가 다른 것이다. 다시 말해 소리가 나는 원리를 '리', 제각기 다른 모양이나 소리의 크기를 '기'라고 부른다.

활동하는 기氣에 질서를 부여하는 것이 이理가 된다. 따라서 인간의 본성을 해석함에 있어서도 공통의 질서나 원칙을 부여하는 이理는 절대적으로 선한 것이 되고, 각자의 특성에 움직이는 기氣는 이에 따라 선한 것이 될 수도 있고 악한 것이 될 수도 있다. 때문에 이기이원론은 이理가 기氣를 움직이는 선험적인 원칙이라고 본다. 이처럼 이기이원론에서는 이理에 더 높은 가치를 부여한다. 이것은 인간의 '소당연지칙所當然之則'에 기반을 두고 있다. '당연함'과 '마땅함'을 의미하는 하나의 당위법칙으로, 인간이 행해야 하는 '마땅한 가치와 실천'을 의미한다. 이理에 근거한 소당연지칙에 대해 퇴계는 이렇게 말한다.

이理는 알기가 어려운 것 같지만 사실은 쉽다. 만일 선유先儒의 '배를 만들어 물에서 다니고 수레를 만들어 땅에서 다닌다.'라는 말에 따라 자세히 음미한다면 나머지는 모두 미루어 알 수 있다. 무릇 배는 마땅히 물에서 다녀야 하고, 수레는 마땅히 땅에서 다녀야 하니, 이것이 이다. 배가 땅에서 다니고 수레가 물에서 다니는 것은 이가 아니다. 임금은 마땅히 어질어야 하고, 신하는 마땅히 공경해야 하며, 아버지는 마땅히 사랑해야 하고, 자식은 마땅히 효도해야 하니, 이것이 이다. 임금이 어질지 않고, 신하가 공경하지 않으며, 아버지가 사랑하지 않고, 자식이 효도하지 않는 것은 이가 아니다. 무릇 천하의 마땅히 행해야 할 바는 이이고, 마땅히 행하지 말아야 할 바는 이가 아니다.[85]

그렇다면 퇴계는 왜 이기이원론은 주장했을까? 그가 살던 시대는 사회경제적 특권과 부패한 지배집단을 형성한 훈구파 세력들이 정치를 지배하는 상황에서 사림파가 점차 주도층으로 등장하기 시작한 시기였다. 이런 시기에 이理와 기氣가 어떻게 상호

작용을 하느냐하는 매우 중요한 철학적 논제였고, 그것을 해석하는 입장에 따라 현실 문제에 대한 관점과 대처 방안도 달라질 수 밖에 없었다. 퇴계는 열등하고 부패한 존재를 기氣로 보았고 반면 소당연지칙의 가치를 실천하는 존재를 이理로 여겼다. 따라서 그는 부패세력을 청산하고 도덕과 예법과 실천하는 사회를 만들어가는 시점에서 선한 이理를 주장하는 이기이원론을 내세웠던 것이다.

● 견리사의

퇴계는 이利를 추구하는 것을 지극히 경계하였다. 그가 생각하는 참된 삶이란 권력과 부귀, 명예로 가득 찬 것이 아니라 벼가 익는 즐거움, 한 잔의 술과 생선 안주의 풍족함, 가족과 이웃 사이에 마음을 주고받는 따뜻함이 충만한 삶이었다. 실제로 퇴계는 이식利息으로 식산殖産하는 것, 다시 말해 이자로 재산을 불리는 것을 금한다는 '금식산禁殖産'을 강조했으며 그와 관련된 퇴계의 편지가 다음과 같이 전한다.

보내온 편지에 월리月利를 붙여주고 돈을 빌려 쓰고 싶다고 했구나. 이식을 내고 돈을 꾸어 쓰려거든, 내게 아닌 다른 곳을 찾아보게. 어찌 서로가 믿고 맡길 수 없단 말인가. 나에게 어찌 인간의 몹쓸 병인 이利를 취하라고 하는가!

당시 영주에 살고 있는 민시원이 퇴계에게 이자를 지불하고 돈을 빌리려하자 이자를 주려거든 차라리 다른 곳을 이용하라는 답장을 보낸다. 돈을 빌려주고 이자를 받는다면 인간관계에서 얻는 것보다 잃는 것이 더 많다는 견리사의見利思義를 실천한 것이다. 안중근 의사가 뤼순 감옥에서 순국하기 전에 쓴 글귀도 견리사의였다.

하루는 퇴계가 단양군수에서 물러나 짐을 꾸리고 길을 나설 때였다. 단양의 관졸들이 삼蔘꾸러미를 지고 와서 고개를 숙이고서는 "이 삼은 관아의 밭에서 거둔 것입니다. 관아의 밭에서 나는 것은 사또의 노자로 드리는 관례가 있으니 부디 거두어 주십시오."라고 하였다. 이에 퇴계는 "그렇다면 다음 사또로 오시면 기민구제에 쓰시라고 일러라."하고는 길을 떠났다.

비록 관행화된 습속이라고는 해도 스스로 의가 아니라고 판단되면 과감히 물리치는 퇴계의 일화는 유난히 많다. 특히 물건을 보낸 출처가 분명하지 않을 때에는 철저히 물리쳤다. 국왕의 하사품일지라도 책은 받고 말이나 가죽옷 등은 반환했다.

성리학을 학문의 근간으로 삼았던 퇴계는 '경敬'을 매우 중요하게 여겼으며, 평소 거경居敬과 신독愼獨을 생활규범으로 삼아왔다. 퇴계는 부역이나 세금을 일반 백성들보다 한발 앞서 냈으며, 이를 체납한 적이 한 번도 없었다. 당시의 관행으로는 벼슬을 지낸 집안일수록 세금을 낼 때 늑장부리기 일쑤였는데, 퇴계가 향내에서 가장 먼저 납부하는 까닭에 아전들조차 그가 높은 벼슬에 올랐던 사실을 알지 못했다.[86]

퇴계의 이러한 생활규범은 엄격한 규율을 내세워 사람들을 구속하는 탑다운Top-down 방식이 아니라 본인이 먼저 솔선수범하는 모습을 보임으로써 백성들이 스스로 실천하도록 자율성을 존중하는 교육방식이었다. 이는 스스로를 먼저 다스리고 다른 사람을 일깨운다는 수신修身-제가齊家-치국治國으로 확장되는 유교적 가르침에 기인한 것이다.

● 매화예찬

퇴계의 성리학적 태도와 인간성이 여러모로 잘 드러나 있는 것은 문인들에게 준 글만한 것이 없다. 그것은 간단히 용건이나 보내는 글이 아닌 훌륭한 문학 작품이자 진지한 철학적 논문이다. 퇴계는 18세 때 이미 성리학적 사유가 보이는 시를 남겼다. 그 시는 유춘영야당遊春詠野塘으로 봄날들을 거닐다가 맑은 지당을 보고 읊은 것이다.

이슬 젖은 풀은 곱게 물가를 둘렀고
작은 못물 맑고 싱싱하여 모래조차 없어라
구름 날고 새 지나는 건 원래 있는 일
때때로 제비가 물결 찰까 그게 걱정일세[87]

이 시에서 마음을 맑게 유지하는 경敬의 상태를 지키되 욕됨과 번뇌를 참고 순간적으로 어지러워지는 것을 경계하고 있다. 퇴계는 우주와 인간에 대해 깊이 사색하고 문학적 감수성이 매우 풍부했다. 특히 매화시를 통해 세상의 일로 인하여 때 묻은 마음을 깨끗이 씻어 버리려 했고 나아가 산수자연 속에서 소요하는 신선의 삶을 동경하기에 이른다.

幽居一味閑無事 **유거일미한무사**	그윽하게 사는 맛이 좋아 한가히 일 없이 지내노니
人厭閑居我獨憐 **임연한거아독련**	남들은 한가로움 싫어하여 나 홀로 좋아하네.
置酒東軒如對聖 **치주동헌여대성**	동헌에 술을 두니 성현을 마주대한 듯하고
得梅南國似逢仙 **득매남국사봉선**	남국에서 매화가 오니 신선을 만난 듯하네.
巖泉滴硯雲生筆 **암천적연운생필**	샘물로 벼루를 적시니 구름이 붓 끝에서 일어나고
山月侵牀露灑編 **산월침상노쇄편**	산위에 뜬 달이 방에 드니 이슬에 책이 촉촉하네.
病裏不妨時懶讀 **병리불방시라독**	병든 몸 관계 않고 글 읽어 때로 나른해지는데
任從君咲腹便便 **임종군소복편편**	그대와 함께 크게 웃으니 마음이 편안해지네.[88]

산수 속에서 은거하는 삶을 택한 퇴계는 학문을 닦고 연구하면

서 스스로 성찰하는 생활을 영위하였는데, 이러한 그의 산수생활에서 도반과 같은 소중한 벗으로 존재한 것이 바로 매화였다. 퇴계는 평소 매화를 매형梅兄, 매군梅君, 매선梅仙으로 부르며 하나의 인격체로 대했으며, 그에게 있어서 매화시는 외로운 존재인 매화와 각별한 교분이 있음을 형상화한 것으로 맑은 마음을 유지하며 살아가려는 도심道心에서 비롯되었다. 아울러 말년에 산수 속에서 은거한 생활에서 도반과 같은 소중한 벗으로 존재한 것이 매화였다. 평생을 매화와 함께한 퇴계는 107편의 매화시를 썼고, 매화시만 모아서 《매화시첩》을 발간하기도 했다. 1570년 70세의 일기로 세상을 떠나면서 마지막 남긴 말이 "매화분에 물을 주어라."였다.

퇴계 이황 退溪 李滉

조선왕조 중엽 16세기 후반에 활동했으며, 조선시대 선비를 대표하는 학자이자 지식인으로서 동양의 주자라 불린다. 조선시대 사회 이념이었던 성리학을 이론적으로 확고하게 정립함으로써, 성리학의 철학적 수준에 새로운 지평을 열었으며 한국유학의 특성과 방향을 정립하는데 결정적 역할을 하였다. 그는 140여 번이 넘는 관직 임명 중 79번을 고사했으며, 평생을 물러나기를 희망했던 선비였다. 퇴계의 학문은 실천도학資護造學:實學이며 생활 그 자체가 학문이었다. 성현의 가르침을 실천해보고 얻은 결론으로 논리를 세웠고 도덕과 정의를 바로 세우는 일을 평생 사업으로 삼았다. 저서로는 《성학십도》《퇴계전서》《계몽전의》《경현록》 등 다수가 있고, 시조에 〈도산십이곡〉, 글씨에 〈퇴계필적〉 등이 있으며, 2,000여 편이 넘는 시를 남겼다.

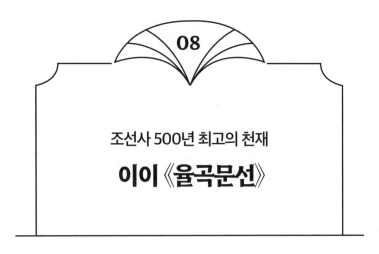

08

조선사 500년 최고의 천재
이이《율곡문선》

어릴 적부터 총명했던 율곡은 외부로 나가 수학하기보다는 여류
명인인 사임당에게서 시詩·서書·화畵를 비롯한 여러 경전을 배
웠다. 외할머니 이씨가 석류를 가리키며 "저게 무엇 같으냐?"라
고 묻자 고작 세 살인 율곡은 잠시 쳐다보더니 "석류 껍질 속에
붉은 구슬이 부서져 있어요石榴皮裏碎紅珠."라고 대답했다. 여덟 살
때는 파주에 있는 화석정花石亭에 올라가 가을의 정취를 시로 읊
었다. 화석정은 그의 고향인 파주 율곡리에 있는 정자다. 율곡이
라는 호는 이 지명에서 따왔다.

林亭秋已晚 **임정추이만**　숲속 정자에 가을이 이미 깊으니
騷客意無窮 **소객의무궁**　시인의 생각 끝없이 일어나네
遠水連天碧 **원수연천벽**　멀리 보이는 저 물빛은 하늘에 닿아 푸르고

霜楓向日紅 **상풍향일홍**	서리 맞은 단풍은 햇볕 받아 붉구나
山吐孤輪月 **산토고윤월**	산은 외로운 달을 토해내고
江含萬里風 **강함만리풍**	강은 만 리 바람을 머금었네
塞鴻何處去 **새홍하처거**	변방 기러기는 어디로 가는가
聲斷暮雲中 **성단모운중**	저녁 구름 속으로 소리 사라지네[89]

화석정에서 자연을 벗삼아 강물과 만물의 흐름을 노래한 이 시는 가히 명작이다. 여덟 살 아이의 시라고는 믿기지 않을 정도로 시상의 전개나 형식적 완결성이 너무나 원숙하고 뛰어나다. 율곡이 열 살 때는 강릉 경포대를 들러 장문의《경포대부鏡浦臺賦》를 지었는데 여기서는 노장사상에 대한 그의 폭넓은 이해를 엿볼 수 있다.

● 공부의 神, 율곡의 공부법

조선 500년 역사에서 전무후무한 아홉 번의 장원급제의 기록을 남긴 천재는 없었다. 조선에서 대과大科에 급제해 조정에 출사하는 것은 평생을 공부해도 뜻을 이루지 못하는 사람이 대다수일 만큼 소수의 수재에게만 허락된 일이었다. 대과 급제는 그만큼 험난한 길이었다. 율곡은 어떻게 이런 어마어마한 기록을 남겼을까? 과연 그의 공부비결이 궁금하지 않을 수 없다. 물론 율곡도 과거시험에 낙방한 적이 없진 않았다. 율곡이 낙방한 과거는 그가 치른 세 번째 시험이었다. 퇴계를 만나고 큰 가르침을 받은 다음의 시험이었기에 율곡의 참담한 심정은 헤아릴 수 없었다. 마음의 갈피를 잡지 못한 율곡은 퇴계가 보낸 격려의 편지를 받고 더욱 학문에 정진할 수 있었다.

옛사람성리학의 태두 정이천 이 이르기를 '젊은 나이에 너무 일찍 과거에 합격하는 것도 하나의 불행이다.'라고 했소. 그대가 이번 과거시험에 낙방한 것은 아마도 하늘이 장차 크게 쓰고자 함이니 아무쪼록 더욱 노력하시게.[90]

율곡은 배우고 깨닫고 실천하는 행위 전체를 학문이라고 여겼다. 예나 지금이나 대개는 급제하여 얻은 자리를 지키려는 것으로 만족해 더 이상 학문을 지속하는 않는 것이 문제다. 율곡은 학문의 진정한 뜻은 사람답게 사는 법을 알고 깨달아 이를 실천하는 행위 전체를 학문이라 여겼다. 다시 말해 앎으로써 선한 것을 밝히고 행함으로써 자신을 참되게 하는 과정이 학문인 것이다.

율곡은 진리와 이치를 궁리하고 탐구하는 이 모든 일 가운데 독서보다 앞서는 것은 없다고 여겼다.[91] 중국 전한시대의 역사가인 사마천司馬遷 역시 독서를 두고 "하루에 두 시간만이라도 다른 세계에 살아서 그날그날의 번뇌를 끊어 버릴 수 있다면, 그것은 말할 것도 없이 육체적 감옥에 갇혀 있는 사람들에게서 부러움을 살 만한 특권을 얻는 것이다."라고 했다. 이러한 특권은 죽어서야 비로소 멈출 수 있는 평생의 과업이요 의무인 것이다.

대한민국 국민독서실태조사에 따르면, 성인 중 일 년에 책을 한 권도 읽지 않는 사람이 절반이 넘는 것으로 조사됐다. 이런 상황을 두고 율곡은 이렇게 훈계했을 것이다. "평생 동안 꾸준히 독서해야지 그렇게 하지 않고 탐욕을 부린다면 부모가 물려준 이 몸이 형벌을 받고 치욕을 당하게 만드는 것이다. 그러므로 사람의 아들이라 할 수 없다."[92]

공부와 독서를 잘하는 비법은 꾸준하게 지속적으로 하는 것이 중요하다. 매일 바쁘게 돌아가는 일상 속에서 언제나 일이 넘쳐나도 독서를 포기해서는 안 된다. 한가로운 시간에만 책을 읽는 것이 아니라 잠잘 시간을 쪼개서라도 책을 들어야 한다. 독서는 환경이 아니라 책을 읽고자 하는 마음과 의지이다.

율곡과 가깝게 일상생활을 하는 성혼이 율곡에게 물었다. "금년에는 어느 정도의 책을 읽었는가?" 율곡은 "올해에《논어》《맹자》《대학》《중용》의 사서를 세 번씩 읽었으니, 모두 계산하면 아홉 번이네. 이제 또다시《사전》을 읽기 시작해서《왕풍王風》에 이르렀네."[93]

율곡은 한 권의 책을 반복해서 읽었다. 다독과 속독보다는 단 한 권의 책이라도 숙독하고 정독하는 것이 더 중요하다고 여겼다. 숙독하여 뜻을 모두 알아내고 꿰뚫어 의심이 사라진 다음에야 다른 책으로 바꾸어 읽었다. "빨리 이르려고 하면 이르지 못한다."는 공자의 말처럼 성급한 욕심을 버리고 한곳에 집중해서 완전히 내 것으로 만들어야 진정한 독서의 즐거움에 이르게 되는 것이다.[94]

율곡은 독서는 마땅히 지켜야 할 순서와 절차가 있다고 생각했다. 책을 읽을 때는 작은 것에서 큰 것으로, 낮은 것에서 높은 것으로, 가까운 곳에서 점차 먼 곳으로 나아가야 한다. 학문이 일정한 수준에 도달하기까지는 반드시 순서와 절차에 따라 독서를 했다. 율곡은 기본 독서 목록과 심화 독서 목록으로 구분하여 체계적으로 학습했다. 기본 독서 목록에는 《소학》《대학》《논어》《중용》《맹자》《시경》《역경》《춘추》《예경》《서경》 등 총 10여 종이다. 심화 독서 목록에는 《근사록》《가례》《심경》《이정선저》《주자대전》《주자어류》 여섯 종류의 책이다. 물론 이외에도 성리학에 관한 여러 전문 서적을 찾아 읽어야 한다는 단서도 빼놓지 않았다.

율곡의 독서법이 오늘날 현대인에게 전하는 메시지는 뭘까? 그것은 베스트셀러로 선정된 책을 생각없이 읽지 말고, 또는 아무 책이나 닥치는 대로 난독을 하지 말라는 것이다. 먼저 관심 있는 분야를 정한 다음 기본 독서 목록과 심화 독서 목록, 그리고 보충 독서 목록을 단계별로 짠 다음 순서에 따라 책을 읽어보자.

특히 율곡은 역사책 읽기를 권면했다. 세종과 정약용 역시 어느 누구보다도 역사책 읽기의 중요성을 강조했다. 정약용은 둘째 아들에게 사마천의 《사기》는 익숙해질 때까지 읽을 것을 당부했고, 《고려사》를 왜 공부하지 않느냐고 재촉하기도 했다. 역사서를 읽을 때는 사건의 자취만 기억해서는 안 된다. 다스려짐과 어지러움, 편안함과 위태로움, 흥함과 쇠퇴함, 존속과 멸망의 이치를 반드시 알아야 한다.[95] 그래서 책을 덮고 나서 스스로 내가 그러한 일을 당한다면 마땅히 무엇을 해야 할 것인가를 생각해야만 한다. 따라서 과거를 안다는 것은 곧 현재와 미래를 아는 일이기도 하다. 율곡이 임진왜란이 일어나기 10년 전인 1583년에 십만양병설을 주청하게 된 배경에는 역사서 읽기를 통해 미래를 예측할 수 있었다.

• 율곡의 문학관

율곡의 가장 대표적인 저술은《성학집요》다. 율곡의 나이 40살 때 선조의 명으로 지어올린 것으로 유가의 사서육경과 송대 유학자들의 학설을 종합하고 자신의 견해를 덧붙인 것이다. 이 책은 유학개론서로 유학자들이 유학에 대한 입문서로서 애용하기도 했다.《동호문답》은 Q&A 형식으로 임금과 신하의 도리, 도학론, 현실인식과 무실사상 등 율곡의 역사 인식과 정치철학을 엿볼 수 있다. 그 외에도 병조판서로 있으면서 국방안보에 관한 종합적 대책을 내놓은《육조계》, 교육에 관한《학교모범》《격몽요결》, 여러 대책을 제안한《문무책》, 노자《도덕경》을 해석한《순언》등이 있다.

이런 다양한 저술 속에서 그의 문학관 및 시 세계의 특징은 어떠했을까? 그는 시 학습원리를 압축한 중국 시선집《정언묘선》을 통해 자신의 시관을 직접 밝혔다. 그가 남긴 작품 속에서 규명해 보면 크게 세 가지의 특징적 면모가 나타난다.

感寒疾 調于密室 有感寄浩原 **감한질 조우밀실 유감기호원**
　　　　　감기를 앓아 골방에서 조리하면서 느낀
　　　　　바가 있어 호원에게 부치다.

病中省人事 **병중성인사**　병 때문에 인사를 생략하고

灑掃淸幽室 **쇄소청유실**　골방을 깨끗이 청소하였네.

小鑪對焚香 **소로대분향**　작은 화로를 대하여 향을 피우며

明窓坐終日 **명창좌종일**　환한 창가에 온종일 앉았다가,

意到輒開卷 **의도첩개권**　생각이 나면 책을 펴보고

倦來還掩帙 **권래환엄질**　싫증나면 도로 덮어버린다오.

計往積尤悔 **계왕적우회**　지난 일 헤아리면 허물과 뉘우침 뿐

追來庶無失 **추래서무실**　앞으론 그런 잘못 없도록 하려네.[96]

　위 시에서 보듯 율곡은 현재 자신이 속해 있는 현실세계를 중
시하여 당대 사대부 사회에서 세속적이거나 경미한 대상으로 취
급되던 평범한 일상을 시에 적극적으로 반영했다. 자신의 일상
을 있는 그대로 보여주면서 읽는 이로 하여금 담담하면서도 진
한 여운을 느끼게 해준다. 일상에 대한 시를 썼다는 것은 백성들
의 살림에 시선이 옮겨져 있었음을 어렵지 않게 알 수 있다.

　율곡의 시가 갖는 두 번째 특징적 면모로는 시적 정서의 출발
을 외부적 원인에 두고 외물의 구체적 현상에 주목했다. "희고
고운 밝은 구슬은 연잎에 구르고, 푸른 일산 연잎은 곁으로 기우
네." 〈애련설愛蓮設〉이란 시에서 보듯 율곡의 감흥은 직접 본 외물
의 현상에 의해서 촉발된 것으로 객관적이고 현장감을 부각시켜

형상화한다. 이러한 면모는 꾸밈을 일삼지 않음이 자연스러움 가운데 깊은 묘취가 있다고 한 '충담소산沖澹蕭散[97]'의 미의식이라고 할 수 있다.[98]

마지막으로 율곡의 시는 현실 자각과 개혁의식의 적극적 수용과 표출의 도구다. 다음의 시에는 율곡의 그러한 인식이 잘 드러나 있다.

遣悶 견민	답답함을 달래며
開邊正苦修矛戟 개변정고수모극	창 들고 변방 개척 그 일도 힘겨운데
辛歲寧違菽稻粱 졸세녕황예도량	1년 내내 어느 겨를에 농사지으리.
不是訏謀無肉食 불시우모무육식	정치하는 대신들이 없는 것도 아니건만
杞人憂慮自難忘 기인우려자난망	기인의 근심걱정 스스로 잊기 어렵네.[99]

율곡은 사회현실에서 제기되는 문제들에 대한 비판·개혁 의식을 적극적으로 시로 표현했다. 율곡의 시인식과 문학 세계가 내포하고 있는 이와 같은 양상과 특징들은 근대적 사실주의 경향과 일맥상통하는 것으로 볼 수 있으며, 보다 뿌리 깊게는 그가 추구한 주기론적 사고와 맞닿아 있다. 또한 율곡에게 있어서 문학은 학문과 삶과 분리될 수 없는 것이기에 하나로 귀결된다는 것의 의미이기도 하다. 그의 시가 오늘날까지도 공감력과 설득력을 갖게 되는 것은 민생의 안정과 지배계층의 각성을 촉구하

는 경세지향 의식이 공존하고 있기 때문이다.

율곡 이이 栗谷 李珥

조선 중기의 학자이자 정치가다. 강원도 강릉 출생으로 아버지는 증좌찬성 이원수이며, 어머니는 현모양처의 사표로 추앙받는 신사임당이다. 어려서는 신동으로, 성장한 뒤에는 모두 아홉 번의 과거에 장원급제하여 구도장원공九度壯元公이라 불리며 그 우수함과 뛰어남이 인구에 회자되고 있다. 또한 임진왜란 이전 국방력 강화를 위해 십만양병설을 주장하였던 선각자였으며, 주기설을 주창하며 퇴계 이황과 쌍벽을 이루는 대유학자로 알려져 있다. 원리의 조화와 실공實功·실효實效를 강조하는 철학사상을 제시했으며, 《동호문답》《시무육조》《만언봉사》 등을 통해 조선 사회의 제도 개혁을 주장했다. 우리나라의 18대 명현 가운데 한 명으로 문묘文廟에 배향되어 있다. 저술로는 《성학집요》《격몽요결》《만언봉사》《기자실기》 등을 비롯하여 《사서언해》《경연일기》 기타 시문 등이 있다.

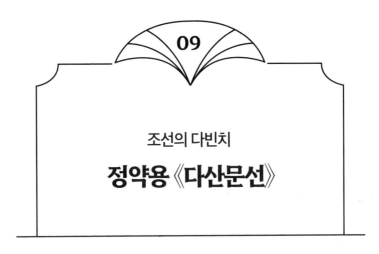

조선의 다빈치
정약용 《다산문선》

19세기 조선 사회는 화폐경제가 발달하고 고려와 조선 시대의 대표 신분제도인 사농공상의 사회계급이 무너지기 시작했다. 부의 양극화와 불평등의 고착화, 부모의 경제력이 자녀의 삶의 질을 결정하는 부의 대물림, 갑질이 수반된 경제력의 격차 그리고 그 확대로서 유사 신분제의 등장은 조선 후기와 오늘날 현대 사회가 크게 다르지 않다. 세상은 변했고, 사람들은 다른 사회를 기대했다. 이러한 변화의 흐름에 일부 학자들은 성리학이 지나치게 형식과 이론 논쟁에 치우친 것을 반성하고, 현실사회의 문제들을 해결하기 위한 새로운 대안을 촉구하는 등 대대적인 개혁이 필요하다고 주장했다. 실학은 이러한 배경에 의해서 탄생했다.

실학자 가운데 다양한 방면에 높은 수준의 개혁사상을 지닌 사람은 단연 다산이었다. 그는 하늘과 자연, 사회, 인간을 하나의 논리로 규율하는 일체론적 사고를 부정하고 자연과 사회, 인간 그리고 공과 사를 분리하였다. 이를 통해 주자학적 패러다임을 대체하려 했다. 왕권을 인격적 권력이 아닌 직위에 해당하는 권력으로 이해하고 제도에 의한 통치를 지향했다. 이는 인간의 자율성에 대한 믿음에 기초하고 있다.[100]

다산이 지향하던 사회는 누구든 인간으로서 존중받는 사회이며 자신의 삶을 스스로 유지하는 기본적 토대가 마련되는 사회이다. 누구나 일을 함으로써, 공동체에 기여함으로써 함께 살아가는 사회이다. 다산의 개혁사상은 한국이 비교적 짧은 기간 안에 민주주의를 정착시키고 현대 민주주의의 맹아가 되는 데 절대적인 공헌을 했음을 간과할 수 없다.

● 실용주의적 실천 철학

미국 실용주의 창시자인 찰스 샌더스 퍼스Charles Sanders Peirce 1839~1914 는 "대상이 가질 것으로 생각되는 결과실질적으로 영향을 미칠 만하다고 생각되는 결과 를 고려하라. 그리고 나면 대상이 갖는 결과에 관한 개념이 바로 그 대상에 관한 개념의 전부이다."라고 하였다. 다시 말해 개념은 일정한 외면적 결과 또는 행동으로 관련되어 설명되어야 한다는 의미다. 프란시스 베이컨도 "아는 것이 힘이다."라는 명제에서 지식은 고상한 자기 목적을 위해서가 아니라 현실 생활의 목적에 이바지하는 힘으로서 공리성utility을 중시했다.

다산 역시 유가철학에 대한 실용주의적 해석을 강조했다. 다산은 일견 분명하지 못하고 애매한 추상적인 개념들을 생활에서의 구체적인 행동 양식으로 이해함으로써, 유가철학 개념의 의미에 대한 실용주의적 해석을 일관되게 수행했다.

참 선비의 학문은, 본디 나라를 다스리고 백성을 편안하게 하여, 외적을 물리치고 재용財用을 넉넉하게 하며, 문文에 능하고 무武에 능한 것, 이 모두 해당하지 않는 것이 없다. 어찌 옛사람의 글귀를 따서 글이나 짓고, 벌레나 물고기 등에 주석이나 달고, 소매 넓은 선비 옷을 입고서 예모禮貌만 익히는 것이 학문이겠는가?[101]

다산은 진정한 학문은 실존적 자기수양은 물론이고 사회 전체의 구조적 병리에 대해서 외면해서는 안 된다는 자세를 견지했다. 어떤 이론이 현실적 생활과 연관이 없고 객관적 검증이 불가능한 형이상학적 쟁점이면 다산은 이렇게 응대했다. "인생에는 할 일이 많은데 한가하게 형이상학적 문제를 따지고 있을 겨를이 없습니다."[102]

학문의 생명은 삶의 현실을 규범적으로 비판하고, 현실개선의 원리와 방법론을 제공하는 데 기여해야 한다고 봤다. 현실을 올바르게 경영하기 위해서는 도덕철학뿐만 아니라 현실경영에 직접적 실용성을 발휘할 수 있는 경제 경영학, 군사학, 법학, 농학,

의학, 철학, 천문학, 수학, 공학 등이 뒷받침되어야 한다고 주장
했다.[103] 4차 산업혁명 시대에 요구되는 창의융합형 인재를 다산
은 조선시대부터 요구했던 것이다.

• 21세기 다시 보는 다산

다산의 개혁 중 주목해야 할 점은 차별적 신분제 폐지를 주장
했다는 점이다. 다산은 생활에 필요한 일정한 생업을 가진 사회,
누구나 일하는 사회를 지향했다. 《경세유표》에는 민을 사士, 농農,
상商, 공工, 포圃, 목牧, 우虞, 빈嬪, 주朱 아홉 가지 직분으로 구분하
고, 양반 중심의 신분제를 부정했다. 그는 "귀족들은 벼슬길에 나
가지 않으면서도 오히려 양반이라고 하고 낮은 관직조차 없음에
도 오히려 사대부라고 하니 이름과 실제가 맞지 않는다."며 비판
했다.

선비가 독서만 하고 노동을 거부할 권리가 없음을 강조하여,
선비도 농업, 공업, 상업의 생업을 가지도록 요구했다. 도덕을 중
시하되 이윤 추구를 천시하는 맹점과 직업의 귀천을 구별하는
폐습을 타파했다. 이러한 변화는 신분의 계층화를 강상綱常의 명
분으로 삼으려는 지배계층의 저항을 초래했다. 하지만 다산은
신분타파를 통한 평등론의 의상을 제시하며 사회체계에 대한 과
감하고 혁신적인 개혁의식을 추진했다. 조선시대 고착화된 신분
제도와 기득권 세력을 고려한다면, 차별적 신분제 폐지는 혁명
적인 발상의 전환이 아닐 수 없다.

나에게는 소망하는 바가 있다. 온 나라가 양반이 되게 하는 것이다. 그렇게 하면 온 나라에 양반이 없게 될 것이다.[104]

주자학은 인간의 욕구를 부정했다. 인간의 마음을 천심에 귀속시켰다. 하지만 다산은 《상서고해尚書古訓》에서 인간은 부유하고 귀함에 대한 선천적 욕구가 있기 때문이라 설명하며, 모든 인간은 명예와 재산에 대한 욕구를 지닌 존재라 여겼다. 좋아하는 것을 즐기게 해주고 이로워하는 것을 이롭게 해줌이 백성에게 베푸는 덕이라 생각했다. 이처럼 욕구를 지닌 존재라는 측면에서 군자나 소인은 차이가 없다. 군자와 소인 모두 동등한 욕망의 주체인 것이다.

다산은 사회시社會時를 통해 그 시대에 착취당하고 고통받는 백성들의 비참한 현실을 고발했다. "백성은 토지를 밭으로 여기는데 벼슬아치들은 백성을 밭으로 삼으니, 살갗을 벗기고 골수를 두들기는 것을 밭갈이로 삼으며 머릿수를 세어 거두어들이는 것을 가을걷이로 삼는다."라고 하여 수령과 아전들이 백성을 착취하는 모습을 더욱 강한 생동감으로 드러냈다. 그는 빈곤한 백성을 매질하여 피를 빨고 기름을 핥는 수령을 작은 도적이라고 하고 관찰사를 큰 도적이라 지목했다. 큰 도적을 제거하지 않으면 백성은 다 죽이게 된다고 선언하고 탐학한 목민관을 징벌함으로써 백성의 권리를 각성시키고자 노력하였다.

"개혁이 아니면 죽음이 있을 뿐이다."고 하면 지금의 한국경제에 관한 말 같지만 실은 다산이 자주 사용하는 문구다. 현대 한국 사회를 살아가는 우리는 얼마나 자유롭게 자신의 행위를 선택하고 그 책임을 지고 있는가?, 지배계층에 의해 왜곡되고 있지는 않은가?, 사회구성원 모두에게 생존에 필요한 역할을 마련해주고 있는가?, 그리고 사회구성원들은 그 역할을 다하기 위해 기꺼이 노동하고 있는가? 이러한 질문은 작금의 현실을 살아가는 우리에게 다산의 담대한 상상력과 실행력을 여전히 필요로 한다.

● 아버지의 고뇌

다산은 정조의 총애를 한 몸에 받다가 순조 즉위 후 신유박해 때 천주교도들을 색출하는 과정에서 연루되어 강진으로 유배되었다. 이 과정을 지켜본 자식들은 자존감을 잃고 살아가야 했다. 다산은 자식들에게 미안함도 컸지만 절망에 빠진 그들을 분발시키고 무너진 가문을 일으킬 수 있는 용기를 주는 것이 큰 숙제였다.

다산은 자식과 후대의 사람들이 자신을 사헌부의 보고서와 판결문만으로 평가되는 것을 두려워했다. 두려움과 극단적 고난의 시간을 보내야 했던 다산은 치심治心과 수신修身을 통해 자신의 길을 찾으려 애썼다. 폐족이 된 집안의 사람으로서 제대로 처신하는 방법은 오직 공부뿐이었다. 다산은 강진에 머무는 동안 약 500여 권에 달하는 책을 저술했다.

그는 철학사상은 물론, 역사, 지리, 과학, 의학, 공학 등 다양한 분야를 넘나들며 쓰고 또 썼다. 이러한 치열한 노력을 통해 자신의 억울함을 벗고 자식에게 훌륭한 길잡이가 되고자 했다. 다산은 두 아들에게 배우는 일에 모든 힘을 다하여 우리 집안의 글 짓는 전통이 너희 세대에 더욱 창대해지도록 노력하라고 독려했다.

내가 남에게 베풀지 않은 것을 남이 먼저 나에게 베풀기를 바라는 것은 너희들의 오만한 근성이 아직도 제거되지 않았기 때문이다. 이후로는 평상시 일 없을 때에도 유념하여 공손하고 화목하며 신중하고 진실되어 여러 집안의 환심을 써도록 할 것이요, 마음속에 절대로 보답을 바라는 씨앗을 남기지 말아야 한다.[105]

다산이 강진 다산 동암에서 두 아들에게 보낸 편지의 일부다. 다산은 유배지의 어려운 환경에서도 두 아들에 대해 인간적 성장과 훈육에 대한 성의를 게을리하지 않았다. 폐족의 처지에 벗어나려면 오로지 두 아들의 지적 성숙과 인품의 도야에 힘쓰지 않을 수 없었으리라. 다산의 자녀교육은 거의 유배지에서 보낸 편지를 통해 이루어졌고, 주도에서부터 기상, 효도, 간난, 지기, 도야, 독서, 초서, 저술, 학문 등에 이르기까지 일상생활의 행동양식과 올바른 학문적 자세까지 상세하게 기술되어 있다. 물론 두 아들에 대한 그리움과 안타까움은 더했으리라. 다음은 다산의 칠회七懷 가운데 두 아들을 그리워하는 시다.

두 아들 다 나라의 그릇들인데
그 재주 꺾이어 무너진 집만 지키네.
평생 흐르는 눈물
석 달 만에 보내는 한 통의 서신.

부지런히 힘써 보리 수확 꾀하고
쓸쓸히 채소 심는 법 배우네.
복희伏羲와 문왕文王의 옛 심법을
너의 아니면 누가 나를 높여주리.[106]

다산의 18년 동안 긴 유배생활은 학자로서 연구의 꽃을 활짝
피운 시기이기도 하다. 정조의 개혁정치에서 실질적인 일을 추
진한 주도적 인물이 되었지만 결코 순탄하지 않았던 삶. 실용주
의적 실천철학을 고집스럽게 추진했지만, 한편으로는 살아남
기 위해 종교적 신념을 배반했던 지극히 인간다운 모습을 보여
줬다. 결코 완벽하지 않았던 한 인간이 고난과 역경을 겪으며 어
떻게 진정한 학자로 거듭날 수 있었는지, 조선 혁명가 다산이 아
니라 사람 냄새 나는 두 아들의 아버지로서 다산을 다시 보게
된다.

다산 정약용 茶山 丁若鏞

조선후기 학자 겸 문신으로 경세학經世學은 물론 과학기술자, 의학자, 언어학자, 지리학자, 시인 등 이루 헤아리기 어려울 정도로 다양한 영역에서 업적을 남겼다. 실학사상을 집대성한 한국 최대의 실학자이자 개혁가로서 개혁과 개방을 통해 부국강병을 주장했다. 정조의 최측근으로서, 관직은 희릉직장禧陵直長에서 출발하여 가주서假注書, 지평持平, 교리校理, 부승지副承旨 및 참의參議 등으로 승승장구하였다. 주교사舟橋司의 배다리 설계, 수원성제와 기중가起重架 설계 등 빛나는 업적도 많았다. 하지만 신유사화가 일어나면서 주변 인물들이 참화를 당했고, 겨우 목숨을 부지한 정약용은 18년 동안 강진에서 유배생활을 했다. 경학과 경세학 등 182책 503권이라는 전무후무한 방대한 책을 저술했으며, 대표적 저서로는 《목민심서》《흠흠신서》《경세유표》 등이 있다.

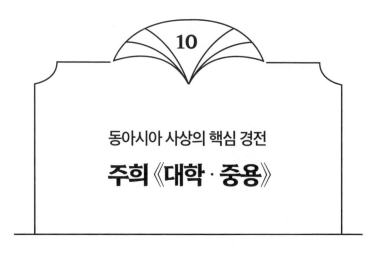

10

동아시아 사상의 핵심 경전
주희《대학·중용》

동양학을 공부하는 사람들이라면 반드시 읽어야 할 책인《대학大學》과《중용中庸》은《논어》《맹자》와 함께 '사서四書'로 불릴 정도로 유학의 핵심을 담고 있는 고전이다. 원래《대학》과《중용》은 유가 경전《예기》에 수록된 글월로 독립된 서책이 아니었다. 그 때문에 당나라 이전까지는 큰 주목을 받지 못했다.

그런데 주희가 여러 학자들의 학설들을 종합하고 절충해《예기》에서 분리하여《대학》과《중용》을 격상시켜 책으로 냈고, 북송 때 이르러 본격적으로 재조명되면서 '위로는 공자의 사상을 잇고 아래로는 맹자의 학설을 열어 동아시아의 사상 체계를 이루는 핵심 경전'으로 자리 잡았다. 이후 사서를《대학》《논어》《맹자》《중용》 순서로 읽으라는 주희의 독서법이 조선 선비들에게 그대로 수용되었다. 그런데 가장 먼저 읽어야 할《대학》과 가장 나중에 읽어야 할《중용》을 한데 묶어 놓은 이유는 유학의 철학적 이상과 실천적 방법론을 함께 공부할 수 있도록 하기 위함이다.

● 근본이 바로 서야 나라가 바로 선다

《대학》은 경1장과 전10장을 포함해서 모두 1,751자에 불과한 짧은 책이지만 유교철학을 한눈에 볼 수 있는 내용이 담겨 있다. 《대학》은 옛날 중국에서 기초 교육과정인 소학을 마치고 태학에 입학하여 공부하던 내용을 담고 있어, 오늘날 대학의 기본 교양 교재와 같은 성격을 지닌다. 그래서 가장 먼저 읽어야 할 경전으로 여겼던 것이다.

명명덕明明德, 친민親民, 지어지선止於至善 등 '삼강령'과 더불어 격물, 치지, 성의, 정심, 수신, 제가, 치국, 평천하 등 '팔조목'은《대학》의 뼈대를 이룬다. 우리가 흔히 말하는 '수신제가 치국평천하修身齊家 治國平天下', 다시 말해 몸을 닦고 집안을 가지런히 하고 나라를 다스리고 천하를 태평하게 하는 선비의 길은 바로《대학》의 팔조목에서 유래되었다.

우리는 요즘 본말本末이 전도되어 앞뒤가 바뀐 일을 너무 많이 보고 듣는다. 정치인의 경우 국가와 국민을 위한 정책수립보다는 당의 이익과 개인의 당선을 위해 소모적인 논쟁에 빠진다. 국제적 기후 위기에 대한 대책을 수립할 때도 전 세계적 대기 오염에 집중해야 하는데, 지역적인 소규모 예산문제에만 신

경을 쓴다. 가깝게는 예술 작품을 감상할 때, 작품의 작은 부분에
만 눈길을 주어 작품 전체의 아름다움을 놓치는 경우가 있다. 이
는 모두 본말이 전도된 것이다.

物有本末 물유본말이요, 事有終始 사유종시이니
知所先後 지소선후면, 則近道矣 즉근도의라.[107]

'세상 모든 것에는 처음과 끝이 있고 세상 모든 일에는 끝과
시작이 있으니 무엇을 먼저 하고 무엇을 나중에 할 것인가를
안다면 최선의 경지에 가까워질 것이다.'
　이 말은 근본이 중요하고 끝末端은 하찮다는 뜻이 아니다. 말단
을 달성하기 위해서는 근본을 잘 다져야 한다는 의미다.
　오늘날 사회문제의 근원은 무엇일까? 근본을 잃고 지말에 얽
매인 사람들이 많기 때문이다. 본말이 전도되어 '지말을 위한 게
임 규칙'을 만들어 사람들을 현혹시키고 지말로써 근본을 바로 잡
으려 한다. 그도 그럴 것이 근본은 항상 지말에 묻혀 잘 드러나지
않으나 지말은 직접적인 결과물이어서 당장 눈앞의 이익으로 드
러나 사람들을 유혹에 빠트린다. '근본을 경시하고 지말을 중시
한다.'함은 정치인이 덕으로써, 국가와 국민을 위한 노력을 경주하
지 않고 재물, 인기, 팬덤정치, 재선만을 노리는 데 힘쓰는 것이다.
오늘날 정치인이 국민의 민심을 얻지 못하는 이유가 바로 근본을
잃고 지말에만 얽매여 있기 때문이다. 근본을 지켜 재물을 모으면
백성도 따르게 되니, 민심은 자연스럽게 한곳에 모이게 된다.

214

정조 말기의 실학자인 안정복의 역사책《동사강목東史綱目》에는 "정신을 지말에 허비하면 백성을 착취하여 이익을 일삼거나 가혹하게 사찰하여 스스로 잘난 체하며 비록 국가를 이롭게 하고 백성을 편안하게 하고자 해도 도리어 해만 끼치게 된다."라며 근본에 힘쓰는 학문을 강조했다. 근본을 아는 것은 백성의 뜻을 크게 두려워하는 것이니, 국가의 백년대계를 실현하자면 근본적인 문제 해결이 선행되어야 한다. 결국 아무리 위대한 지말도 근본을 제대로 다지지 않으면 사상누각에 불과하다.

《대학》은 시종일관 근본과 말단을 잘 깨달아 우선 근본에 힘써야 함을 강조한다.《대학》은 덕을 실천하고 천하를 화평하게 하는 것이 학문의 궁극적 목표인데 그 출발점은 자기 수양이며 또 자기 수양의 근본은 치지와 격물에 달려 있다고 강조한다. 치지와 격물은《대학》의 핵심 내용 중 하나로 치지致知는 지식과 지혜가 극치에 달하는 것이고, 격물格物은 세상 모든 것의 이치를 찬찬히 따져본다는 것이다. 원래 치지와 격물은《대학》에 없었는데 주희가 보충한 것으로, 모든 개인 수양과 세상 만물의 현상과 질서를 끊임없이 탐구하기 위한 전제조건이자 세상의 이치를 밝히고 가치를 실현하기 위한 첫걸음으로 간주했다.

주희 이후 양명학의 창시자인 왕양명은 '격물치지'를 사물의 본질을 본다는 것으로, '가깝게는 자기 몸에서 진리를 구하고 멀리는 사물에서 진리를 찾는다는 것이다. 우주가 방대하지만, 내 몸을 연구하면 소우주가 보이며 우주의 변화를 알 수 있다.'고 해석했다. 이렇듯 사람이 근본적으로 배워야 할 지침을 제시한

《대학》은 고금을 통틀어 유학 입문자들에게 탁월한 길잡이가 되었다. 이것은 민주주의 사회라는 지금에도 개개인 삶의 가치관 정립부터 사회적 문제를 해결하려는 공인들에게까지 사상의 틀이 되고 있다.

● 극단의 시대를 넘어 중용의 시대로

'중용中庸'이라는 용어는 현대인에게도 일상적으로 사용되는 만큼 친숙하지만, 사실《중용》의 내용은 사변적 숙고가 필요하고 난해한 단어이기도 하다. '중용'이란 어떤 상황에서 입장을 명확히 선택하지 않고 이도 저도 아닌 애매한 곳에 두 다리를 걸치는 것도, 무지를 드러내지 않고 적당한 선에서 타협하는 것도 아니다. 최선의 결론을 찾느라 칼날 위에 올라서는 치열한 과정의 결론이다.

天下國家可均也 천하국가가균야, 爵祿可辭也 작사가적야, 白刃可蹈也 중용불가능야, 中庸不可能也 중용불가능야.[108]

공자께서 말씀하시었다.

"천하국가란 평등하게 다스릴 수도 있는 것이다. 높은 벼슬이나 후나 봉록도 거절할 수도 있는 것이다. 서슬퍼런 칼날조차 밟을 수도 있는 것이다. 그러나 중용은 능하기 어렵다."

불의와 공정은 어느 한쪽으로 기울어지지 않은 상태다. 이미

한쪽으로 기울여 있다면 더는 객관적이지도 공정하지도 않다. 진영 대결에서 판세가 기울어지면 대세를 따르기 쉽다. 만약 대세가 비상식적이고 합리적이지 않다면 그쪽으로 기울어지지 않으려고 노력하는 것은 쉬운 일이 아니다. 사람들이 비상식적이고 합리적이지 않은 대세에 편승하는 이유는 '밴드왜건 효과 bandwagon effect'라는 심리 현상과 관련이 있다. 밴드왜건 효과에 합류하면 사람들은 자신의 의견과는 상관없이 대세의 의견에 순응하라는 압박을 받게 된다. 동시에 사람들은 한 집단에서 배제되고 소외되는 것도 원하지 않아, 대세 의견에 동조하면서 자신도 소속감을 느끼려 노력한다.

《중용》은 이러한 대세에 무조건 따르거나 자신 또는 소속 집단의 이익만을 위해 미친 듯이 질주하는 세상을 제동할 필요가 있다고 보았다. 그만큼 《중용》이 태어났던 전국시대는 극단의 시대라고 할 수 있다. 그렇기에 시대가 상실한 균형과 평형을 회복하고자 했던 것이다.

'중용'은 서양 철학, 인도의 불교 등 인류 철학과 사상에서 다 같이 제기되었으나 주희에 이르러 '치우치지 않고 기울지 않아, 지나침도 미치지 못함도 없어 고르고 한결같은 도리'라고 정의했다. '중용'의 핵심인 중中은 현실적으로 활쏘기에서의 과녁의 중심中心에 해당한다. 그래서 과녁의 한 가운데를 맞춘 것을 적중的中이라고 표현한다. 그러므로 중은 가장 핵심적이고 중요한 자리, 어떤 상황에서 가장 적절하고 유효한 행위라고 말할 수 있다. 용庸은 중의 항상성을 의미한다.

문제는 중용을 우리의 삶 속에 얼마나 반영하며 실천하는가
이다. 공자는 중용의 도가 늘 일상생활과 함께하는데, 잘난 자는 너
무 지나치고 못난 자는 너무 모자라서 중용을 실천하지 못하여 혼
란으로만 치닫는 세상을 탄식했다. 중용을 몸소 실천한 대표적 인
물이 순舜이다. 순은 요堯의 뒤를 이어 28년 동안 탕평정치를 한
지혜의 으뜸이다. 순은 자신의 지혜에 자만하거나 독단과 독선으
로 흐르지 않고 항상 질문을 생활화했다. 또한 신분에 차별을 두
지 않았으며 비근한 말도 살피기를 좋아했다. 남의 약점을 들춰내
고 장점을 시기하고 질투하지 않았고, 양극단을 파악하여 그 중간
을 적용했다. '중간을 적용했다.'함은 이해가 상충되어 분쟁이 일어
나는 소지를 파악하여 양자 모두 만족할 수 있는 정치를 했다는 말
이다. 그래서일까. 공자는 순을 지혜의 으뜸으로 칭송했다.

《중용》을 읽다 보면 후반에는 '성誠'을 많이 다룬다는 느낌을 받
게 된다. 실제로 《중용》20장, 23장, 25장 등 '성'과 관련된 구절이
많이 나온다. 사실 《중용》의 핵심 얼개는 '중中=도道=성誠'이라는
등식이다. 중, 도, 성은 세계를 지탱하는 근본원칙이자 세계에 질서
와 의미를 부여하는 본원이다. '중'은 한쪽으로 치우치지 않는 '공
평성'을, '도'는 사람을 이끌어 나아가게 만드는 '목표 과정 지향
성'을, '성'은 간절한 마음으로 정성을 다하는 '진정성'을 나타낸다.
세 개의 다리로 튼튼하게 서 있는 솥처럼 중, 도, 성은 하늘과 땅, 사
람과 사물이 평화롭게 생명을 누리기 위한 필요충분조건이다.

君子依乎中庸 군자의호중용하여, 遯世不見知 둔세불견지하되,

而不悔 이불회하니, 唯聖者能之 유성자능지니라.[109]
군자는 중용에 의지하여 행동하며 세상을 피해 살아 알아주는 이
없어도 후회하지 않으니 오직 성스러운 사람만이 할 수 있느니라.

중, 도, 성 중 어느 하나만으로는 의미 있는 세상을 살아갈 수
없다. 따라서 군자의 길이란 중, 도, 성을 함께 추구하며 뚜벅뚜
벅 걸어가는 도전의 길이다.

주희 朱熹

중국 남송의 유학자 1130~1200 로 주자朱子, 주부자朱夫子, 주문공朱文公
이라는 존칭이나 봉호로도 불린다. 19세에 진사시에 급제하여 50
대까지 여러 관직을 거쳤으나 현직에 있던 시기는 얼마 되지 않으
며, 대부분 명예직이었다. '이理'와 '기氣'를 통해 성리학을 집대성했
으며, 그의 철학 체계인 '주자학朱子學'은 성리학의 진수를 종합한
것으로서 그 이론이 매우 정밀하고 또한 방대한 내용을 담고 있어
이후의 중국 철학계에 지대한 영향을 미쳤다. 주희는 이기론 인간
내면의 본질을 철학적으로 규명한 심성론, 몸과 마음을 바르게 하
여 사물의 이치를 구하는 학문 수양법인 거경궁리론을 주장하였으
며, 향약과 사창법 등을 주창하여 민생안정 등 현실적인 사회문제
를 해결하려는 경세론을 펼쳤다. 주요 저서로는 《주자대전》《주자
서절요》《서전》《자치통감강목》《사서집주》《근사록》《자치통감
강목》《맹자요로》《예서》《한문고이》 등 다수가 있다.

성공의 원천은 헌신적인 노력과 집중적인 관심에 있다.

_ 찰스 다윈

3장

과학기술

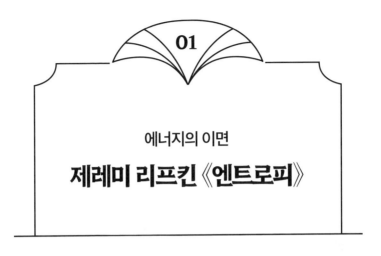

에너지의 이면
제레미 리프킨 《엔트로피》

《엔트로피》는 1989년 기계적 세계관에 근거한 현대문명을 비판하고, 에너지 낭비가 가져올 인류의 재앙을 경고한 후 세계적인 명성을 얻었다. 33년이나 지난 과거의 예견이 무슨 의미가 있을까 싶지만, 저자의 주장은 여전히 유효하다. 《엔트로피》의 가장 큰 핵심은 에너지 변화에 관한 이야기다. 이 책을 읽다 보면 에너지가 얼마나 세계 변화의 중심에 서 있는지를 깨닫게 된다. 특히 요즘같이 급변하는 4차 산업혁명 시대에 끊임없이 경제적 성장만을 추구하는 것이 과연 옳은 것인지를 다시 생각해보게 만든다. 아울러 우리가 그동안 영유해온 삶이 이룩되는 동안 얼마나 많은 것을 잃어 왔는지도 되돌아보게 만든다.

● 엔트로피 법칙

엔트로피Entropy는 열역학 제1법칙과 제2법칙에 등장하는 용어다. 열역학 제1법칙은 '우주의 에너지 총량은 일정하며, 생성되거나 소멸하지 않고 형태만 바뀐다.'는 에너지 보존법칙이다. 우주의 에너지 총량은 태초부터 정해져 있고 우주의 종말이 올 때까지 그것은 변하지 않는다. 그러니까 에너지가 어디서 사라지거나 갑자기 생기는 일은 없다. 제2법칙은 '엔트로피 총량은 지속적으로 증가한다.'는 법칙이다. 엔트로피란 이 과정에서 자연물질이 변형되어 다시 되돌릴 수 없는 상태, 다시 말해 무용한 에너지를 일컫는다.

우리가 걱정해야 할 것은 제2법칙이다. 예를 들어, 석탄 한 조각을 태웠을 때 태우기 전과 후의 에너지 총량은 같지만제1법칙 일부는 이황산가스와 기타 기체로 바뀌어 대기 중으로 흩어진다 제2법칙. 여기서 '일을 할 수 있는 에너지가 손실되는 것'을 가리켜 엔트로피라는 용어가 탄생되었고, 더 이상 일로 전환될 수 없는 에너지의 양을 측정하는 수단이 된다.

엔트로피가 증가한다는 것은 유용한 에너지가 줄어든다는 의미다. 유용한 에너지는 무용한 에너지로 전환되어 결국 오염된다. 사람들은 첨단 과학 기술력이 무용한 에너지를 모두 사용 가능할 수 있게 만들 수 있을거라 생각하지만 이것은 틀린 생각이다. 어느 정도의 재생 에너지로의 전환은 가능하지만 이른바 완전 재생률을 이룰 방법은 없다. 예컨대 재생을 위해서는 재생

대상을 수거, 수송, 가공하는 전체 과정에서 별도의 에너지가 투입되어야 하기 때문에 결국 환경 전체의 엔트로피 총량이 늘어나게 된다. 따라서 재생은 또 다른 유용한 에너지원을 희생하고 전체 환경의 총량을 증대시키는 대가를 치러야만 가능하다. 이 과정에서 지구의 엔트로피가 늘어나게 되고 결국 미래의 생명체에게 유용한 물질의 양이 줄어들게 된다.

기술이 진보할수록 세상은 진보한다. 기술은 인간의 삶을 윤택하게 해주며 새로운 세상을 열어주었다. 4차 산업혁명으로 자율주행 자동차는 상용화되어 도로를 지배하고, 사물 인터넷과 인공지능, 로봇의 발달은 미래사회의 중심에 설 것이다. 하지만 이러한 기술적 진보에도 불구하고 우리가 받아들이기 힘든 것은 기술이 진화할수록 더 많은 에너지를 소비하게 되고 이로 인해 환경 전체에 더 큰 무질서가 발생한다는 사실이다. 따라서 엔트로피 법칙은 기술적 진화와 생명체의 활동으로 유용한 에너지의 총량이 줄어든다고 말한다.

● 기계론적 세계관과 엔트로피 분수령

현대는 기계가 지배하는 시대다. 우리는 하루의 일상을 온전히 기계와 호흡하며 생활한다. 알람시계에 맞춰 일어나고 자동차, 비행기로 이동하며, 컴퓨터와 인공지능으로 업무를 수행한다. 스마트폰으로 의사소통하고 TV와 인터넷을 통해 여가시간을 보낸다. 이처럼 기계는 우리의 생활방식이며, 우리의 세계관은 기계에 집약되어 있다고 해도 과언이 아니다. 기계론적 세계관은 현대 실용주의 원조라 불리는 프랜시스 베이컨, 수학자 르네 데카르트, 자연을 수학법칙에 적용시킨 아이작 뉴턴 세 사람의 공동 작품이다. 300년이 지난 오늘날까지 우리는 이들이 만든 세계관의 영향 아래 살고 있다.

기계론적 세계관은 현재의 수준에 만족하지 않고 새롭고 좀 더 발달된 기술이 비효율적인 인간의 힘을 더욱 효율적인 도구의 힘으로 대치하여 인간의 짐을 덜어줌과 동시에 더욱 많은 부를 생산해야 한다고 주장한다. 이러한 주장은 기술이 더 큰 질서를 창조한다는 믿음에서 파생됐다. 그러나 리프킨은 계몽시대 이래 개인의 생존 의미와 목표는 오직 생산과 소비로 전락해버렸고, 인간의 필요와 열망, 꿈과 소망은 모두 물질적 이익을 추구하는 울타리 안에 갇혀버렸다고 주장한다.

기술의 발달은 에너지 변환과정을 빨라지게 하며 유용한 에너지가 빠르게 분산되어 오히려 엄청난 양의 무질서를 만들어내고 있는 것이다. 기술이 우리 주변환경에 대해 어떤 일을 저지르고 있는지 인식하지 못한다면 세계가 더욱 혼돈 속에 빠져들 수 있다. 과학자 유진 슈워츠Eugene Schwartz는《기술과잉Overskill》에서 기술사회를 창조하는 우리의 노력을 거대한 다람쥐 쳇바퀴에 비유했다.

이 쳇바퀴에서 기술자들은 같은 곳에 머물기 위해 더욱 빨리 달려야 한다. 그러나 다람쥐 쳇바퀴와 달리 인간 쳇바퀴에서는 빨리 달릴수록 더욱 뒤떨어진다. 해결책처럼 보이는 것은 결국 문제를 가속화시키는 결과를 낳는다.

기계적 패러다임은 자동차 산업과 첨단 도시국가 건설 등 산업 전반은 물론 교육, 의료 등 한 사회 전반의 발전을 도모하는 데 기여했으나, 엔트로피를 더욱 빠르게 증가시키기도 했다. 이러한 엔트로피 변화는 환경과 긴밀한 관계를 지닌다. 화석연료 사용으로 생산량은 더욱 늘어나고 겉으로 보이는 풍요를 얻었지만, 환경은 빠른 속도로 파괴되어 원상복구할 수 없는 상황에 이르렀다. 지금 이 순간에도 더 빠른 속도로 파괴되고 파멸을 향해 가고 있다. 이것이 의미하는 바는 역사란 제2의법칙의 반영이라는 사실이다.

• 저엔트로피

2023년 1월~2월, 대한민국은 난방비 폭탄으로 민심이 가라앉을 줄 몰랐다. 도시가스와 전기 등 공공요금이 큰 폭으로 오르며 가정집과 식당 등 곳곳에서 고지서 받기가 두렵다는 반응이 터져 나왔다. 부산에 사는 5인 가구 문 모씨는 평년 겨울철보다 2배가 넘는 금액이 나왔고, 서울 중구의 한 여성 전용 사우나는 코로나19로 손님이 줄어 하루 4~5시간만 도시가스 보일러를 가동했는데도 1월 도시가스 요금이 380만 원이 나왔다. 직전 달과 비교해 3배 이상으로 뛰었다고 했다. 에너지를 민간 영역에서 관리하고 있는 유럽이나 일본, 미국 난방요금도 예외는 아니다. 2021년 대비 2022년 주택용 가스 요금은 미국 3.3배, 영국 2.6배, 독일 3.6배 올랐다.

전 세계적 난방비 폭탄은 사회가 엔트로피 분수령을 향해 조금씩 다가가고 있다는 증거다. 과거의 에너지 흐름에서 발생한 무질서는 계속 축적되어 정치적·경제적·사회적 비용의 형태로 나타나고 이에 따라 생산자, 소비자 할 것 없이 가격상승의 고통을 겪는 것이다. 에너지 환경이 완전 고갈을 향해 다가감에 따라 인플레이션은 더욱 격심해진다. 이유는 간단하다. 남아 있는 에너지를 추출하고 처리하는 데는 더 비싸고 더 복잡한 기술이 필요하므로 여기에 더 큰 에너지 변환비용이 요구되며, 에너지 흐름 과정에서 발생한 무질서를 통제하고 관리하는 데도 많은 비용이 필요하기 때문이다.

납세자는 높은 물가에 시달리고, 근로자는 낮은 실질임금으로 고생하며 납세자들은 에너지 흐름 전체에 걸쳐 폐기물과 무질서 처리비용의 증가로 고통받는다. 시스템을 통해 에너지가 흘러가는 과정에서 발생한 대량의 쓰레기를 수거하고 처리하는 데 가장 큰 부담을 지는 것은 납세자다.[110]

주택은 고사하고 먹고 사는 문제로 힘들어하는 빈민층이 늘어나고 있는 것도 엔트로피 과정의 이면에 불과하다. 에너지가 빨리 고갈될수록 더 많은 사람들이 실업자가 되거나 준실업자 상태에 빠진다. 이로 인해 조세부담률은 늘어나고 인간에게 제공되는 에너지의 양은 줄어들게 된다. 참고로 한국의 사회보장보험을 더한 조세부담률은 2017년 25퍼센트에서 2022년은 사상 최고 수준인 30퍼센트 선을 넘었다.

그렇다면 엔트로피 법칙이 제대로 이행되기 위해서는 어떻게 해야 할까? 에너지 없이는 살 수 없는 세상에서 하루아침에 현세계를 부정하는 것은 불가능한 일이다. 하지만 불편함을 감수하더라도 엔트로피 증가 속도를 늦추어 저엔트로피 시대를 열어야 한다. 왜냐하면 현재에도 다양한 문제를 잉태하고 있지만 무엇보다 후대의 생물이 쓸 수 있는 에너지가 줄기 때문이다. 에너지의 대량생산은 사실상 한정된 지구 자원을 더욱 빨리 소비하는 것과 같다. 이렇게 되면 국민총생산이라는 개념은 국민총비용으로 보는 것이 정확하다. 왜냐하면 자원은 소비될 때마다 미래에 쓸 수 없는 것이 되버리기 때문이다.

안타깝게도 우리 사회는 저엔트로피 시대로 돌아가는 것은 불가능하다. 그런데 우리가 스스로 저에너지 사회로 가는 것이 우리의 생존과 나아가 더 나은 삶에 필요하다는 것을 인식하고 움직여 갈 것인가, 아니면 기계론적 세계관에 기를 쓰고 매달리다가 기하급수적으로 늘어난 엔트로피 청구서를 보며 고통스럽게 미래를 맞이할 것인가는 우리에게 달려 있다.

기술은 결코 에너지를 창조하지 않는다. 단지 기존의 유용한 에너지를 소비할 뿐이다.

우리는 자연 속에서 다른 모든 것들과 마찬가지로 열역학 제
1법칙과 제2법칙의 지배를 받고 있음을 꼭 기억하자. 아울러 세
계가 혼돈 속으로 깊이 빠져들수록 우리는 문제의 근원을 들
여다보기를 꺼린다는 사실 또한 함께 기억하자.

제레미 리프킨 Jeremy Rifkin

미국의 세계적인 경제학자이자 문명비평가로서 과학과 기술의 발
전이 경제, 사회, 환경에 미치는 영향에 대해 광범위한 연구를 진
행해 왔다. 펜실베이니아대에서 경제학 학사, 터프츠 대학교에서
국제관계학으로 석사학위를 취득하였고, 현재 워싱턴시의 경제연
구동향연구재단 FOET 의 설립자이자 이사장으로 재직하고 있다.
저서로는 전 세계에 알린《엔트로피》를 비롯해《육식의 종말》《노
동의 종말》《소유의 종말》《공감의 시대》《유러피언 드림》《바이
오 테크 시대》《수소 혁명》《제3차 산업 혁명》《생명권 정치학》
《한계비용 제로 사회》《글로벌 그린 뉴딜》등이 있다.

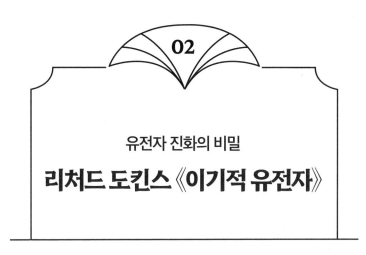

유전자 진화의 비밀

리처드 도킨스 《이기적 유전자》

《이기적 유전자》는 처음 출간되었을 당시 과학계와 일반 대중들에게 폭발적인 반향을 불러일으키며 세기의 화제작으로 떠올랐다. 혁신적인 통찰에 더해 사람의 마음을 휘어잡는 뛰어난 문장력과 명쾌한 구성력을 보여주는 이 책은 명실상부 과학 교양서의 바이블로 일컬어지기에 손색이 없다. 무엇보다 이 책은 인간의 본질에 대한 근원적인 물음을 던지며 독자에게 큰 울림을 준다는 점에서 과학도서를 넘어 인생의 어느 지점에서 한 번쯤 읽어봐야 할 책으로 자리 잡았다.

《이기적 유전자》는 생명의 의미와 인간이 어떻게 존재하는가에 대한 근본적인 질문을 제기한다. 도킨스는 그 대답을 '진화'로 결론 내리고 찰스 다윈C. Darwin의 '자연선택'을 원용해 지구상 모든 생물체의 존재 이유를 '유전자의 관점'에서 일관된 체계로 설명한다. 다시 말해 다윈의 진화론이 자연선택 속에서 살아남기 위해 '종種'에 초점이 맞춰져 있다면, 도킨스는 '유전자'에 초점을 맞춘 것이다. 여기서 등장하는 유전자의 개념은 '자기 복제자replicator'로서 40억 년이란 세월 속에서 절멸하지 않는 불멸의 코일이다. 이렇듯 도킨스의 최대 기여는 다윈이 제시한 진화의 기본 단위가 '종' 또는 '개체'라는 지식의 토대 위에 '유전자' 단위의 진화를 제시했다는데 있다. 다윈의 진화론은 도킨스에 의해 결정적으로 진화한 것이다.

• 유전자는 왜 이기적인가?

유전자는 이기적인가 이타적인가? 이 질문에 도킨스는 유전자는 이기주의의 기본 단위임을 강조한다. 다시 말해 생물은 종의 이익을 위하여 또는 집단의 이익을 위하여 행동하도록 진화한다는 것이다. 일례로 암사마귀는 짝짓기를 할 때 기회가 되면 수놈을 잡아먹는다. 수놈이 접근을 할 때나 자신의 몸에 올라탄 직후, 혹은 떨어진 후에 머리부터 잡아먹는다. 암놈 입장에서는 교미가 끝날 때까지 기다렸다가 수놈을 잡아먹는 것이 유리할지도 모른다.

만약 그렇게 된다면 암놈에게는 추가적인 이득이 되는 것이다. 좋은 먹이를 얻는 것과 새로운 유전자를 확보할 수 있기 때문이다. 남극의 황제펭귄역시 이기적인 건 마찬가지다. 황제펭귄은 바다표범에 잡아 먹힐 위험이 있기 때문에 물가에 서서 물에 뛰어들기를 주저한다. 무리 중 한 마리가 뛰어들면 바다표범이 있는지 없는지 알 수 있지만 어느 누구도 자기가 희생물이 되지 않으려고 한다. 이때 무리 중의 하나를 떠밀어 버린다.

암사마귀와 황제펭귄과는 달리 겉보기에 이타적인 행위가 실제로 이기주의로 둔갑한 경우도 많다. 일벌이 꿀 도둑에게 침을 쏘는 행위는 이타적인 행동이다. 하지만 침을 쏘는 것과 동시에 생명유지에 필수적인 내장이 보통 침과 함께 빠져 버리기 때문에 그 일벌은 얼마 지나지 않아 죽게 된다. 일벌의 자살 행위가 집단의 생존에 필요한 먹이 저장고를 지켜 냈을지 몰라도 일벌 자신은 이익을 누리지 못했다. 인간도 예외는 아니다. 도킨스는 '혈연이타주의' 행동이 이타적으로 보일 뿐 실제로는 유전자의 이기적 행동에 기인되었다고 강조한다.

예컨대 엄마가 아기를 위해 희생하는 이유는 자신의 유전자가 들어 있으며, 나이가 어린 자식이 늙은 자신보다 유전자를 확산시킬 확률이 높기 때문이다. 또 이모나 고모가 피가 전혀 섞이지 않은 타인보다 조카에게 애정을 더 가지는 것은 가까운 혈연관계일수록 선택이 강하게 작용하기 때문이라는 것이다. 다시 말해 부모나 이모 그리고 고모가 자식이나 조카를 돌보는 이유는 사랑이 아니라 유전자가 자신을 퍼뜨리기 위한 이기심이라는 것이다.

부모의 자식 돌보기는 유전자 선택의 결과다. 8촌 간은 지나가는 행인과 같다고 해도 과언이 아니다.[111]

조직에서, 스포츠에서도 쉽게 이기적 유전자에 대한 은유 metaphor를 찾을 수 있다. 축구 경기에서 이기기 위해서는 선수들 사이의 호흡이 잘 맞아야 한다. 다시 말해 보완관계를 유지해야 한다. 11명의 선수가 한 팀일 때, 골키퍼를 제외한 가장 이상적인 팀 구성은 10명의 선수가 포지션과 상관없이 왼발과 오른발을 자유자재로 다루며, 패스, 드리블, 헤딩, 슈팅을 정확히 할 수 있는 선수이어야 한다. 이러한 팀 구성은 안정된 상태를 의미한다. 이때 안정의 의미는 성적이 최고 수준에 달해 더 이상 멤버를 바꿀 필요가 없음을 의미한다.

그렇다면 안정된 상태는 어떻게 도달한 것인가? 이는 축구 시장에서 계속 후보선수들을 경쟁시켜 솎아낸 사후적으로 얻어진, 시장선택에 의해 얻어진 결과일 뿐이다. 만약 당신이 공동의 이익을 위해 관대하게 이타적으로 협력하는 사회를 만들기를 원한다면, 도킨스의 생물학적 본성에서 기대할 것은 거의 없다는 것을 경고로 받아들이기 바란다.

● 유전자의 생존전략

동물들은 같은 자원을 두고 경쟁할 때 바로 싸움에 돌입하지 않는다. 싸울 것인가 말 것인가의 결단에 앞서 무의식적으로라도 손익계산을 해봐야 한다. 서두르기보다는 조금 기다리면서 시간과 에너지를 축적해두는 편이 결과적으로 승률을 높이는 선택이 되기 때문이다. 이때 동물들은 살아남을 유전자를 가장 많이 퍼뜨릴 수 있는 전략, 다시 말해 진화적으로 안정된 전략 evolutionarily stable strategy, ESS을 취한다.

여기서 '전략'이란 미리 프로그램된 행동방침을 의미한다. 일 례로 호랑이가 토끼를 만났을 때 호랑이의 유전자는 '내 생존 기계는 큰 대신 많이 먹어야 해. 토끼를 공격하라. 그가 도망치면 쫓아가서 잡아먹어라.' 반대로 토끼의 경우는 '내 생존 기계는 작은 대신 빠르군. 나보다 큰 상대가 오면 도망가라.'라는 식으로 프로그램화되었다는 것이다.

여기서 중요한 것은 개체가 전략을 의식적으로 고안해냈다고 생각하지 말아야 한다. 근육을 제어하는 전략이 이미 채택되어 있어 프로그램화된 컴퓨터가 조정하는 로봇 생존기계라는 개념으로 생각하면 좋을 것 같다. 복어가 적을 만나면 독을 내뿜고 몸을 부풀리는 행동, 고슴도치가 위험을 감지했을 때 가시를 세운다거나, 미어캣이 항상 꼿꼿하게 서 있으며 경계태세를 갖추고 있는 이 모든 행동들은 표현 방식만 다를 뿐, 본질은 자신들의 유전자를 지키고 운반하고 전송하기 위해 프로그래밍한 기계일 뿐이다. 어떤 전략이 일단 ESS가 되면 그것은 계속 ESS로 남는다.

우리는 유전자로 알려진 이기적인 분자를 보존하기 위해 맹목적으로 프로그램된 로봇 운반자다.[112]

환경의 변화나 비대칭이 존재하는 경우 얼마 동안은 진화적으로 불안정한 기간이 올 수도 있지만 '적자생존'을 통한 '자연선택'으로 일단 ESS가 되면 불안정을 배제하게 된다. 그것이 반복되어 장기적인 환경에서 좋은 유전자 풀이 살아남는다. 일찍이 천재 물리학자 아인슈타인도 "인생은 자전거를 타는 것과 같다. 균형을 잡으려면 움직여야 한다."고 말했다.

• 유전자에서 밈으로

흥미롭게도 도킨스는 인간이 다른 생명체와 구별할 수 있는 특별한 존재로 이기적인 유전자와 같은 또 다른 복제자 '밈Meme'을 등장시킨다. 밈은 모방을 뜻하는 그리스어 '미메시스Mimesis'와 유전자를 뜻하는 '진Gene'의 합성어로, 모방되어 전달되는 문화적 유전자를 말한다. 다시 말해 유전자가 자기복제를 통해 생명체를 타고 확산되듯이, 밈 또한 모방과 같은 자기복제를 통해 인간의 뇌를 타고 전파될 뿐만 아니라 돌연변이가 발생하는 점에서 유전자와 흡사한 효과를 만들어낸다.

종종 밈은 유전자보다 더욱더 강력한 힘을 지니기도 한다. 소크라테스의 유전자 중에서 오늘날 남아 있는 유전자는 과연 얼마나 될까? 선대에서 후대로 제한적인 자손들에게만 전달되는 유전자와는 달리, 밈은 인간의 뇌에서 뇌로 직접 전달되기에 한꺼번에 수많은 사람들에게 전달될 수도 있고, 더욱더 오랜 세월 존속할 수 있다. 소크라테스, 미켈란젤로 부오나로티, 갈릴레오 갈릴레이, 알베르트 아인슈타인의 밈 복합체는 아직도 건재하다.

셰익스피어의 희곡은 몇 백 년 동안이나 회자되며, 시대에 맞춰 각종 변형된 모습을 선보이며 세계 곳곳으로 점점 더 널리, 다양하게 퍼져나가고 있다. 이는 복제와 변형, 선택과 존속의 치열한 과정 속에서 살아남아 불멸의 존재가 된다. 밈의 속성을 그리스 의사 히포크라테스의 명언 "인생은 짧고 예술은 길다."로 축약할 수 있을 것 같다.

우리는 유전자의 기계로 만들어졌고 밈의 기계로서 자라났다. **중략** 이 지구에서 우리 인간만이 유일하게 이기적인 자기 복제자의 폭정에 반역할 수 있다.[113]

도킨스의 주장에서 보듯 현대 사회에서 밈은 빠르게 진화하고 있다. 4차 산업혁명과 더불어 과학의 진보는 정보의 소통을 쉽고 빠르게 함과 동시에, 대량의 밈을 생성하고 전파할 수 있게 해주었다. 같은 드라마를 보는 사람들 사이에서 유행어나 주인공의 특이한 행동, 말투 같은 것들부터, 인터넷을 통해 독특한 취향 혹은 취미를 공유하고 자신의 느낌과 생각을 전달하는 것까지, 밈은 거의 모든 삶의 요소에서 발견된다. 밈들의 폭발적인 발생과 경쟁은 유전자의 진화에서 새로운 생명체와 유입되는 과정에서는 혼란이 일어나지만 결국 환경에 적응하고 세력을 얻는 밈들만 살아남아 다시 균형을 잡을 것이다.

《이기적 유전자》는 한낱 분자들의 집합체에 불과한 유전자에

'이기적'이라는 단어를 붙여 의인화함으로써 많은 논란을 불러 일으켰다. 어떤 이들은 도킨스를 극단적인 유전자 결정론자로 매도하기도 했다. 그럼에도 불구하고 1976년에 출간된 책이 아직도 과학교양서의 바이블이자 스테디셀러로 상위권을 지키고 있는 이유는 뭘까? 세상에는 어느 곳에나 이기적인 자들이 있다. 그러한 자들이 세력을 점차 키워 이제는 신자유주의라는 이데올로기를 내세우며 전 세계를 하나의 권역으로 만들어 끝없는 탐욕을 채우고 있다. 그들은 사람들에게 끝없는 경쟁을 강요한다. 어렸을 때부터 강요된 경쟁은 어른이 될수록 더욱 치열해진다.

그러한 무한경쟁은 도킨스가 일관되게 주장한 것처럼 생명이 이기적인 유전자에 의한 생존 기계이기 때문이다. 그러면서 그들은 자신의 이기적인 탐욕을 끊임없이 합리화한다. 1976년 서문에 도킨스는《이기적 유전자》를 공상과학소설처럼 읽어야 한다고 했다.《이기적 유전자》는 그런 이기적인 자들의 행동을 합리화해주는 공상과학소설이자 이데올로기 서적이기 때문은 아닐까.

리처드 도킨스 Richard Dawkins

세계에서 가장 영향력 있는 진화생물학자이자 대중과학 저술가인 리처드 도킨스는 1941년 케냐 나이로비에서 태어났다. 1995년부터 2009년까지 옥스퍼드대학에서 대중의 과학이해를 위한 찰스 시모니 석좌교수직과 옥스퍼드대학 뉴 칼리지의 교수직을 맡았으며 2009년에 정년 퇴임했다.

1973년부터 글을 쓰기 시작해 동물은 유전자의 생존 기계이며 운반자라는 내용을 골자로 한 《이기적 유전자》를 출간하면서 유명세를 탔다. 지은 책으로는 《확장된 표현형》《눈먼 시계공》《조상 이야기》《만들어진 신》《지상 최대의 쇼》 등이 있으며, 미국의 외교전문지 《포린 폴리시》와 2013년 영국의 정치평론지 《프로스펙트》가 공동 선정한 '세계 최고의 지성 1위'에 오른 바 있다.

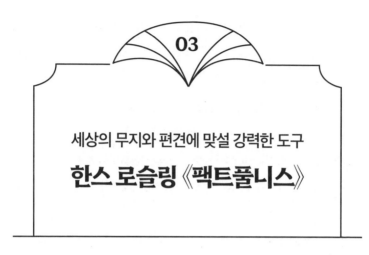

세상의 무지와 편견에 맞설 강력한 도구
한스 로슬링 《팩트풀니스》

코로나19 팬데믹 시대 이후를 살아가는 현재의 세상은 점점 더
좋아지고 있을까? 점점 나빠지고 있을까? 이 질문에 통찰을 제
시하는 책이 바로 《팩트풀니스Factfulness》다. 팩트풀니스는 사실
에 근거해 세계를 바라보고 이해하는 태도와 관점을 뜻한다. 작
가는 사람들의 잘못된 인식을 바꾸기 위해 '느낌'을 '사실'로 인
식하는 인간의 비합리적 본능을 밝히며, 막연한 두려움과 편견
으로 가득한 세계관에서 벗어나 사실에 근거한 세계관을 갖도록
저술했다.

한스 로슬링과 그의 며느리 안나 로슬링 뢴룬드Anna Rosling
Rönnlund 및 아들 올라 로슬링Ola Rosling과 공동 집필한 그의 사
후 출판된《팩트풀니스》는 국제적인 베스트셀러가 되었다. 이 책
은 빌 게이츠가 미국의 모든 대학 졸업생들에게 선물해 큰 화제

가 되었고, 버락 오바마 전 대통령과 스티븐 핑커 하버드대 교수
가 추천했다. 《팩트풀니스》는 불완전한 인간들이 이룬 사회가 지
속적으로 진보하기 위해 우리의 인지적 편향을 바로잡아줄 패
러다임의 잣대가 되어줄 것이다.

● 우리 vs. 그들

다음의 문제를 맞춰보라. '지난 20년 동안 세계 인구에서 극빈
층의 비율은 어떻게 바뀌었을까?' ①거의 2배로 늘었다. ②거의
같다. ③거의 절반으로 줄었다. 미국인을 상대로 설문조사를 한
결과, 정답을 맞힌 사람은 고작 5퍼센트였다. 10명 중 1명도 채
안 된다. 정답은 3번이다. 저자가 조사한 결과 교육, 인구, 기후변
화 관련 등 13개 문제를 냈는데, 평균 정답률은 16퍼센트에 그친
것으로 나타났다. 결과는 눈 감고 찍을 때보다도, 침팬지보다도
낮았다. 찍어서 맞힐 확률은 33퍼센트다. 똑똑하다는 노벨상 수
상자들과 의료계 연구원, 저명한 과학자들의 점수는 더 참담
했다.

사람들은 세상을 실제보다 더 무섭고, 더 폭력적이며, 더 가망
없는 곳으로 여겼다. 저자는 '과도하게 극적인 세계관'을 그 이유
로 꼽았다. 이 세계관은 '극적 본능' 탓에 형성된다고 주장하며
10가지 본능, 다시 말해 간극 본능, 부정 본능, 직선 본능, 공포 본
능, 크기 본능, 일반화 본능, 운명 본능, 단일 관점 본능, 비난 본
능, 다급함 본능을 제시하면서, 실제 데이터를 근거로 우리의 무

지와 오류를 지적한다. 거기서 벗어나기 위해서는 반드시 팩트풀리스, 다시 말해 '사실충실성'이 필요하다고 말한다.

그럼, 우선 간극 본능에 대해 살펴보자. 간극 본능을 가장 먼저 거론하는 이유는 이 본능이 무척 흔하고, 데이터를 근본적으로 왜곡하기 때문이다. 인간은 이분법을 좋아한다. 남자와 여자, 양반과 노비, 부자와 빈자, 선과 악, 우리나라와 다른 나라, 양과 음, 좌파와 우파 등 별다른 생각 없이 항상 이런 구분을 한다. 세상을 뚜렷이 구별되는 양측으로 나누는 것은 간단하고 직관적일 뿐만 아니라, 충돌을 암시한다는 점에서 극적이다.

세상을 생활소득 기준으로 나눌 때도 '저소득층'과 '고소득층'으로 나눈다. 국가를 기준으로 보면 '개발도상국'과 '선진국'을 떠올릴 것이다. 오른쪽에 보이는 도표는 여성 1인당 출생아수, 그리고 각국의 아동생존율을 나타낸다. 여기에 나오는 물방울 하나는 한 국가를, 물방울 크기는 해당 국가의 인구를 나타낸다. 가장 큰 물방울은 인도와 중국이다. 전자는 아이를 많이 낳고 후자 국가들은 적게 낳으며, 생존율이 높다. 선진국과 개발도상국은 두 그룹으로 깔끔하게 들어맞는다. 세계는 두 집단으로 나뉘고, 그 중간에 간극이 존재한다는 것을 분명하게 보여준다. 문제는 이것이 1965년 상황이라는 것이다. 오늘날 경제활동의 주축인 MZ세대가 태어나기 전의 상황으로, 1965년을 기준으로 분석과 진단을 한다면 신뢰할 사람은 아무도 없다.

그럼, 현재는 어떨까? 같은 방식으로 2017년을 기준으로 살펴보면 중국과 인도를 비롯해 절대 다수의 나라에서 가족 구성원은 적어지고 아동사망률도 낮아졌다. 개발도상국의 박스는 텅 비었고, 85퍼센트가 선진국 박스권에 들어갔다. 나머지 15퍼센트도 대부분 두 박스 사이에 있고, 오직 6퍼센트에 해당되는 13개의 나라만이 개발도상국 안에 있다. 한 마디로 세상은 더 이상 예전처럼 둘로 나뉘지 않는다. 절대다수의 나라가 중간소득지대

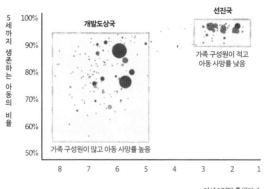

출처: UN-IGME & UN-Pop [1,3] (1965년 기준)

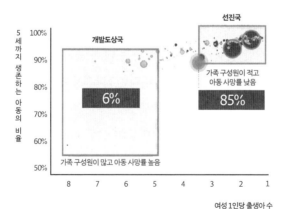

출처: UN-IGME & UN-Pop [1,3] & Gapminder [6] (2017년 기준)

에 살고 있는 것으로 세상이 바뀐 것이다.

이제 더 이상 머릿속에 40년 된 낡은 세계관을 넣고 다녀서는
안 된다. 저자는 사실에 근거하여 소득수준을 양분화하지 말고 4
단계로 구분하자고 제안한다. 물가를 반영한 수입이 하루 2달러
이하면 1단계, 2~8달러는 2단계, 8~32달러는 3단계, 32달러 이
상은 4단계다. 재밌는 것은 소득수준에 따라 생활모습이 어느 나
라든 놀라울 정도로 비슷하다는 것이다. 미국과 유럽, 중국 부자
가 사는 모습은 비슷하고, 극빈층의 모습도 아시아나 아프리카,
남미가 다르지 않다는 것이다.

그럼 간극 본능은 어떻게 억제할 수 있을까? 간극 본능에 벗어
나려면 평균값이 아니라 분산을 보아야 한다. 분산을 살펴보면
겹치는 부분을 발견할 것이고, 그러면 둘 사이의 간극이 존재하
지 않는다는 걸 알 수 있다. 또한 극단의 예에 끌리지 않아야 한다.
자극적인 이야기를 노출하는 언론의 서로 반대되는 두 시각, 반
대되는 두 집단 사이의 갈등에 솔깃해하면, 간극 본능을 매우 쉽
게 촉발하지만 전체 상황을 이해하는 데 도움이 되지 않는다. 특
히 언론은 상위 10퍼센트가 아니라 0.1퍼센트에 해당하는 슈퍼
리치와 그들이 소유한 건물과 자동차, 주식을 보여주거나 빈곤
층의 절박한 상황과 대비시켜 대중의 불편한 인식을 부채질할
뿐이다.

● 나쁘지만 나아진다

인간은 좋은 것보다 나쁜 것에 주목하는 성향이 강하다. 즉 이 세상은 점점 더 나빠진다고 생각하는 본능이 있다는 것이다. 예를 들면 제2차 세계대전 이후 테러 급증과 러시아-우크라이나 전쟁으로 세상을 불안하게 하고, 후쿠시마 원전사고로 인한 방사능 피해를 입기도 하고, 지구 온난화로 북극과 남극의 빙하가 사라져 해수면 상승으로 인해 많은 섬들이 사라질 것이라는 온실가스에 대한 불안, 바다 및 토양오염과 유통 농산물에 대한 불신 등 점점 더 세계 환경은 나빠져 간다고 생각하는 부류가 훨씬 더 많다는 것이다. 과학기술의 항구한 가속적 발전으로 인해 세상이 상상을 초월할 정도로 눈부시게 발전하고 있지만 사람들 마음 속에는 점점 더 힘들고 나빠지는 세상으로 인식되고 있는 것이다. 이런 인간의 생각을 '부정 본능'이라고 한다.

하지만 실제로 삶을 구성하는 대부분의 일상적인 것들, 예를 들어 과학, 교육, 오존층 파괴, 굶주림 등은 느리지만 꾸준히 개선되고 있고 인류의 생활을 크게 변화시켜 왔다. 여자아이의 교육을 예로 들어보자. 여성이 교육을 받으면 사회에 더없이 좋은 일이 많이 일어난다. 노동력이 풍부해지고 생각의 다양성으로 인해 더 나은 결정을 내릴 수 있고, 더 많은 문제를 해결할 수 있다. 어머니가 교육을 받으면 자녀를 적게 낳고, 아이의 생존율도 높아진다. 그리고 각 아이의 교육에 더 많은 시간과 노력을 투자할 수 있다. 1970년대 이후 종교·문화·대륙을 가리지 않고 거의 모든 부모가 아이를 모두 학교에 보낼 형편이 되었고, 지금은 초등학교 취학 연령의 여자아이 중 90퍼센트가 학교에 다닌다. 성별 차이는 거의 사라진 셈이다. 저자는 이렇게 말한다.

지금 세계는 나빠지는 게 아니라 좋아지고 있다. 하지만 낙관만 해도 좋을 정도는 아니다. 상황이 나쁘지만 동시에 나아지고 있다는 게 사실이다.[114]

빌 게이츠와 멜린다 게이츠는 자선단체를 운영하면서 극빈층 아이 수백만 명의 목숨을 구했다. 그런데 일부 사람들은 이들을 비난하며 "가난한 아이들을 살리면 인구 과잉으로 지구가 멸망한다."고 주장했다. 한스 로슬링은 그런 논리가 완전히 틀렸다고 반박한다. 극빈층일 때 오히려 자녀가 많아진다는 사실을 지적하며, 인구성장을 멈추는 방법은 극빈층을 없애고 교육과 피임을 비롯해 더 나은 삶을 제공하는 데 있음을 강조했다.

물론 부정 본능이 반드시 부정적으로만 작용하는 것은 아니다. 인간은 누구나 자신이 죽는다는 것을 알고 있지만 본능적으로는 이 사실을 부정하며 살고 있는 것이다. 이 부정 본능이 없다면 인간은 생존에 더 큰 위협이 될 것이다. 또한 암 환자들도 현실을 부정하고 적극적으로 치유하며 낙관적인 삶을 살아간다면 오히려 더 좋은 결과를 가져올 수도 있다.

• 사실충실성 점검하기

본능 종류	정의	점검사항
간극 본능 The Gap Instinct	세상을 둘로 나누어 보는 본능을 말한다.	• 세상을 뚜렷이 구분되는 양극단으로만 보는가? • 평균비교와 극단비교를 즐기며, 다수가 존재한다는 것을 왜곡하는가?
부정 본능 The Negativity Instinct	좋은 것보다 나쁜 것에 더 주목하는 본능을 말한다.	• 나쁜 뉴스를 즐겨보며 고통을 자주 느끼는가? • 주변 세계에 대해 항상 부정적 인식과 스트레스를 받는가?
직선 본능 The Straight Line Instinct	한 가지 변화가 계속해서 같은 수준으로 일어날 거라고 예상하는 본능을 말한다.	• 세상에는 다양한 곡선이 존재한다는 것을 부정하는가? • 과거의 추세에 따라 미래에도 도표의 선은 직선으로 뻗어나가리라 단정하는가?
공포 본능 The Fear Instinct	공포 본능은 무서워하지만 위험하지 않은 것을 주목하게 하고, 위험하지만 무서워하지 않은 것을 외면하는 본능을 말한다.	• 두려움을 느끼면 세상이 다르게 보이는가? • 공포가 진정되기도 전에 결정을 내려버리는가?
크기 본능 The Size Instinct	비율을 왜곡해 사실을 실제보다 부풀리는 본능을 말한다.	• 주어진 사건, 사실, 수치를 실제보다 더 부풀려 설명하지 않는가? • 하나의 숫자만으로 그 중요성을 강조하지 않는가?
일반화 본능 The Generalization Instinct	우리가 저들을 다 똑같은 사람으로 생각하는 본능을 말한다.	• 자신이 즐겨하는 사용하는 범주에 의문을 제기하지 않는가? • 어떤 방법이 이상해 보여도 다수의 의견에 따르는가?
운명 본능 The Destiny Instinct	타고난 특성이 사람, 국가, 종교, 문화의 운명을 결정한다고 생각하는 본능을 말한다.	• 국가와 전통, 문화는 절대로 변하지 않는 것이라고 생각하는가? • 가치관은 불변이며 지식을 업데이트 할 필요가 없다고 생각하는가?
단일 관점 본능 The Single Perspective Instinct	단일한 원인, 단일한 해결책을 선호하는 본능을 말한다.	• 나와 생각이 다른 사람에게 자신의 생각을 점검하지 않고 강조만 하는가? • 자신의 분야를 넘어서까지 전문성을 주장하는가?
비난 본능 The Blame Instinct	왜 안 좋은 일이 일어났는지 명확하고 단순한 이유를 찾으려는 본능을 말한다.	• 문제의 원인보다는 악당을 찾는데 힘을 쏟는가? • 문제가 생기면 거짓말을 하거나 비난의 대상을 찾는가?
다급함 본능 The Urgency Instinct	지금 결정하고, 지금 바로 행동하려는 본능을 말한다.	• 비판적 사고를 하기보다는 빨리 결정하고 당장 행동하기를 선호하는가? • 객관적 데이터보다는 직관적 판단을 선호하는가?

한스 로슬링 Hans Rosling

스웨덴의 의사이자 빅데이터를 가장 잘 활용하는 보건통계학 분야의 세계적 석학이다. 카롤린스카의과대학 교수로 재직하였고, 트렌달라이저 Trendalyzer 를 개발한 비영리 재단 갭마인더의 공동설립자이기도 하다. 스웨덴 국경없는 의사회를 공동으로 설립하고 세계보건기구와 유니세프 등의 구호기구에서 고문을 지냈으며, 스웨덴 과학아카데미 국제그룹과 스위스에 있는 세계경제포럼 '세계 어젠다 네트워크'의 회원으로 활동했다. 2009년 《포린폴리시》 선정 세계 주요 사상가 100인, 2011년 《패스트컴퍼니》 선정 가장 창조적 인물 100인, 2012년 《타임》 선정 세계에서 가장 영향력 있는 인물 100인에 선정되었으며, 2011년에는 그리어슨상 Grierson Awards 을 수상했다. 사람의 잘못된 인식을 바꾸기 위해 평생을 헌신해온 그는, 《팩트풀니스》를 집필하는 데 몰두하다 2017년 2월 7일 세상을 떠났다.

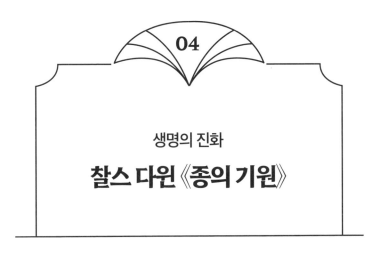

생명의 진화
찰스 다윈《종의 기원》

다윈은《종의 기원》을 발표하기까지 자그마치 20년의 시간을 기다렸다. 그 이유는 당시의 종교관에 정면으로 배치되었기 때문이다. 하지만《종의 기원》이 출간되자마자 폭넓은 관심을 끌었다. 그것은 대단히 독창적인 연구였으며, 자연선택의 관점과 지질학의 거의 무한대한 시간적 조망 속에서 바라본 자연계의 거대한 파노라마였다. 아쉽게도 다윈의 시대에서는 유전의 메커니즘을 몰랐기 때문에 변이가 계승되는 자연선택설의 결정적 증거를 제시하지 못했다. 멘델의 유전법칙과 1920년대에 세포유전학이 대두됨에 따라서 다윈의 진화론은 재인식되었다. 다윈의 진화론은 물리학에서의 뉴턴 역학과 더불어 사상의 혁신을 가져와 그 후의 자연관과 세계관의 형성에 큰 영향을 끼쳤으며, 현재의 연구에서도 그의 견해는 매우 중요하다.

• 자연선택

자연선택설은《종의 기원》에서 가장 중요한 개념이다.《종의 기원》제1장과 제2장은 자연상태나 사육재배상태에서 여러 이유로 인해 변이가 나타나고, 이것이 생존경쟁의 과정에서 유리하거나 불리하게 작용할 수 있음을 역설한다. 맬서스의《인구론》에서 주장한 바와 같이 생물들은 생존할 수 있는 것보다 더 많은 새끼를 낳는 경향이 있기 때문에, 자연상태에서 모든 생물들은 부족한 자원을 두고 끊임없이 경쟁하게 된다. 이것을 '생존경쟁'이라고 한다. 생존경쟁에서 살아남아야만 자신의 유전자를 자손에게 전달할 수 있다. 다윈은 어떠한 환경에서 유리한 변이를 가진 개체들이 생존경쟁에서 살아남아 자신의 변이를 다음 세대에 전달하는 과정을 '자연선택'이라고 정의했다.

인간은 자신의 취향만을 위해 선택을 하지만 자연은 자신이 돌보는 생물의 이득만을 위해 선택을 한다. 모든 선택된 형질은 자연에 의해 충분히 연습이 이루어지기 때문에 그 형질을 갖춘 생물은 더 나은 삶의 조건에 놓이는 것이다.[115]

자연에서는 아무리 사소한 구조의 차이나 체질의 차이도 생존경쟁에 중요하게 작용할 수 있으며 그러한 차이가 보존된다. 따라서 자연선택은 사소한 변이라도 그것을 하루 단위, 시간 단위로 조사해서 나쁜 것은 제거하고 좋은 것은 보존해 축적하는 과정이다.

자연선택이 대단한 이유는 인간으로서는 도저히 발견할 수 없고 알 수도 없는 변이들까지 그것이 생존에만 도움이 된다면 모두 선택한다는 것이다. 예를 들어, 수컷 물고기의 등지느러미에 인간이 볼 수 없는 자외선을 반사하는 변이가 나타나거나, 어떤 새의 경우 특정한 영양소를 분해하는 효소를 만드는 단백질이 있어 생존경쟁에 유리할 수 있다. 털이 있는 과일은 털이 없는 과일에 비해 바구미의 공격을 훨씬 적게 받고, 노란색 서양자두는 자주색 서양자두보다 특정한 질병에 걸릴 확률이 훨씬 낮다. 이러한 차이가 반복되면 오랜 시간에 걸쳐 우위에 서게 된다.

일생에 단 한 번만 사용되는 형질이나 특정 시기에 나타나는 형질들도 그것이 생존에 도움이 된다면 자연선택이 될 수 있다. 새들은 안정적인 부화를 위해서는 부리만 딱딱해서는 안 되고 알껍데기도 어느 정도 딱딱함을 유지해야 한다. 알껍데기가 너무 약하면 조그만 충격에도 알이 깨져서 새끼들이 부화하기도 전에 생명을 잃을 수 있다. 하지만 너무 단단하면 새끼들이 혼자 깨고 나올 수 없다. 다윈은 알껍데기의 두께나 부리의 단단함도 일종의 변이이고 자연선택의 대상이 된다고 강조하면서, 자연선택은 아주 평화로운 환경에서만 진행되는 것이 아니라 급격한 변화 속에서도 진행될 수 있다고 했다.

다윈은 사람들이 자연선택설에 대한 몇 가지 오해를 하고 있음을 지적한다.

첫째, 자연선택이 변이성을 유도하는 것이 아니라, 이미 존재하고 있는 변이를 골라내는 것일 뿐이다. 다시 말해 변이가 먼저 존재해야만 자연선택이 힘을 발휘할 수 있다는 것이다.

둘째, 자연선택은 동물 자체의 의식적인 선택이 아니다. 나방이나 새들이 어떤 의도를 가지고 날개 색깔을 선택했다기보다는 생존경쟁의 본능에 따랐을 뿐이다. 식물은 자의식이 없기 때문에 자연선택은 식물에게 적용할 수 없다.

셋째는 다윈이 가장 경계한 오해다. 자연선택설을 능동적인 힘, 또는 신성을 말하는 것이라고 비난하기도 한다. 그러나 자연선택설은 초월적인 존재가 없어도 새로운 종이 탄생할 수 있음을 단호하게 말한다. 그러면서 자연은 '수많은 자연법칙의 총괄적인 작용과 그 결과를 뜻하는 동시에 이 법칙에 의해 우리가 확장지으려는 사상의 상관관계'를 의미한다고 강조한다.

새로운 이론에는 항상 문제가 제기되기 마련이다. 자연선택설로 《종의 기원》을 설명하기 위해서는 다음의 네 가지 문제가 반드시 해결되어야 한다.

첫째, 왜 이행적 변종을 볼 수 없는가이다. 이행적 변종이란 하나의 종에서 다른 종으로 변해가는 중간 형태를 말한다. 예컨대 조류도 아니고 파충류도 아닌 이행적 변종이 존재해야 하는데 실제로 자연계를 살펴보면, 그러한 이행적 변종을 찾기가 매우 어렵다.

둘째, 박쥐처럼 특이한 습성을 가진 종이 과연 자연선택을 통해서 탄생할 수 있느냐는 점이다. 다윈과 동시대에 살았던 사람들은 신이 어떤 계획을 가지고 박쥐의 눈처럼 고도로 복잡한 기관들을 창조했다고 믿었다. 따라서 다윈에게는 자연적으로 도저히 만들 수 없는 것처럼 보이는 특수하고 복잡한 기관이 어떻게 자연선택에 의해서 만들어질 수 있는지 설득하는 일은 매우 중요하다.

셋째, 본능도 자연선택의 대상이 되느냐는 것이다. 거미는 배우지 않아도 거미줄을 만들고 나비는 배우지 않아도 날 수 있다. 이처럼 본능은 일종의 잠재적 특성에 가깝기 때문에 자연선택설로 설명하기가 쉽지 않다.

넷째, 종이 교잡을 하면 불임이 되거나 불임의 자손밖에 생산할 수 없는데도, 변종이 교잡했을 때는 생식기능이 조금도 손상되지 않는 것은 어떻게 설명해야 할 것인가 하는 점이다. 정작 다윈은 이러한 문제제기가 자신의 이론을 근본적으로 뒤흔들 수 없다고 자신만만하게 말한다. 제5장에서 제8장까지는 다윈의 그러한 주장을 증명하고 있다.

• 생물의 지질학적 분포와 변천

다윈은 자연선택설에 제기된 문제들을 하나씩 검토한 다음 현존하는 생물들의 지리적 분포를 통해서 자연선택이 지구에서 어떻게 진행되어 왔는지를 설명한다. 그는 먼저 지질학적 천이를 통해서 자연선택이 과거에도 작용되고 있음을 주장한다. 지질학적 천이란 토양의 변화를 포함하여 지층에 따라 나타나는 화석의 생물상이 변화하는 것을 말한다.

지층의 형성시기를 비교적 정확하게 말해주는 표준화석은 지층이 어떤 순서대로 형성되었는지 알 수 있을 뿐만 아니라, 과거 생물들이 어떤 순서대로 진화했는지도 확인할 수 있다. 새로운 종은 땅 위에서나 물속에서나 지극히 완만하게 차례차례로 나타난다. 서로 다른 속에 속해 있는 같은 종도 같은 속도로, 또는 같은 정도로 변화해온 것이 아니다. 가장 긴밀한 관계를 가진 어떤 지층을 비교해보면 모든 종이 어느 정도 변화하고 있는 것을 볼 수 있다. 화석이 순간에 급작스럽게 나타났다 사라지는 경우는 돌연변이가 생존에 유리하도록 자연선택되었기 때문이다. 아섭게도 다윈은 유전자의 돌연변이에 대해 정확하게 알지 못했고, 전수조사를 통해 화석을 관찰할 수 없었기 때문에 화석이 점진적으로 변화한다고 보았다.

다윈은 세계 여러 지역을 따라 생물의 분포를 살펴볼 때 나타나는 생물의 유사성이나 비유사성들이 기후나 물리적 환경으로 완벽하게 설명되지 않는 점을 지적한다. 예컨대 사막과 열대우림처럼 비슷한 기후는 신대륙이나 구대륙 모두에서 나타나지만, 이들 지역에서 서식하는 생물들이 서로 연관되지 않는 경우가 많다. 창조론자들은 신이 구대륙과 신대륙에서 서로 다른 생명체를 창조했기 때문이라고 말하지만, 다윈은 공통의 조상이 서로 다른 지역으로 이동하여 독자적으로 진화했기 때문이라고 설명한다. 여기서 중요한 것은 하나의 종이라도 오랫동안 먼 지역에서 살게 되면 독립적으로 진화하여 나중에는 다른 종이 될 수 있다는 점이다. 호주, 아프리카 및 남아메리카의 같은 위도에 사는 생물의 커다란 차이에서도 이를 확인할 수 있다.

다윈은 장소에 따라 종이 서로 다르다 하더라도 동일한 대륙이나 해양의 생물들은 서로 연관되어 있다고 주장한다. 이러한 원인을 유전에서 찾을 수 있다. 예를 들어, 날지 못한 새들은 대륙이 분리됨에 따라 각기 다른 환경에서 생활하게 되었을 것이다. 날지 못하는 새들은 대륙의 분리로 인해 격리된 채 환경과 유전적인 요인이 결합되어 다양한 변이가 발생했을 것이고, 이러한 변이 중에서 생존에 유리한 형질들은 자연선택에 의해 다음 세대로 유전되었을 것이다. 이러한 과정이 오랫동안 반복되어 각 대륙에는 오늘날과 같은 형태의 날지 못하는 새들이 등장하게 된 것이다.

다윈은《종의 기원》말미에서 모든 내용이 진실이라는 것을 확신하면서도 후세의 연구성과에 대해 여전히 변화가능성을 열어두고 있다. 절대불변의 원리를 발견하려는 것은 아마도 모든 학문이 지향하는 바일 것이다. 하지만 진화는 절대불변의 진리가 아니다. 과학의 개념 중에 절대불변의 진리라는 것은 존재하지 않는다. 다윈의《종의 기원》을 읽어나갈수록 절대진리를 추구하는 대범함, 그러면서도 거기에서 그치지 않고 변화를 인정하는 열린 사고, 그것이 과학혁명을 가져올 수 있겠다는 믿음을 가지게 된다.

자연선택설에 대한 여러 가지 반대가 있다는 사실을 부인하지는 않겠다. 나는 그 반대 의견들이 충분히 설득력이 있다고 했다. 우리의 상상을 넘어설 만큼 어려운 것은 사실이지만, 어떠한 기관이든 본능이든 완벽함으로 이어지는 각각의 단계가 무엇인가 이득이 되고 생존경쟁을 통해 각각 이득이 되는 구조나 본능의 변이를 보존하게 된다면 극복할 수 없을 정도의 어려움은 아니다.[116]

어쨌든 다윈은 생물학 분야에 혁명에 가까운 거대한 변화를 이끌었다. 다윈은 6살 때부터 건강상 문제가 시작되었고, 28살 무렵에는 무기력할 정도로 쇠약했으며, 30살에 병약한 은둔자가 되었다. 피코버Picover는 다윈의 정신적 문제가 너무 심각해 '별난 과학자, 그리고 미친 사람'이라고 부르는 역사적 인물 모음집에 다윈을 포함시키기도 했다. 기독교 창조교리를 부정하여 사회의 엄청난 반발을 불러왔지만 이를 극복했고 물리적 조건 대신 생물 대 생물의 관계를 중심으로 자연계의 신비를 그려냈다. 그렇게 하는 데 최소한 20여 년의 고투가 필요했으며, 결국 500페이지가 넘는《종의 기원》의 출간으로 결실을 맺었다. 그런 그가 도저히 포기할 수 없었던 질문과 마침내 얻어낸 경이로운 진리들이 이 책 속에 오롯이 담겨 있다.

찰스 로버트 다윈 Charles Robert Darwin

생물진화론의 새로운 정의를 세운 영국의 생물학자다. 1809년 부유한 의사 집안에서 태어나 의대에 입학했으나 적성에 맞지 않아 중퇴하고, 케임브리지대학에 진학해 신학을 공부했으나 곤충 채집에 더 흥미를 느꼈다. 1831년 22세의 나이로 해군 측량선인 비글호에 무보수 자연사 학자로 승선한다. 5년 동안 남아메리카, 오스트레일리아, 남아프리카를 탐사한 관찰기록을 《비글호 항해기》로 출판하여 진화론의 기초를 확립하였다. 1859년에 진화론에 관한 자료를 정리한 《종의 기원》을 출판했고, 초판이 당일 매진되었다. 현재까지도 다윈의 진화론은 종교적·사상적·정치적으로 심대한 영향을 끼치고 있다. 그 외 저서로 《인류의 기원과 성에 따르는 선택》 《인간과 동물의 감정 표현》 《식물의 교배에 관한 연구》 등이 있다. 1882년 켄트 다운에서 사망했다.

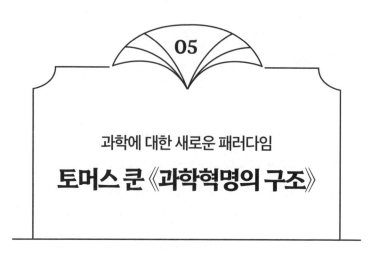

과학에 대한 새로운 패러다임
토머스 쿤《과학혁명의 구조》

1962년에 출판된《과학혁명의 구조》는 20세기 중후반 과학사, 과학철학, 과학지식사회학에서의 기념비적 사건이며, 현재에도 진행되고 있는 광범위한 평가와 반응을 촉발하였다. 미국의 대표적인 철학자 리차드 로티Richard Rorty는《과학혁명의 구조》는 '제2차 세계대전 이후에 가장 많이 읽혔고 가장 영향력이 있는 영문 철학 저서'라고 논평했다. 뿐만 아니라《타임스》는《과학혁명의 구조》를 '제2차 세계대전 이후 가장 영향력 있는 100권의 도서' 중에 하나로 선정했으며, 지난 50년 사이에 압도적으로 자주 인용된 학술 문헌이다. 이렇듯 과학사는《과학혁명의 구조》이전과 이후로 나뉜다는 말이 있을 정도로 충분히 현대의 고전 중에 대표적 저술로 위상을 보여준다.

● 패러다임의 변화

《과학혁명의 구조》가 나오기 전까지 대부분의 사람들은 과학의 발전이 직선적 또는 점진적으로 발달한다고 믿었다. 하지만 토머스 쿤은 《과학혁명의 구조》를 통해 하나의 패러다임이 처음부터 끝까지 유지되고 발전되는 게 아니라 기존 패러다임이 유지되는 동안 아무런 변화가 없다가 한순간에 새로운 패러다임이 기존 패러다임을 대체하는 혁명적인 발전과정을 거친다고 주장했다. 쉽게 표현하자면 벽돌을 차곡차곡 쌓아 건물 하나를 짓는 과정이 아니라 어느 날 굴삭기로 건물을 밀어버리고 그 옆에 새 건물을 짓는 것과 비슷하다.

쿤의 과학혁명론의 구조는 '전 과학pre science – 정상과학normal science – 이상상태anomaly – 과학학명scientific revolution – 또 다른 정상과학 정립'의 사이클로 발전된다. 그 과정에서 그 시대의 보편적인 큰 사고의 틀 혹은 얼개를 의미하는 '패러다임'이라는 개념을 적극적으로 도입하여 과학의 발전과정을 해석했다. 쿤이 처음으로 제안한 패러다임은 어떤 한 시대 사람들의 견해나 사고를 근본적으로 규정하고 있는 테두리로서의 인식의 체계, 또는 사물에 대한 이론적인 틀이나 체계를 의미한다.

예를 들어, 천동설이 진리로 받아들여지던 시기에 다른 모든 천문현상은 천동설의 테두리에서 설명되었다. 이후 코페르니쿠스의 지동설이 사실로 밝혀진 것처럼, 과학이론의 변화는 어느 한 이론이 그르고 다른 한 이론은 옳다는 것을 나타낸 것이 아니다. 시대와 신념, 가치체계가 바뀌면 문제해결 방법 역시 달라진다. 과학혁명의 역사를 조명해보면 하나의 방식으로 세상을 이해하는 것은 패러다임의 함정임을 알 수 있다. 한 가지 패러다임으로만 모든 것을 인식하고 해결하려고 한다면 다른 생각을 하지 못하게 한다. 그런 개념에서 패러다임은 하나의 패러다임일 뿐 절대적인 진리는 아니다.

과학의 발전과정으로 다시 돌아가 보자. 전 과학pre science의 시기는 아직 과학자들 사이에 공유된 패러다임이 없는 시기, 즉 아직 미성숙한 단계의 과학이다. 모든 과학자가 각자의 믿음을 가지고 있었기 때문에 공통적인 틀이나 체계가 없이 저마다의 이론을 발전시켜 나갔을 뿐이다. 아리스토텔레스 이전 고대 그리스의 물리학, 뉴턴 과학 이전의 물리과학 등이 전 과학의 예시다. 전 과학의 시기에는 데이터 더미를 수집하는 데 그치지만, 패러다임은 수집한 사실을 기반으로 공통된 이론적 구조를 형성한다.

전 과학의 시기를 지난 한 이론이 패러다임이 되었다고 해서 이 그 이론이 자연의 특정 부분을 완벽히 설명하지 않는다. 그 이론이 단일한 문제를 보다 완벽히 풀 수 있도록 실험과 연구를 통해 개량 과정을 거쳐야 하는데 이것을 '정상과학'이라고 한다. 정상과학은 지금 이 시대의 사람들과 이론들이 가지고 있는 체계 속에서 현재의 패러다임을 지지하기 위해 일궈 나가는 과학의 결과물 또는 과거의 과학적인 업적 가운데 하나 이상의 것에 확고한 기반을 둔 연구 활동을 뜻한다.

정상과학은 패러다임과 밀접하게 연관되어 있다. 패러다임은 어느 과학 사회의 근간을 이루는 것으로서 구성원 전체가 공유하는 이론, 법칙, 방법, 지식, 가치, 전통 등을 포괄한다. 정상과학은 하나의 패러다임이 밝혀 주는 새로운 사실에 대한 지식을 확장시켜 주고 그런 사실과 패러다임의 예측이 잘 들어맞도록 해 주며 패러다임 자체를 한층 더 명백히 밝힌다. 천동설에서 지동설이라는 새로운 패러다임이 나타나면서 지동설을 중심으로 한 결과 해석을 내놓기 시작한다. 바로 이런 변화를 '패러다임의 전환'이라고 한다. 이 변화를 통해 과학자 집단은 구 패러다임과 신 패러다임 사이의 대논쟁에 휩싸이며 그 속에서 새로운 패러다임이 승리하면 과학의 혁명이 일어난다.

정상과학은 완성된 과학이 아니다. 패러다임을 다듬고 명세화하는 과정에서 정상과학은 점점 확고해진다. 그러나 어느 특정 단계에서 정상과학에는 이상상태anomaly가 발생되고 새로운 것이 불가피하게 나온다. 그러면 기존 패러다임에 대한 이론의 난립이 일어나게 되고 경쟁이 벌어진다. 이 과정에서 낡은 과학은 무너지고 새로운 패러다임이 정상과학으로 성립한다. 이것이 곧 과학혁명이다.

그렇다면 두 개의 패러다임이 양립할 수는 없는 걸까? 두 패러다임의 차이는 필연적이며 동시에 양립이 불가능하다. 새로운 패러다임은 기존의 패러다임을 혼란에 빠뜨리면서 출현한다. 다시 말해 새로운 패러다임은 기존의 패러다임을 토대로 한 단계 발전된 형태가 아니라, 기존 패러다임이 설명할 수 없는 변칙

현상을 해결하기 위해 등장한다. 이처럼 신구 패러다임들이 서로 양립불가능하거나 비교 불가능한 것을 가리켜 '공약불가능성 incommensurability'이라고 한다.

● 공약불가능성

새로운 과학철학의 주제들에 대한 쿤의 공헌에서 빼놓을 수 없는 것이 공약불가능성이다. 공약불가능성은 공통된 척도가 없다는 말이다. 다시 말해 엄밀한 의미에서는 공통된 분모, 공동의 지반이 없다는 것이다. 이는 서로 다른 패러다임의 추종자들이 상대방의 관점에 완전히 접촉하는 것이 불가능함을 의미하다. 쿤이 주장하는 공약불가능성의 근거는 패러다임마다 해결해야 하는 문제의 목록이 다르고, 같은 용어라도 패러다임마다 다른 의미를 가질 수 있으며, 같은 현상도 패러다임에 따라 다른 이론적 배경에서 연구를 수행하기 때문이라고 제시했다. 결국 이전 패러다임이 설명했던 현상 전부를 새로운 패러다임이 설명할 수 있다는 보장은 없다.

한편 상이한 패러다임 사이에는 공약불가능성이 성립한다는 쿤의 급진적 견해는 많은 비판을 야기했다. 대표적인 인물인 미국의 분석철학자 힐러리 퍼트넘Hilary Whitehall Putnam은 상이한 패러다임들이 전적으로 공약불가능하다는 것은 부분적으로만 인정될 수 있는 문제를 침소봉대하는 지나친 주장이라고 비판했다. 쿤은 전적인 공약불가능성의 주장에서 한발 물러서며, 국소적 공약 불가능성local incommensurability이라는 수정안을 내놓으며 자신이 원래 의도했던 것이라고 해명한다. 하지만 다음의 인용문에서 보듯 쿤은 자신의 급진적 공약불가능성 개념에 대한 비판에 대해 엄청난 고민에 휩싸이게 한 모양이다.

공약불가능성이 국소적인 영역으로 제한될 수 있는지의 여부가 분명한 것은 아니다. … 어떤 용어들이 새로운 이론으로 이전될 때, 함께 이전되는 용어들에 영향을 미치지 않으면서, 그 의미가 변해야 한다고 생각하는 것은 전혀 그럴듯하지 않다.[117]

뉴턴 물리학보다 아인슈타인의 상대성 이론이나 현대 양자역학이 더 나은 이론이라고 단정할 수는 없다. 과학혁명 역시 세계를 바라보는 관점의 차이일 뿐이다. 시간이 흐름에 따라 혁명적 과학관은 과학적 실천을 이해하는 타당한 관점으로 널리 받아들여졌지만, 거기서 발생하는 공약불가능성의 문제를 어떻게 해소할 것인지는 여전히 논쟁적이다. 때문에 공약불가능성 개념이 제기하는 문제를 분석하고, 그것을 해결하는 방법을 탐색하는 것은 과학적 진보를 올바르게 이해하기 위해 중요한 논점이다.[118]

• 새로운 패러다임

패러다임과 공약불가능성이 모든 자연문제에 대한 보편타당한 해답이 될 수 없듯《과학혁명의 구조》에 대한 반대 의견도 적지 않다. 하지만 이 책이 오늘날까지도 여전히 위력을 발휘하고 있는 것은 역사적으로 누적되고 진보해온 객관적이고 절대적인 사실의 집합체로서 '과학적 지식'의 개념에 대한 도전적 과학관을 제시했기 때문이다.

이는 독자에게 서로 다른 두 방향의 시사점을 주었다.

먼저 과학은 하나의 진리를 향해 가고 있는 것이 아니다. 그동안의 과학이 다른 분야의 지식체계보다 객관적이고 통일된 진리로 여겨졌다면, 이제는 인식론적 지위와 기득권을 포기해야 한다는 관점으로의 전환을 촉구했다. 이는 정해진 목적이나 목표가 없어도 과정 자체를 통해 발전할 수 있고 그 자체만으로도 유의미한 가치판단과 연결될 수 있음을 의미한다.

둘째, 역설적으로 자연과학이 시대와 인간사회를 초월하는 우월적인 지식임에 의문을 제시할 때, 오히려 역사나 사회 속의 인간적인 지식체계로 거듭날 수 있는 새로운 가능성이 열린다는 사실을 인식시켜줬다. 이전의 모든 연구를 부정하는 것이 아니라 그것을 새로운 연구의 불씨로 활용하는 가능성을 모두 열어두자는 것이다. 새로운 이론도 영원히 완벽하지 않은 한 또 다른 위기에 의해 새로운 과학으로 변하게 된다. 반대 관계에 있는 두 명제는 동시에 참일 수 없지만, 동시에 거짓일 수 있다. 반면, 모순은 두 명제가 동시에 참일 수도, 동시에 거짓일 수도 없다. 이러한 끝없는 부정을 통해 참의 명제를 도출할 수 있다. 이러한 태도들이 게슈탈트 전환을 일으키고 나아가 새로운 패러다임으로 우리를 인도하게 될 과학혁명의 자양분이 될 것이다.

토머스 쿤 Thomas S. Kuhn

미국의 과학사학자이자 과학철학자다. 1922년 미국 오하이오주
에서 태어났으며, 하버드대학에서 물리학 학사, 석사 및 박사 학위
를 취득했다. 이후 캘리포니아 버클리대학에서 사학과 조교수, 프
린스턴대학에서 과학사 및 과학철학과 교수를 거쳐 MIT 언어학
및 철학과 교수로 재직했다. 1958년 스탠퍼드대학의 행동과학 고
등연구센터에서 사회과학자들과 함께 연구 활동을 한 것을 계기
로 '패러다임 paradigm'이라는 새로운 개념을 창안해냈다. 20세기
의 가장 영향력 있는 과학사학자 겸 과학철학자로 평가되며, 주요
저서로는 화제작《과학혁명의 구조》를 비롯해 과학혁명의 예를
다룬《코페르니쿠스 혁명》, 과학철학적 주제를 모은 논문집《주요
한 긴장》《흑체이론과 양자불연속성》등이 있다. 그는 1996년에
타계했다.

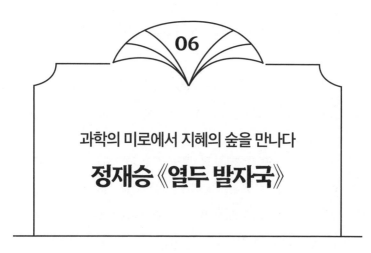

과학의 미로에서 지혜의 숲을 만나다
정재승 《열두 발자국》

《열두 발자국》은 대중 강연 가운데 가장 열띤 호응을 받았던 주제를 선별하여 정리하고, 새롭게 밝혀진 내용을 추가하여 집필한 책으로, 스마트한 선택을 위한 뇌 과학의 지혜부터 4차 산업 혁명 시대 미래의 기회를 발견하기 위한 과학의 통찰까지 지식이 지혜로 바뀌는 열두 번의 놀라운 경험을 선사한다. 딱딱한 과학지식을 나열하는 식이 아니라 일상의 언어로 급변하는 시대의 한 가운데 서 있는 우리에게 과학적 지식뿐만 아니라 인문학적 통찰력까지 제시한다. 아울러 일상에서 당연하게 믿고 있던 사실들이 전복되는 유쾌한 경험을, 습관의 안락함에서 벗어난 지도 밖의 세상에서 낯선 탐험을 떠나게 된다.

• 새로운 나를 만드는 법

매년 신년이 되면 다양한 욕망을 담아 새해 결심을 한다. 가령 술이나 담배를 끊는다든가 다이어트를 한다든가 하는 일상의 태도를 바꾸어 보고 싶어 한다. 어떤 사람은 신뢰를 회복하고 싶다거나, 사람들과의 관계를 재정립하고 싶은 욕망도 있을 것이다. 하지만 인생에서 새로고침은 컴퓨터를 종료한 후에 다시 재부팅하는 방법처럼 쉽게 이루어질 수 있는 것이 아니다. '새해 결심은 왜 그토록 지켜지지 못하는가?'를 연구한 논문에 따르면 약 77퍼센트의 사람들이 새해 결심을 일주일 정도 지키는 것으로 나타났다. 다시 말해 대부분의 사람들이 포기를 한다는 거다.

도대체 새로고침이 왜 그토록 어려운 걸까? 인생을 새로고침하려면 결국 생각과 행동을 바꾸어야 하고, 그것의 중추인 뇌가 다른 방식으로 정보를 처리하고 행동하도록 만들어야 하는데 그게 쉽지가 않다.

여러 대안을 분석 및 의사결정하고 그것을 행동으로 옮길 때, 뇌의 두 영역이 활발해진다. 일상적이고 반복적으로 어떤 것을 선택해야 할 때도 두 영역이 작동된다. 그 첫 번째가 '목표지향 영역goal-directed system'이다. 내가 지금 이걸 해서 뭘 얻을 수 있는지 그 목표를 생각한 다음에 가장 큰 보상을 얻을 수 있는 선택지를 찾아서 선택하는 것이다. 목표지향 영역은 얻고자 하는 결과물, 보상 등에 의해 동기가 발생하여 질문과 탐색적 행동 등을 의욕적으로 수행한다. 또 다른 하나는 '습관의 영역habit system'

이다. 인간의 뇌는 일상적이고 반복적인 업무를 수행할 때 목표의 결과값을 높이기보다는 인지적 노력을 줄이려 한다.

어느 정도의 보상을 경험했기 때문에 그 다음부터는 더 나은 선택을 하기 보다는 동일한 선택을 하게 된다. 이른바 습관적인 의사결정을 하는 곳이 바로 이 영역이다. 정리해보면, 처음 해보는 과제일수록 목표지향 영역이 더욱 활성화되어 뭔가 다른 선택을 하게 된다. 그런데 그게 자꾸 반복되면 습관의 영역이 활성화되어 최소한의 노력으로 예측 가능한 결과물을 얻게 된다. 다시 말해 처음에는 목표지향적인 행동을 하지만, 나중에는 습관으로 옮겨 가는 것이 일상적이 패턴이다.

소비자 행동 전문가이자 《습관Habit》의 저자인 닐 마틴Neale Martin은 "소비자들의 행동 가운데 95퍼센트는 무의식적 사고, 다시말해 즉 습관의 영역에 의해 결정된다."고 강조한다. 품질과 디자인 등을 꼼꼼히 따져가며 합리적으로 결정하는 게 아니라 '습관적 구매'에 지배당하고 있는 것이다. 인간은 합리적 의사결정을 하는 '호모 에코노미쿠스homo economicus'라기보다는 습관에 좌우되는 '호모 해비타쿠스homo habitacus'에 가깝다는 것이다.

인간의 뇌 무게는 전체 몸무게의 2퍼센트밖에 안 되지만 우리가 먹는 음식 에너지의 25퍼센트를 사용한다. 우리가 뭔가를 생각하고 신경을 쓴다는 것은 굉장히 많은 에너지를 소비하고 있다는 것이다. 그래서 인간의 뇌는 가능한 적은 에너지를 쓰려고 애쓴다.

뇌를 쓰려면 많은 에너지가 들기 때문에, 되도록 습관적인 선택을 통해 인지활동에 에너지를 쓰지 않으려 노력한다. *중략* 대부분의 시간을 차지하는 일상은 습관이 관여한다.[119]

종류가 다양해 골라먹는 재미가 있는 배스킨라빈스는 31가지의 아이스크림 맛을 선보였다. 시중에 보기 힘든 맛들이 많아서 아이스크림 브랜드 중에서는 압도적인 인기를 누리고 있다. 그런데 과연 사람들이 31개의 맛을 골고루 선택하면서 먹을까? 30년 동안 가장 많이 팔린 맛을 조사해보니 31가지 중 여덟 종류의 아이스크림 매출이 전체 매출의 80퍼센트를 차지했다. 대부분의 사람들은 골라 먹지 않고 '엄마는 외계인', '아몬드 봉봉', '민트 초콜릿 칩' 등 늘 먹던 걸 먹었다. 사실상 골라 먹는 재미란 없었던 거다.

그럼 어떻게 하면 새로고침을 할 수 있을까? 지구상에서 후회하는 동물은 영장류밖에 없다. 거미와 쇠부엉이는 실망은 하지만 후회는 하지 못한다. 후회 없는 삶을 살겠다는 것은 전전두엽의 시뮬레이션 기능을 전혀 사용하지 않겠다는 강한 의지의 표현으로 자기가 선택한 것 이외의 다른 선택지를 전혀 고려하지 않겠다는 어리석은 행동이다. 때로는 잘못된 선택으로 후회를 하기도 하지만 후회 없는 삶을 살기 위해 다른 대안을 마련하지 않거나 뒤를 돌아보지 않는 태도로는 발전적인 삶을 살 수 없다. 후회를 통해서 절박함을 만들어 낼 수 있고, 또 그 과정에서 혁신과 창의성이 발현되기 때문이다.

과거에 얻은 노하우와 사고방식, 고정관념, 습관을 현재와 미래의 문제에도 계속해서 같은 방식으로 문제를 해결하는 전략을 '지식활용exploitation'이라고 한다. 회사에서 문제가 발생했을 때 과거의 선배들이 했던 방식을 찾아 그대로 해결하는 경우가 해당된다. 예측이 가능하고 안정적인 결과물을 얻을 수 있어서 대부분의 조직이 선호하는 전략이다.

한편 과거의 방식에서 벗어나 다양한 선택안들을 제시하여, 그중에서 최적의 선택안을 도출하는 전략을 '방법탐색exploration'이라고 한다. 지식활용에 비해 실패할 가능성이 높지만 조직내외에서 혁신을 이루는 방법은 탐색과정 덕분이다.

모든 의사결정을 방법탐색으로 할 순 없다. 삶에서 80퍼센트 정도는 기존 방법을 적용하더라도 20퍼센트 정도는 방법탐색의 전략으로 살아갈 필요가 있다. 그 과정에서 실패의 경험도 해보고 뜻밖의 수확을 얻을 가능성도 높아진다. 인간의 뇌는 습관의 틀에서 벗어나기 어렵게 설계되어 있지만, 새로운 목표를 즐겁게 추구할 수 있도록 디자인돼 있기도 하다. 인생의 목표가 성공이 아닌 성숙이라면, 안락함보다 새로움과 설렘을 추구한다면 20퍼센트 정도는 열어두는 삶을 살아보자.

• 미래의 세계는?

스마트폰 이후에는 과연 어떤 테크놀로지가 세상을 지배할까? 이 질문에 엔지니어들이 내놓은 대답은 매시간 어떤 방식으로든 비트 세계bit world, 다시 말해 사이버 공간에 접속하면서 대부분의 시간을 보낸다는 것이었다. 스마트기기를 사용하지 않는 시간보다 그것을 사용해 비트 세계에 접속하는 시간이 더 늘어난다는 것이다.

지금까지 스마트기기들은 일상과의 단절이었다. 스마트폰을 접속하는 순간 친구와 가족 사이 함께했던 현실세계의 시간은 잠시 멈춰야 했다. 그런데 가까운 미래에는 현실세계에 살면서도 단절 없이 비트 세계와 상호작용하는 일상몰입 기술immersive technology이 시대를 이끌어 갈 것이다. 가상·증강·혼합 현실 VR·AR·MR 기술이 주목받고 있는 이유도 바로 이 때문이다.

진정한 몰입기술은 사용자들이 가상공간에 있으면서도 주변 환경이 마치 현실이라고 느낄 정도의 실감을 체험할 수 있다. 사용자의 오감을 현혹시키는 것은 물론 가상공간에서의 콘텐츠와 물리적인 세계와의 인터렉션이 자연스럽게 연결된다. 이를 위해서는 오프라인 물질로 구성된 아톰 세계atom world의 상황을 전부 비트화할 수 있는 사물 인터넷이 필수적이다. 사물 인터넷을 위한 센서의 가격이 저렴해지면 어떤 물건이든 센서를 달아서 정보를 공유할 수 있다. 예를 들어, 카페에 지갑을 놓고 가면 지갑이 당신의 스마트폰으로 문자를 보낼 것이다. "저는 오늘부터 독립하는 건가요?"

뇌공학적인 관점에서 살펴보면, 인간은 눈과 귀를 통해 중요한 정보를 받아들이고 뇌를 통해 그것을 처리한다. 입을 통해 명령을 내리는 등의 고등한 정보처리를 하려면 두뇌에서 뇌파를 측정한다든가, 눈과 귀, 입 근처에서 인터페이스를 해야 한다. 구글이 안경 타입 웨어러블 기기를 만들어 시도했다가 잠시 중단했지만 웨어러블 기기에 고등한 인지기능을 가진 인공지능이 들어가서 인간 눈의 움직임에 따라 정보를 처리하고 피로감 없이 데이터를 제공할 수 있는 시간은 그렇게 오래 걸리지 않을 것이다. 물론 사생활 침해와 같이 심각한 사회적 문제를 일으킬 수 있는 부분을 해결해야 될 과제가 있기도 하다.

● 아날로그의 반격

그런데 일상몰입 기술이 보편화되는 시대가 되면 인간은 과연 더 행복해질까? 캐나다의 비즈니스 및 문화 전문 저널리스트이자 논픽션 작가인 데이비드 색스David Sax의 책《아날로그의 반격》에서 정답을 엿볼 수 있다. '왜 아마존은 맨해튼에 오프라인 서점을 냈을까?', '실리콘밸리 리더들이 몰스킨 노트에 빠진 까닭은 뭘까?', '레이디 가가는 왜 스트리밍 서비스 대신 LP레코드로 돌아섰을까?'

인간은 행복을 '상태'로 인식하지 않고 '기억'에서 찾는 경향이 있다. 당시에는 무척 괴롭고 힘들었지만 지나고 나면 좋은 추억으로 뇌 속에 저장된다. 행복으로 덧칠된 복고의 기억은 향수를 불러일으키고, 시대가 바뀌어도 레트로가 소환되는 이유가 이 때문이다. 미국의 콘서트 피아니스트이자 작곡가인 오스카 레반트Oscar Levant도 "행복은 경험하는 것이 아니라 기억하는 것이다."라고 했고, 데이비드 색스는 사람들이 디지털보다 효율성이 떨어지고 비싼 아날로그를 찾는 이유가 디지털에 둘러싸이자 점점 촉각적이고 인간 중심적인 경험을 원하고 있는 것이라 말했다.

일상몰입 기술은 인간의 창의적인 일상을 방해할 가능성이 높다. 지난 10년 동안 창의적인 발상의 순간일 때 뇌에서 어떤 변화가 있는지를 연구해보니, 오른쪽 귀 위쪽 부분에 조그맣게 접혀있는 '전측 상측두회anterior superior temporal gyrus'가 깨달음을 얻기 전 몇 초 동안 유난히 활성화된다는 사실을 발견했다. 살인적인 공연일정에 치여서 노래를 만들어내던 아이디어가 고갈되어가던 밥 딜런이나 새로운 아이디어를 바탕으로 창의적 제품을 만들어 내는 3M의 연구원, 그리고 독자들이 쉽게 이해할 수 있는 콘텐츠를 생성해 내는 조나 레러Jonah Lehrer의 독특한 글쓰기 방식에서도 동일하게 나타났다.

데이비드 색스가 책에서도 당부하듯, 다가오는 인간몰입 기술과 디지털 기술에 반대하자는 것이 아니다. 디지털과 아날로그의 공존이 필요하듯 스마트폰적인 사고를 하는 시간과 책을 읽고 오래 생각하고 멍 때리면서 사색하는 시간 사이의 균형이 필요하다. 기술의 미래를 바라보되, 기술의 과거를 잊지 말아야 한다. 이것이 4차 산업혁명 시대를 관통하면서 기회를 잡되 행복을 놓치지 않는 방법이다.

정재승 Jeong Jaeseung

'인간의 뇌는 어떻게 선택을 하는가?'를 연구하는 물리학자다. KAIST에서 물리학 전공으로 학부를 졸업하고, 같은 학교에서 복잡계 모델링 방법을 적용한 알츠하이머 치매 대뇌 모델링 및 증세 예측으로 석사와 박사 학위를 받았다. 예일대학 의대 정신과 연구원, 고려대학교 물리학과 연구교수, 컬럼비아대학 의대 정신과 조교수를 거쳐, 현재 KAIST 바이오 및 뇌공학과 교수로 재직 중이다. tvN의 예능 프로그램 〈알쓸신잡〉 등 여러 매체에 출연해 생각의 패러다임을 뒤흔드는 신선한 지적 충격을 선사하며 국내 대표 과학자로 자리매김했다. 저서로는 《물리학자는 영화에서 과학을 본다》《뇌과학자는 영화에서 인간을 본다》《정재승의 과학 콘서트》 등이 있다.

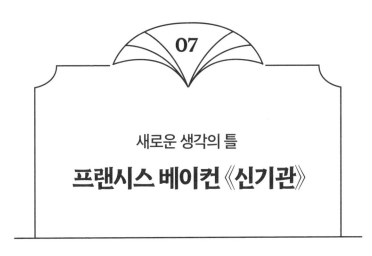

07

새로운 생각의 틀
프랜시스 베이컨《신기관》

베이컨은 1573년 12세의 나이에 영국의 명문 케임브리지대학에 입학했다. 그는 대학의 필수과목이던 아리토스텔레스의 철학을 접하고 크게 실망했다. 아리토스텔레스의 철학이 인간의 실제적 삶에 별로 도움이 되지 않았다고 판단했기 때문이다. 이러한 생각은《신기관》이라는 책을 쓰는 계기가 되었다. 신기관Novum Organum이란 새로운 기관, 새로운 도구, 새로운 논리학이라는 뜻으로 '자연해석과 인간세계에 관한 잠언들'이라는 부제를 달고 있다.

　이 책은 두 권으로 나눠있지만, 모두 130항목으로 구성된 제1권은 52항목으로 이루어진 제2권의 요약에 해당한다. 화려한 미사여구와 추측이 아니라 집단적 연구와 실험으로 증명가능한 방법을 찾으려 했던 베이컨의 지적 기획은 그가 세상을 떠난 다음

베이컨의 철학을 숭배하는 십여 명의 학자들에 의해 왕립학회의 설립으로 현실화되었으며, "누구의 말도 곧이곧대로 취하지 말라Nullius in verba."라는 왕립학회 모토 속에 고스란히 남게 되었다.

• 아는 것이 힘이다

우리가 알고 있는 '아는 것이 힘이다.'는 베이컨의 주장에 근거하는 격언이다. 사실 이 말의 의미를 제대로 알고 있는 사람은 많지 않다. 여기서 안다는 것은 자연에 대한 지식, 다시 말해 자연에 대해 아는 것이다. 인간의 자연에 대한 지식은 단순히 자연을 아는 수준을 넘어 자연에 대한 힘을 의미한다. 자연에 대한 지식은 자연을 인간의 아래에 두고 지배할 수 있는 힘이다. 그래서 자연에 대한 지식이 늘어난다는 것은 자연에 대한 지배력의 증가를 말한다.

우리가 누리고 있는 자연에 대한 혜택은 저절로 주어진 것이 아니며 인간의 땀과 노력을 기울여야만 얻을 수 있다. '네 얼굴에 땀이 흘러야 너는 빵을 먹을 수 있을 것이다.'라는 하나님의 말씀처럼, 인간이 노력을 한다면 자연을 지배하고 개발할 수 있다는 것이다. 이처럼 베이컨은 피조물인 자연을 개발과 지배의 대상으로 간주했다.

자연을 지배하고 개발하기 위해서는 자연에 대한 객관적인 인식을 바탕으로 과학기술과 같은 학문을 진보시켜야 한다. 그런데 베이컨은 이러한 학문의 진보가 낡은 생각이나 잘못된 학문으로 가로막혀 있다고 보았다.

현재의 논리학은 진리를 탐구하기보다는 그들이 기초하고 있는 잘못된 토대를 공고히 하거나 고착화하는 데 봉사할 뿐이다. 따라서 이로움은 적은 대신 해로움은 사뭇 크다.[120]

특히 베이컨은 자신의 학설이 진리라고 고집하는 '독단론'이 자연에 대한 새로운 탐구를 막는다고 강하게 비판했다. 독단론은 낡은 논리학에 기초하여 자연을 다양한 측면에서 깊이 있게 탐구하지 않고 과학을 거만하고 자의적이게 만들어 학문진보에 장애가 된다는 것이다. 여기 등장한 낡은 논리학이란 무엇일까? 그것은 바로 아리스토텔레스의 논리학을 가리킨다. 아리스토텔레스는 학문의 진실을 탐구하기 위해 보편적 사실로부터 구체적 사실을 추론해내는 방식인 '연역법'을 주장했다.

그런데 베이컨은 연역법이 자연에 대한 새로운 객관적 지식을 가져다주지 않고 오히려 자연에 대한 오류와 편견을 심화시킨다고 보았다. 그는 대안으로 학문의 진보를 위해서는 아리스토텔레스가 행한 신비주의적이고 연역적인 사색에 의한 연구보다는 관찰과 실험을 통해 새로운 발견을 시도하는 '과학실증론'을 강조했다.

• 우상

베이컨이 지식을 무척 강조했지만 모든 지식이 옳다고 생각한 건 아니었다. 인류가 앞으로 발전하려면 과거에서 얻은 잘못된 지식과 편견을 몽땅 지워야 한다. 그리고 깨끗해진 생각에 다시 올바른 지식을 넣어야 한다. 잘못된 지식을 없애야 올바른 지식을 쌓을 수 있을 테니깐. 베이컨은 올바른 지식을 위해서 가장 먼저 할 일은 모든 선입견과 편견을 송두리째 없애는 것이라고 봤다. 선입견과 편견은 자기만의 세상에 갇혀 편협된 판단을 하거나, 자연을 있는 그대로 보지 못하게 막는 장애물이기 때문이다. 베이컨은 이런 인간의 선입견과 편견을 '우상'이라고 정의했다.

베이컨이 쓴 비유 가운데 가장 유명한 것은 '우상'에 관한 것이다. 참된 지식을 얻기 위해서는 우상, 다시 말해 편견이나 선입견을 제거하고 자연을 있는 그대로 관찰해야 한다. 이것은 인간이 너무 조급해하지 말고 오직 우리 자신의 선입견을 주장하지 않도록 경고한 것이다. 그가 자연에 대한 예단을 배척한 이유도 여기 있다.

우상idol은 일상생활에서 여러 의미로 사용된다. 'MZ세대들의 우상', '연구자들의 우상', '민중의 우상' 등에서 사용되는 우상이라는 말은 존경이나 숭배의 대상이 되는 사람을 가리킨다. 다른 의미로는 자연에 대한 객관적인 인식을 가로막는 편견이나 선입견을 가리킨다. 일례로 다른 종교를 비판할 때 "우상을 타파하자!"는 말로 종종 사용된다. 따라서 우상을 그대로 내버려두면 사람을 거짓에로 말려들게 하는 인간의 심리적 특성을 갖게 만든다. 그래서 베이컨은 인간이 흔히 갖게 되는 우상의 내용에 대해 본격적으로 연구를 시작했고, 네 가지로 구별했다.

첫째, '종족의 우상'은 모든 인간에게 가장 고유한 것으로, 인간은 자신들의 관점에서 세상의 사물들을 본다. 특히 자신의 주관적인 감정에 따라 사물을 인식하기 때문에 사물에 대한 객관적인 인식을 할 수 없다. 베이컨은 인간의 지성이 표면에 거친 거울과 같기 때문에 이러한 종족의 우상을 갖는다고 보았다.

둘째, '동굴의 우상'은 어느 정도 각 개인의 특수성에서 나타나는 오류로, 각 개인의 특수한 기질이나 환경 때문에 생긴 개인적 편견이나 선입견을 가리킨다. 개인들은 서로 다른 기질이나 성격을 가지며, 서로 다른 가정과 교육 환경에서 성장했고, 추구하는 가치관과 즐겨 읽는 책도 서로 다르다. 그래서 세상을 보는 시각도 서로 다른 경우가 많다. 그래서 세상에 대해 왜곡되거나 편협한 견해를 갖게 되는 것이다. 종족의 우상이 인간들의 보편적 성향 때문에 갖게 되는 일반적 편견이라면, 동굴의 우상은 개인의 특수한 기질이나 환경 때문에 갖게 되는 개인적 편견이다.

셋째, '시장의 우상'은 인간들 사이의 교류와 만남에서 대화하는 과정에서 발생하는 오류를 말한다. 언어는 인간들 사이의 교류수단이지만 잘못 쓰이거나 부적절하게 사용되면 정신을 방해한다. 베이컨은 우상들 중에서 가장 귀찮은 우상이 시장의 우상이라고 지적하면서 잘못된 언어의 사용이 우리의 지성에 혼란을 일으켜 헛된 논쟁을 낳으며 오류를 범하도록 만든다고 주장했다. 실제로 언어가 반작용을 가해 지성에 영향력을 미치며, 그래서 철학과 과학을 궤변적이며 수동적으로 만들기도 한다.

마지막으로 '극장의 우상'에 대해 살펴보자. 극장의 우상은 역사적으로 형성된 전통에 관한 것을 가리킨다. 베이컨은 잘못된 철학이나 잘못된 증명 방법 때문에 생긴 편견을 극장의 우상이라고 말한다. 극장의 우상에서 가장 나쁜 예는 미신과 신학이 인간에게 미치는 영향에서 잘 볼 수 있다.

지금까지 살펴본 네 가지 우상을 피하면서 자연과 세계에 관한 논의는 새로운 방식으로 접근해야 한다. 바로 이것이 베이컨이 과학 실증론을 강조하면서 새로운 방법을 모색하는 이유다.

● 귀납법

경험론자인 베이컨은 학문의 진보를 위해서는 새로운 논리학을 학문의 방법으로 삼아야 한다고 주장했는데, 그것이 바로 '귀납법induction'이다. 우리가 자연과 세계에서 얻으려는 결론은 이성론자들과는 달리, 이미 우리의 마음속의 관념들을 전제로 삼단논법 또는 연역법을 통해 나오는 것이 아니라는 것이다. 이보다 자연과 세계에서 제대로 관찰된 사실들을 잘 정리해서 얻는 것이 가장 중요하다는 것이다. 그러나 관찰된 사실들을 잘 엮어낼 적절한 원리가 없다면, 우리는 자연에 대해서 제대로 알아낼 수 없다.

따라서 베이컨은 과학적 방법을 자연에 관한 진리가 잘 드러날 수 있게 만드는 방식이라고 보았다. 그것이 바로 귀납법이다. 귀납법은 감각이나 개별적인 것을 지속적으로 풍부하게 관찰한

다음에 이를 바탕으로 일반적 원리나 공리를 체계적으로 이끌어내는 것을 말한다. 다시 말해 구체적인 사실이나 명제에서 일반적 사실이나 명제를 체계적으로 이끌어내는 것이다.

베이컨은 학문의 진보를 위해서는 자연의 탐구하기 위한 적절한 방법으로 귀납법이 주축된《신기관》, 다시 말해 '신논리학'을 제안한다. 그렇다면 귀납법이란 구체적으로 무엇일까? 다음의 사례를 살펴보자.

전제1 소크라테스는 죽는다.
전제2 플라톤은 죽는다.
전제3 아리토스텔레스는 죽는다.
…
결론 그러므로 모든 사람은 죽는다.

연역법이 일반적 사실이나 원리로부터 구체적인 사실을 이끌어내는 것이라면 귀납법은 그 반대로 구체적인 사실 전제1, 2, 3… 로부터 일반적인 사실 결론 을 이끌어내는 것이다. 참된 귀납 추론은 급히 서두르지 않고 차근차근 단계를 거치면서 개별적 사실부터 낮은 수준의 공리를 거쳐 높은 수준의 공리로, 최종적으로는 가장 일반적인 공리로 올라가야 한다. 다시 말해 올바른 사다리의 형태를 마련해 연속적으로 이어진 일련의 단계를 거쳐야 한다.[121]

베이컨은 열의 성질에 관한 논의를 통해 귀납적 방법을 구체적으로 설명한다. '존재표', '부재표', '정도표'의 세 가지 귀납적 방법을 토대로 자연의 모든 현상에 대한 본질적인 성질을 이끌어낼 수 있다고 제시했다.

참된 귀납이 가장 먼저 해야 할 일은 첫째, 탐구 대상 본성이 존재하는 사례들을 놓고 보았을 때, 그 사례들 중에서는 전혀 발견할 수 없는 어떤 본성이 있는지를 살펴보고, 둘째, 탐구 대상 본성이 부재하는 사례들을 놓고 그 사례들 중에서 발견되는 어떤 본성이 있는지를 살펴보고, 셋째, 탐구 대상 본성이 증가하는데도 감소하고 있거나 혹은 그 반대 현상을 보이고 있는 어떤 본성들이 있는지를 살펴보고 이러한 본성들을 찾아내어 제외 또는 배제하는 것이다. 이 제외와 배제가 적절히 이루어지고 나면 이제 경박한 의견들은 안개 속으로 사라지고 견고하고 진실하며 제대로 규정된 긍정적 형상만이 남을 것이다. 중략 우리는 거기까지 도달하기 위해 필요한 모든 수단을 강구할 것이다.[122]

이러한 노력에도 불구하고 베이컨이 경험론의 기본 이념을 처음 제시했지만 철학적 문제들을 제대로 논의하지 못하거나 과학적 방법에 관해 구체적으로 인지하지 못한 한계점을 드러내기도 했다. 그러나 베이컨의 논의는 이후 귀납법으로 발전했고, 19세기에 접어들어 현대 자유주의의 시조라 불리는 존 스튜어트 밀 John Stuart Mill에 의해서 제 모습을 갖추게 되었다. 오늘날 베이컨은 로크, 버클리, 흄과 더불어 철학적 입론으로 경험론empiricism

을 확립한 대표 학자로 평가받고 있으며, 이러한 경험론은 근대
의 실용적 학문관을 세우는 데 밑거름이 되었다.

프랜시스 베이컨 Francis Bacon 1561~1626

영국의 철학자이자 정치인이다. 영국 경험론의 선구자이며, 프랑
스의 르네 데카르트와 함께 근대 철학의 개척자로 알려졌다. 기존
아리스토텔레스의 연역적 방법론을 부정하고, 사물의 근거를 철저
히 파헤쳐 최종적으로 그 근본 원리를 찾아내는 귀납적 방법론을
체계적으로 제시하여 고전 경험론의 창시자라 불린다. 철학은 인
간의 보편적 행복을 위해서만 이용되어야 한다고 했던 베이컨의
과학은 모든 부분, 특히 자연 과학 연구의 토대를 마련했다. 주요
저서로는 《수상록》《신기관》《학문의 진보》《신아틀란티스》 등이
있다.

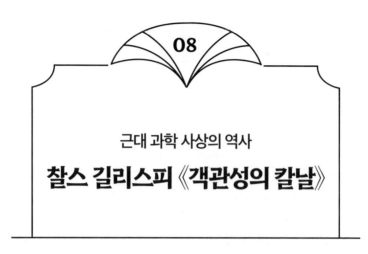

근대 과학 사상의 역사
찰스 길리스피 《객관성의 칼날》

1950년대 중반, 길리스피는 프린스턴 대학에서 '인문학 304'를 가르치기 시작했는데, 이것은 과학사에 관한 세계 최초의 학부 과정 중 하나다. 갈릴레오의 운동분석부터 진화론, 상대성 이론까지, 길리스피는 과학의 역사를 본격적인 학문 분야로 확립했다. 《객관성의 칼날》은 이 과정에서 생겨났다. 이후 《객관성의 칼날》은 《뉴욕타임스》가 선정한 100권 중에 과학 분야의 대표 도서로서, 근대 과학이 걸어온 길을 역사와 철학적 관점에서 재해석하는 데 높은 평가를 받게 된다.

근대 과학을 만들어온 갈릴레오부터 아이작 뉴턴, 라부아지에, 제임스 크록 맥스웰, 존 돌턴, 존 로크, 찰스 다윈, 알베르트 아인슈타인 등에 이르기까지 과학의 본질을 '객관성'으로, 기존 과학의 잘못된 통념을 깨고 어떻게 전진해왔는지를 밝힌다. 이중 갈릴레이, 뉴턴, 다윈 세 명의 인물이 월등하게 인용된다. 객관성은 과학에 따라붙는 무지, 인식적 비대칭성, 불신과 오해와 같은 '악'을 쳐내는 칼날이다. 길리스피는 서문에서 자신의 과학관을 다음과 같이 밝힌다.

과학은 인류가 이룬 위업이며, 인류 문화를 보존하는 성패는 과학이 이룬 성장과 결실을 얼마나 이해하느냐에 달렸고, 중략 비록 과학 지식이 위험할지라도 무시는 더욱 위험하며 레바논 베이루트 항구에서 발생한 어이없는 질산암모늄 폭발 참사가 그렇다.[123] 과학에 수반된 악을 줄이는 과정은 과학 후퇴나 퇴보가 아니라 더 잘 이끌어 가야 한다는 요구이다.[124]

• Think Different

길리스피를 매료시킨 대표적인 과학자는 근대 과학의 아버지로 불리는 갈릴레오 갈릴레이다. "포도주는 빛과 습기로 결합한 것이다."는 말을 남긴 갈릴레오는 단순한 물리학자가 아닌 과학과 문학적 우아함을 겸비한 인문주의자이자 우주와 과학에 관한 위대한 통찰을 보여준 자연철학자였다. '종교 재판', '피사 사탑', '진자의 등시성' 등의 신화를 낳은 갈릴레오는 플라톤과 아리스토텔레스가 생각하지 못한 기하학과 물리학 결합을 창안했다.

과학에서 역학은 여러 분야가 존재하는데 그 중 하나인 고전역학은 동역학과 정역학으로 나뉜다. 동역학Dynamics에 등장하는 '동動'은 움직인다는 뜻으로 걷는 사람, 뛰어가는 사자, 날아가는 비행기와 로켓, 움직이는 피스톤 등을 설명한다. 원자 속 전자, 태양의 플라즈마와 흑점 움직임 등도 동역학으로 설명된다. 반면 정역학Mechanics의 '정靜'은 멈춰 있다는 뜻이다. 방 안에 있는 침대, 바다와 강을 이은 다리, 바다 위에 떠 있는 배, 하늘을 향해 뻗어있는 초고층 건물 등을 정역학으로 설명한다. 정역학의 기초는 기원전 3세기경에 그리스의 수학자인 아르키메데스에 의해 이루어졌는데, 그는 지렛대의 평형공식과 중력중심에 대한 공식을 발견했다.

동역학은 17세기에 이르러 갈릴레오가 기초를 확립했다. 추론과 직관이 아닌 과학실험을 숭상한 갈릴레오는 무거운 물체가 낙하하는 것은 원래 위치를 추구하는 움직임 같은 것이 아니라 지구상 모든 물체에 중력이 작용하기 때문이라고 생각했다. 물체가 중력의 작용을 받아 균일한 가속운동을 하는데, 이 가속도는 보편상수 g라고 하며 물체의 무게나 성분에 무관하다. 갈릴레오는 경사면 실험에 이상적인 환경을 가정하는 논리적 추론을 더하여 관성의 법칙1을 알아냈다. 이 법칙은 '힘은 속도의 원인이 아니라 가속도의 원인이다.'라는 것을 말해준다. 갈릴레오의 낙제 법칙에서 가장 혁명적인 것은 그때까지 과학에서 교묘하게 빠져나갔던 '시간'을 순수한 물리현상을 나타내는 매개변수로 취급했다는 것이다.

이렇게 갈릴레오는 동역학의 올바른 기초를 다졌다. 갈릴레오의 공헌 중에 가장 두드러진 것은 낙하물체에 관련된 것인데 구체적으로 그는 무거운 물체가 더 빨리 떨어진다는 아리스토텔레스의 이론이 옳지 않음을 증명했다. 이후 아리스토텔레스를 비롯한 고대 그리스인들이 운동하는 물체의 동작을 설명하려고 노력했지만 거리와 시간을 측정할 수 있는 만족할 만한 도구가 없었고 따라서 공식을 증명할 수가 없었기 때문에 그들의 노력은 실패하고 말았다.

갈릴레오 덕분에 우리 모두, 단순하게 이식되는 것처럼 보이는 것에 힘입어서 어느 정도는 물리학자가 된다. 이처럼 단조로운 상식의 세계로 모습을 감추는 것이 과학혁신의 운명이다.[125]

갈릴레오는 지극히 실용적이고 근대적인 인물이었다. 그는 자연의 모든 것을 길이, 넓이, 크기, 모양, 수, 운동이라는 제1성질로 환원하고 그 밖의 것은 인간이 지각하는 양식인 제 2성질색, 맛, 냄새, 감촉 로 분류했다. 그 차이는 객관과 주관의 차이다. 이리하여 과학과 윤리학 사이의 치명적인 불화가 시작되었고 우리를 객관성의 칼날로 인도했다. 또한 지동설을 확립하려고 쓴《프톨레마이오스와 코페르니쿠스의 2대 세계체계에 관한 대화》는 교황청에 의해 금서로 지정되어 이단행위로 재판까지 받으면서 객관성의 칼날을 들이대며 우리를 현실에 적응시키려 했던 것이야말로 갈릴레오의 위대한 공적이 아닐까. 이후 물리학은 갈릴레오 이래 과학의 예리한 칼날이 되었다.

● 나의 최고의 벗은 진실이다

길리스피를 매료시킨 또 다른 과학자는 아이작 뉴턴이다. 뉴턴은 단순히 과거의 또 다른 과학자를 훨씬 능가한다. 그는 '세계 최초의 과학 천재'로 여겨졌고, 영국 물리학자들이 특별히 주장할 수 있는 사람으로 평가받는다. 뉴턴은 국민적 영웅이었지만, 그의 영향력은 영국을 훨씬 뛰어넘었다.

그의 영향력을 하나씩 살펴보자. 뉴턴은 주로 변화율과 곡선이나 표면 내의 면적이나 부피를 결정하는 것과 같은 문제를 다루는 수학의 진보된 분야인 미적분의 최초 개발자였다. 또 다른 수학자인 독일의 고트프리트 빌헬름 라이프니츠는 독립적으로 미적분 개념을 발전시켰다. 라이프니츠가 진지하게 수학을 추구하기 전에 뉴턴이 미적분학을 발전시켰다는 것은 이제 잘 알려져 있다. 미적분은 이제 물리, 화학, 생물학, 경제, 또는 금융을 공부하기를 원하는 모든 사람들에게 기본적인 진입점이 되었다.

뉴턴은 대학생이었을 때 광학에 대한 연구, 다시 말해 시각과 빛의 행동에 대한 연구를 시작했다. 일련의 실험에서 빛이 있는 프리즘을 사용하여, 그는 벽에 투사되는 빛의 스펙트럼을 연구했다. 그의 분석은 서로 다른 각도에서 굴절하는 개별 광선의 존재를 지적했고, 이는 무지개와 같은 현상을 초래했다. 색수차 또는 색 왜곡이 유리 렌즈에 항상 존재한다고 믿었던 그는 최초의 반사 망원경을 만들었다. 그의 개선된 반사 망원경과 그의 색채 이론은 1671년에서 1672년 사이에 왕립학회에 깊은 인상을 주었다. 뉴턴은 나중에 그의 분석을 옵틱스에 실었고 후에 빛의 본질에 대한 그의 관찰은 현대 과학의 기초가 되었다.

케플러는 스승인 브라헤가 일생 동안 행성을 관측해서 얻은 자료들을 정리하여 케플러의 법칙을 발표했다. 케플러의 법칙은 어떤 물체의 주위를 도는 다른 물체에 대해서 모두 적용된다. 이는 태양계뿐만 아니라 다른 별의 행성이나 지구를 도는 인공위성에도 적용된다. 케플러는 기하학법칙으로 행성의 운동원리를 묘사하는 데 성공했지만, 왜 이 법칙들이 성립하는지에 대한 이유는 알 수 없었다.

이 법칙들을 하나로 묶어 만유인력의 법칙으로 완성한 사람이 바로 뉴턴이다. 뉴턴은 케플러가 구한 행성의 운동법칙에서 거리의 제곱에 반비례하고 각각의 질량에 비례하는 만유인력이라는 개념을 얻어냈다. 뉴턴의 운동법칙 중 첫 번째는 물체가 직선으로 정지상태 또는 균일한 운동상태로 계속 움직인다는 관성의 법칙은 물체에 가해진 힘에 의해 물체상태를 변화시키지 않는 한, 물체는 그 상태를 계속 유지한다는 것이다. 두 번째 법칙은 물체의 운동 변화가 가해지는 힘에 비례하고 그 힘이 가해지는 직선의 방향으로 이루어진다고 말한다. 세 번째 법칙은 모든 행동에 대해 동등하고 반대되는 반응이 있다고 말한다. 이 원리들은 운동과 물리학의 모든 개념적 이해를 위한 기초가 되었다.

업적에서 보듯 그의 연구는 물리학자들이 모든 자연현상의 작용과 성질을 뉴턴의 기본 역학법칙으로 축소하면서, 다른 모든 것들을 뒷받침하는 기초과학으로서 그들의 학문을 틀에 박을 수 있게 했다. 오늘날 운동과 중력에 대한 그의 생각은 물리학과 다른 분야의 과학에 필수적이다.

뉴턴은 그의 연구를 필기해줄 사람을 고용했는데, 그 사람은 뉴턴의 평소 연구 생활에 관해 다음과 같은 기록을 남겼다.

나는 그가 승마, 산책, 공굴리기 등 운동이나 놀이를 하는 것을 본 적이 없다. 그는 연구에 사용하지 않은 시간을 잃어버린 시간이라고 생각하고 연구에 몰두했다. **중략** 무슨 집회가 있는 날이 아니면 식당에서 식사를 드는 일조차 드물었다. 다른 사람이 개의치 않는다면, 뒤꿈치가 닳아빠진 구두를 신고 양말을 묶지도 않고 흰 법의를 걸친 채 머리는 거의 헝클어진 모습으로 아무 거리낌 없이 외출하는 게 보통이었다. 어쩌다가 식당에서 식사를 하겠다고 외출했다가 왼쪽으로 돌아가서 도로로 나와 버리면, 잘못 나왔다는 것을 알아차리고 급히 돌아오는데 이때도 종종 식당으로 가지 않고 자기 방으로 돌아가기 일쑤였다.[126] 평소 비서는 식사를 다 들었는지 자주 물었다. 뉴턴은 "먹었던가?" 하고 대답하는 것이 보통이었다.

뉴턴은 시간, 공간, 장소, 운동을 모든 사람들이 이미 알고 있는 것으로 정의하지 않았다. 그는 단지 보통 사람들이 이 양들을 감지할 수 있는 대상의 관계를 벗어나서는 인식할 수 없다는 사실을 관찰했을 뿐이다. 만유인력 역시 일상에서 관찰할 수 있는 중력에서 출발했는데, '사과는 지구를 향해 떨어지는데, 달은 왜 지구를 향해 떨어지지 않는가.'라는 식이다. 그런데 그 과정에서 어떤 편견이 발생하면 뉴턴은 그것을 제거하기 위해서는 시간, 공간, 장소, 운동을 절대적인 것과 상대적인 것, 참된 것과 외견적인 것, 수학적인 것과 상식적으로 구분하였다.

뉴턴은 17세기 '과학혁명의 아버지'이지만 과학보다는 오히려 성경의 해석, 연금술에 더 관심을 가지며 가끔 과학의 오만함에 빠지기도 했다. 하지만 오만함을 겸허함으로 극복한 그의 과학사상에는 이런 철학관이 있었기 때문 아니었을까. "플라톤과 아리스토텔레스는 나의 벗이다. 하지만 나의 최고의 벗은 진실이다." 뉴턴은 '수천 년 동안 서양의 정신세계를 지배한 권위 있는 철학과 과학관이라고 해도 진실보다 더 무거울 수는 없다.'는 믿음을 실천하였다.

《객관성의 칼날》은 갈릴레오부터 멘델까지 과학사 전체를 요약하여 이야기하는 것이 핵심이 아니다. 핵심은 자연의 탐구를 통하여 하나의 다른 과학으로 객관성의 칼날이 전진해온 고전과학의 구조를 찾는 것이다. 과학의 역사는 인간에 의해서 만들어진 것이지, 일시적 힘의 논리에 의해서 만들어진 것이 결코 아니다.

찰스 길리스피 Charles Coulston Gillispie

1918년 미국 펜실베이니아 해리스버그에 태어나 웨슬리언대학에서 화학, 하버드대학에서 19세기 과학사상을 배웠다. 1947년 프린스턴대학에 과학사 과정을 창설하여 이곳을 과학사 연구의 한 센터로 만들었다. 1959년 국제협력의 성과라고 할 수 있는 《Dictionary of Scientific Biography》의 편찬 총책임자로 있었다. 저서로는 《The Edge Of Objectivity》《Genesis and Geology》《Science and Polity in France》 등이 있다. 2015년 10월 6일, 97세를 일기로 사망했다.

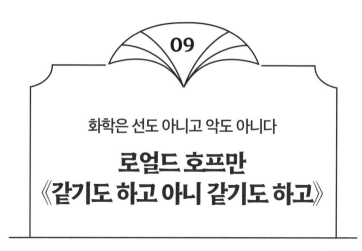

09

화학은 선도 아니고 악도 아니다

로얼드 호프만
《같기도 하고 아니 같기도 하고》

《같기도 하고 아니 같기도 하고》는 자연과 인간에 대한 독특한 인식과 사상을 담은 호프만의 수상록이다. 호프만은 화학이 무엇이고, 화학자가 어떤 마음으로 화학문제를 해결하고 있는가에 대해 다양한 사례를 들어 설명한다. 제목이 《같기도 하고 아니 같기도 하고》인 이유는 화학에서는 새로 만들어진 물질이 기존의 것과 같은지 다른지를 규명하는 것이 가장 핵심적인 요소라는 데서 붙여진 것이다.

저자는 화학이 환경문제를 낳는다는 비판에 대해 회피하지 않고 정면에서 다룬다. 오히려 화학 재난에 대한 올바른 사회인식 정립과 화학자들이 하는 일이 지구의 물질순환에 변형을 가져올 수 있음을 인정해야 한다면서, 열린 자세와 균형잡힌 시각을 보여준다. 아울러 선과 악, 나눔과 독점처럼 대립되는 요소로 표현되는 물질과 마음의 연결고리를 이해함으로써, 왜 우리가 화학 물질을 좋아하면서도 무서워하는가를 알게 해준다.

현대를 사는 교양인에게 화학의 전모를 제대로 전달하는 책이 별로 없는 상황에서 심미적 혜안으로 과학을 해석하는《같기도 하고 아니 같기도 하고》는 참으로 권장할 만한 책이다.

● 화학에 대한 오해

인간의 몸은 140억 년 전 빅뱅 우주론에서 만들어진 가벼운 원소인 수소와 그보다 수십 억 년 후 어느 별에서 만들어진 무거운 원소들이 만나 이루어진 화학 원소들의 집단이다. 인간의 몸을 구성하는 원자를 200개라고 하면 그 중 126개는 수소이고, 51개는 산소이며, 19개는 탄소, 3개는 질소이고, 나머지 다른 원소들은 모두 합쳐야 하나 정도다.

화학 원소들의 집단으로 구성된 인간이 화학을 시작하게 된 시기는 50만 년 전 불을 사용하기 시작하면서부터다. 이후 우주 만물을 구성하는 물질의 정체와 변환에 대한 화학 지식이 폭발적으로 늘어나면서 물질적 풍요가 실현되었다. 과거 지배계층의 사람들만이 입을 수 있었던 아름다운 색으로 염색된 옷을 지금은 누구나 입을 수 있게 되었고, 인간의 수명도 과거보다 몇 배 더 늘어났다. 더욱이 물리학, 생물학, 지질학을 비롯한 현대의 모든 과학을 지탱하게 만들어주는 핵심적인 역할을 화학이 하고 있다.

그런데 요즘 화학에 대한 사회적 인식이 지극히 부정적이며 극심한 천대를 받고 있다. 자연의 모든 존재는 물론이고 우리의 삶 전체가 물질을 바탕으로 하고 있음에도 불구하고, '물질적'이라는 말은 '정신적'이라는 말보다 저속하고 세속적인 의미로 인식되고 있고, 그 앞에 '화학'이라는 수식어가 붙게 되면서 그 의미는 정말 고약하게 변해버렸다. 화학이 만들어낸 오염과 독성이 자연환경과 생태계를 심각하게 위협하고 있다고 믿는 사람들이 많아졌기 때문이다. 이제는 더 나아가 화학물질이 없는 세상에서 살고 싶다는 화학 혐오증chemophobia까지 확산되고 있다.

그런데 화학물질이 없는 세상에서 과연 인간이 존재할 수 있을까? 저자는 선과 악으로 나누는 것과 같은 단순한 이분법적 분류로 화학을 인식하는 것을 거부한다. 화학물질이 없는 세상에서는 인간은 물론 세상의 어떤 것도 존재할 수가 없다. 화학은 냄새 나는 공장이나 실험실에만 있는 것이 아니라 우리의 생활과 삶속에 깊이 뿌리내리고 있는 생활과학임에 틀림이 없다. 인간이 다른 동물과 달리 인간다운 삶을 살게 된 것도 화학 덕분이다. 그럼에도 우리의 실수와 잘못을 화학과 화학물질의 탓으로 돌려버리는 자세는 비겁하고 패배주의적인 것이다. 오히려 더욱 적극적인 자세로 화학을 이해하고 활용해야 할 때이다.

● 화학의 예술성

화학은 '발견'의 학문이라기보다는 자연의 세계에 없는 물질을 '창조'하는 것에 관심이 있는 학문이다. 노벨은 니트로글리세

린을 규조토에 흡수시키면 충격에 비교적 안전하면서 폭발력은 그대로 유지된다는 사실을 밝혀냈고, 입체화학의 창시자로 알려진 반트 호프는 화학동역학의 법칙과 삼투압을 발견했으며, 베이클랜드는 최초의 열경화성 플라스틱을 만들어냈다. 맥더미드와 히거 교수, 시라카와는 한 단계 발전된 전기가 통하는 플라스틱을 개발했다. 독일 화학자인 바이어는 포피린 유도체에서 식물의 광합성에 작용하는 클로로필의 합성에 성공했고, 에두아르트 부흐너는 발효가 효모 내에 있는 효소의 작용에 관한 것이며, 효모 세포의 생리작용에 의한 것이 아님을 밝힘으로써 발효 화학에 신기원을 이뤘다. 지금까지 화학은 1,000만 종 이상의 새로운 물질을 생성했다. 지구상에 존재하지 않았던 분자가 1,000만 가지나 알려지게 되었다는 뜻이다.

새로운 분자의 합성을 추구하는 화학은 예술이라고 할 수 있다. 화가들이 물감과 캔버스를 통해 새로운 그림을 창조하고 있는 것과 그렇게 다르지 않다는 이야기다. 화학은 더욱 완전한 삶과 보이지 않는 도시와 우리 자신이 아름다운 모임을 만들기 위해서, 우리 내부의 유일하지도 않고, 우연에 의한, 환원될 수 없는 세계를 발견하거나 탐구하거나 밝혀내려고 한다. 다시 말해 우리 주변에 있는 것들의 깊은 진실을 발견하려는 것이 바로 화학이고 예술이다.

화학합성chemical synthesis이란 화학반응을 구사하여 목적의 화합물을 만드는 것을 이른다. 합성은 화학의 핵심활동으로서, 합성이 있기 때문에 화학은 예술에 가깝다. 합성은 창조적이기도 하면서 분자를 만드는 전략을 찾아내는 컴퓨터 프로그램을 만들 수 있을 정도로 상당한 논리성을 가지고 있기도 하다.

화학자들은 분자를 만든다. 분자를 만드는 방법은 여러 가지다. 원소이거나 화합물이거나 관계 없이 물질 A를 물질 B와 혼합한 다음, 열이나 빛을 쪼여주거나 전기방전을 쏘아주는 단순합성이 있고, 놀라운 정도로 많은 화학합성은 우연에 의해서 이루어지기도 한다. 마지막으로 진통제나 해열제로 쓰이는 아스피린을 상업적으로 합성하는 산업적 합성이 있다. 산업적 합성은 안전성이 매우 중요하다. 소비자뿐만 아니라 생산과정에서 작업에 종사하는 사람들의 건강에 해를 끼쳐서도 안 된다. 한편 산업적 합성에서 중요한 것은 생산원가인데, 원가를 절감하려는 경쟁적인 압력이 창조성의 원천이 되기도 한다.

호프만의 책이 독특한 점은 화학을 독자에게 제3자의 객관적 시각으로 보여주기보다는 화학자의 느낌과 마음으로 간접 체험할 수 있게 해준다. 표면적으로는 화학자의 세계 곳곳을 대립성과 이원성이란 추상적 개념을 통해서 보여준다고 요약할 수 있다. 화학에서의 대립성이나 이원성은 단순한 이원론을 넘어선다. 화학의 문제는 단순히 정반합正反合의 논리보다 훨씬 더 높은 수준의 다차원적인 것이다. 어떤 분자는 구조를 바꾸거나, 분해되거나 다른 분자와 결합할 수도 있고, 해롭거나 이로울 수도 있으며, 선형적이거나 비선형적일 수도 있고, 정적이거나 동적인 평형의 균형상태를 보이기도 한다. 그런 대립을 통한 아름다움이 화학의 생명이다.

대립성을 추구하는 화학은 '자연적인 것'과 '비자연적인 것'의 인위적인 구분이 타당하다고 보지 않는다. 언론의 보도에 따르면 화학을 상징하는 이름이나 명사 앞에는 항상 '독성', '유해성', '오염성' 등의 형용사를 빠짐없이 붙이고 있다. '자연성', '유기농법', '순수성'과 같은 말들은 긍정적인 의미를 나타내는 것으로 인식되는 반면에, 합성된 것은 부당하다고 인식하고 있다. 오늘날 우리는 이전에는 치료할 수 없었던 병도 화학 합성기술을 이용한 의약품으로 치료할 수 있게 되었고, 편리한 공간에서 생활하면서 엄청난 양의 합성물질을 소비하고 있다. 분수가 아름다운 이유는 단단한 청동이나 돌이 움직이면서 자유로워 보이는 물과 같이 대립되는 요소와 결합이 되었기 때문이다.

결국 화학은 '자연적인 것'과 '비자연적인 것' 사이의 인식 차이를 메워주는 역할을 한다. 예술, 과학, 상업, 육아에 이르기까지 인간의 모든 활동에서 자연적인 것과 비자연적인 것은 구별은 무의미하다. 화학의 세상에서는 모든 것이 양극화되고, 이원화됨으로써 긴박한 대립으로 이어진다. 호프만의 표현에 의하면 단순히 입체적일 뿐만 아니라 다차원적일 정도로 여러 축들이 다채롭게 교차할 뿐이다. 호프만의 화학에 대한 철학이 담긴 촌철 같은 시로 의미를 이해해보자.

산 위에 올라
산을 볼 수 없다고 말한 사람은
광부였다.[127]

• 화학자의 사회적 책임

20세기에 들어 화학물질의 기술은 비약적으로 발전했다. 합성 비료와 농약은 전 인구의 식량 생산을 가능하게 하였고, 플라스틱은 일상생활을 혁신적으로 변화시켰으며, 석유화학산업과 고분자산업은 일상생활을 넘어 과학분야까지 완전히 새로운 모습으로 태어나게 만들었다. 하지만 화학에 의한 물질적 풍요에도 어두운 면이 있기 마련이다. 대규모 화학산업에서 발생하는 폐기물도 심각하지만, 인공적으로 합성한 물질의 대량오염과 남용이 생태계에 심각한 영향을 미치고 있다.

1994년부터 2011년 사이에 발생한 가습기 살균제 사건은 사람들의 폐에서 섬유화 증세가 나타나 20,366명이 사망했고 건강피해자는 950,000명이 발생했다.[128] 폐 손상의 피해자 중 57퍼센트는 5세 미만의 영유아였고, 16퍼센트는 임산부였다. 회사는 화학 성분이 어떠한 방식으로 사람의 몸에 영향을 미치는지 사전에 충분한 안정성 테스트를 거치지 않고 '인체에 무해하다.'는 표시까지 하여 판매함으로써 많은 사람이 죽거나 심각한 장애를 겪게 만들었다.

가습기 살균제 사건은 1950~60년대에 전 세계적으로 큰 물의를 일으켰던 탈리도마이드thalidomide 사건의 복사판처럼 보인다. 탈리도마이드 사건은 입덧 치료제로 사용된 약품로 신생아가 선천적으로 팔다리가 결손되거나 짧은 상태로 태어나는 등 심각한 결손을 유발하는 것으로 밝혀져 물의를 일으켰던 사건이다. 이 사건 역시 5,000~6,000명이 사망했고 제약사를 비롯하여 관련 기관과 학계, 정부의 많은 잘못이 지적되었지만 아무도 형벌을 받지 않고 사건은 마무리되었다.

화학자들은 이러한 문제들이 얼마든지 일어날 수 있고, 화학물질의 유용성이 부작용에 비하여 큰 경우가 많은데, 반대론자들이 너무 과장되게 떠든다고 불평도 하지만 호프만은 이러한 문제 제기를 무시하면 안 된다고 경고한다. 화학자들은 새로운 합성물질에 대하여 좋은 점만 부각시킬 것이 아니라 조금이라도 예상되는 부작용이 있으면 적극적으로 알려서 미리 대처할 수 있도록 하는 마음가짐이 필요하다고 했다. 물리학자 필립 아벨슨Philip Abelson이《사이언스Science》에 실었던 사설은 환경에 관한 우리 사회의 한 태도를 잘 보여준다.

대중은 오랫동안 환경오염 물질, 특히 산업화학물질의 위험성에 대한 일방적인 편견을 들어왔다. 극소수의 사람들만이 균형을 맞추려고 노력했을 뿐이다. 그런 사람들은 자신의 이익만을 추구하는 막강한 힘을 가진 언론의 연합, 편향된 환경단체, 정부의 규제 그리고 고소인들의 변호사 등과 대항하게 된다. 중략 지금까지 쌓인 재앙의 예언들을 살펴보면 그들이 얼마나 판단력이 없고, 사실을 외면하며, 솔직하지 않은가를 알 수 있다. 그들의 주장에 의한 허깨비 위험성에 대비하기 위해서 엄청난 비용을 낭비해서는 안 된다.[129]

그렇다면 화학자는 어떤 사회적 책임을 어느 정도 수행해야 할까? 오프만은 화학자가 진짜와 가짜를 정확히 구별하지 못할 때엔 엄청난 재난이 유발될 수 있다고 경고했다. 화학물질의 미세한 차이는 화학자만이 알 수 있기 때문에 화학자들은 자신의 창조물이 어떻게 이용 혹은 오용되는가에 대해서 책임을 져야 한다. 이를 위한 기본적인 작업으로 화학자들이 새로운 물질의 위험성과 오용가능성을 사회에 알려야 할 의무가 있다.

1995년 노벨평화상을 수상한 과학자인 조지프 로트블랫Joseph Rotblat은 "어떠한 규제이든지 과학기술자들 자신에 의해 행해지는 편이 훨씬 나을 것이다."고 지적하면서 과학기술단체 스스로가 과학기술자의 윤리를 선도적으로 제정할 것을 촉구했다.[130] 아울러 일상에서 화학제품을 사용하는 소비자들도 화학에 대한 균형 있는 관점이 필요하다. 본질이 간과되어 심한 부작용과 과도한 대응으로 화학의 필요성을 지나치게 제한할 수도 있지만, 반면에 남용으로 인하여 문제가 야기될 수도 있기 때문이다.

로얼드 호프만 Roald Hoffmann

폴란드 제2공화국 현재 우크라이나 에서 출생한 호프만 교수는 1965년 코넬대 화학과에 교수로 부임했고, 1974년부터 존 뉴먼 자연과학 교수로 재직했다. 현재는 프랭크 로즈 인문학 명예교수로 활동하고 있다. 양자화학에서 화학반응에서의 우드워드-호프만 규칙을 밝혀낸 공로로 1981년에 일본의 후쿠이 겐이치와 함께 노벨 화학상을 수상했다. 미국의 과학 메달, 미국 과학원상, 미국 화학학회 프리스틀리 상 등 수많은 상을 수여 받았다. 《오비탈 대칭 보존》《고체와 표면》《고체와 표면》《가상의 탄화수소》 등 400여 편의 논문과 전문저서를 저술했으며, 노벨상 수상 후에는 '화학의 시인'이라 불리며 시인으로 활동하면서 《메타믹트 상태》《틈새와 모서리》《솔리톤》 등 다수의 시집을 발간했다.

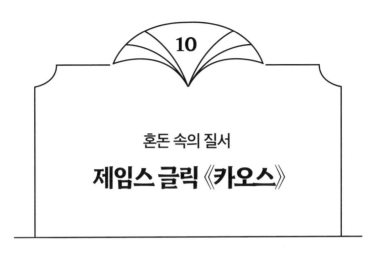

혼돈 속의 질서
제임스 글릭 《카오스》

1987년 '나비효과'라는 말을 세상에 알리며 첫선을 보인 《카오스》는 6년이 지나 1993년에야 우리말로 번역되었다. 첫 출간으로부터 20년이 지난 2008년, 미국에서만 100만 부 이상 팔려 과학책으론 전설적인 베스트셀러가 되었다. 《카오스》는 프랙탈, 로렌츠 끌개, 망델브로 집합, 쥘리아 집합 등 알기 쉽게 카오스 이론을 담고 있다. 저자는 복잡하고 난해한 과학 이야기를 마치 소설처럼 엮어 흥미진진하게 읽을 수 있도록 유려한 문체로 담아냈다. 카오스 이론이 등장할 당시 과학자도 이해하기 힘든 개념을 일반 독자도 쉽게 접근할 수 있게 풀어냈다는 것만으로 이 책은 읽을 만한 가치가 있다.

• 나비효과의 탄생

로렌츠는 날씨의 변화무쌍함을 좋아했다. 집 밖에서 온도계를 설치하고 매일 기온의 변화를 기록할 정도로 날씨에 관심이 많았다. 제2차 세계대전 당시 로렌츠는 육군 항공대 기상예보관으로 일하게 되었고, 전역 후에도 기상학에 쓰이는 수학을 좀 더 발전시키기로 했다. 1960년대만 해도 기상학자들은 날씨예측이 경험과 육감으로 하는 일이지 진정한 과학의 영역은 아니라고 평가절하했다. 기상학자들은 날씨예측을 하찮게 여겼고, 과학자들은 컴퓨터를 신뢰하지 않았다. 그러니 수학적 기상 모델이 서자 취급을 받는 것은 당연한 이치였다.

시대의 흐름을 거스를 수는 없는 법, 이론 중심의 기상학자들은 천문학자들이 연필과 계산기로 할 수 있었던 일들을 컴퓨터로 대신할 수 있게 되었다. 다시 말해 우주의 진화를 이끄는 물리법칙을 통해 우주의 미래를 계산할 수 있다는 것이다. 하지만 당시 과학자들에게는 조그만 타협이 존재했다. 많은 20세기 과학자들은 암묵적으로 연구대상을 과학법칙에 복종하는 가장 단순한 요소들로 분해하는 것이었다. 이렇게 생각한 배경에는 바로 측정은 결코 완벽할 수 없다는 것이다. 다시 말해 은하계의 어떤 혹성에 떨어지는 낙엽처럼 매우 미미한 영향력은 고려할 필요가 없다는 것이다. 독단적이고 제멋대로인 작은 영향력은 커다란 결과로 확대되지 않는다고 믿었던 것이다. 아니 믿고 싶었던 것이다.

날씨는 훨씬 복잡한 현상을 띄고 있다. 로렌츠는 원시적인 컴퓨터를 가지고 기상 현상을 뼈대만 남을 때까지 단순화시켰다. 한 줄씩 인쇄되어 나오는 바람과 기온은 로렌츠의 직관과도 맞아떨어졌다. 그는 기압의 상승과 하강, 기단의 남북이동이 반복되어 시간이 갈수록 익숙한 패턴이 나타날 거라 생각했다. 이것은 일기예보가들이 생각하는 일종의 법칙이다. 하지만 예측과는 다른 결과가 나타났다. 정확하게 반복되진 않았지만 패턴과 교란이 동시에 나타났다. 그것은 질서정연한 무질서였다.

결과를 면밀히 검토하기 위해 로렌츠는 원시적인 그래프를 그렸다. 몇 개의 여백 다음에 a를 인쇄하였더니 물결 모양의 선을 그리며 언덕과 계곡을 길게 만들어 냈다. 남쪽과 북쪽으로 불어간 서풍의 경로를 나타낸 것이다. 출력된 데이터를 검토하는 로렌츠는 예측했던 결과와 완전히 다른 사실을 발견했다. 로렌츠는 컴퓨터로 재현한 날씨가 출발점이 거의 같은 지점에서 시작해 갈수록 사이가 멀어져 모든 유사점이 사라지는 것을 보게 되었다. 불과 수개월 만에 모든 유사성이 사라져버린 것이다.

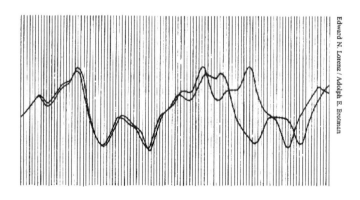

Edward N. Lorenz / Adolph E. Brotman

문제는 타이핑한 숫자에 있었다. 컴퓨터에 저장된 숫자는 0.506127과 같이 소수점 이하 6자리였다. 그러나 출력할 때는 분량을 줄이기 위해 0.506과 같이 3자리만 나타나게 했다. 0.000127이라는 근소한 입력치 차이가 완전히 다른 기후패턴 결과로 나타난 것이다. 즉 모든 지점에서 불안정성을 갖는 카오스의 가능성을 간과한 것이다.

오늘날 기상업무가 기술이 아니라 과학이 될 수 있었던 것은 컴퓨터 모델링 덕분이다. 하지만 세계 최고 수준의 슈퍼컴퓨터라고 해도 계측기 사이의 평균값에서 미세한 편차가 생기면 컴퓨터는 이 사실을 인식하지 못한다. 시간이 지나면서 오차는 더 큰 규모로 확대되고 결국 범지구적인 규모가 된다. 로렌츠는 이러한 사실을 연구결과로 발표했다. 이에 대해 한 기상학자가 다음과 같이 코멘트했다.

"그게 사실이라면, 갈매기의 날갯짓 한 번만으로도 기후 패턴이 완전히 달라진다는 것과 진배없네요."

로렌츠에게 순간 아이디어가 반짝 떠올랐다. 갈매기보다 나비의 날개가 자신의 연구 결과를 좀 더 극적으로 보여줄 수 있으리라는 아이디어였다. 1972년 로렌츠는 미국과학진흥협회에서 청중을 사로잡을 강연 주제를 고민하지만 마땅한 주제가 떠오르지 않았다. 이때 동료 기상학자인 메릴리스Philip Merilees가 "브라질에서 나비가 날갯짓을 하면 텍사스에서 토네이도가 일어날까?"라는 주제를 제안했다. 나비효과의 모든 것을 담아낸 이 문장은 그 후 나비효과를 설명하는 대명사가 되었다.[131]

로렌츠는 비슷하게 반복되지만 결코 똑같이 반복되지 않는 계 system들을 수학적으로 연구하는 데 더욱 몰두했다. 다시 말해 나비효과가 우연이 아니라 필연이라는 것을 증명하고 싶었다. 이것은 카오스가 임계점을 가지고 있다는 것을 의미했다. 결국 그는 3개의 방정식만으로 이루어진 계에서 그것을 발견하게 되었다. 이것이 오늘날 우리가 알고 있는 '로렌츠의 끌개attractor'다. 이 끌개는 무질서한 데이터의 흐름 안에 숨겨진 정교한 구조를 보여준다. 마치 두 날개를 갖고 있는 나비처럼 3차원 공간좌표에서 이중나선 모양의 이상하고 특이한 모양을 그려낸 것이다. 끌개 위의 운동은 추상적이지만, 실제 계 운동의 특징을 완벽하게 보여주었다.

MIT 응용수학과 윌렘 말쿠스Willem Malkus, 교수는 "로렌츠는 물리학자인 우리들과는 완전히 다르게 생각했습니다. 외부세계의 측면을 과감히 도입했고, 한참 후에야 우리는 로렌츠의 생각을 알게 되었습니다."라고 평가했다. 이후 로렌츠 이론은 프랑스 물리학자 앙리 베나르Henri Bénard와 영국 물리학자 존 윌리엄 스트럿 레일리John William Strutt Rayleigh가 활용하는 등 오늘날 카오스 이론의 기초가 되었다.

● 비선형계의 출현

1970년대 카오스가 새로운 과학으로 출현하면서 생태학자들도 연구방법에 대한 변화가 불가피하다는 인식을 갖게 됐다. 그들은 몇 세대 전부터 매년 일정 비율로 개체수가 증가하는 선형 함수 $\chi next = r\chi$가 더 이상 통하지 않는다는 것을 깨달은 것이다. 생태학자들은 수학적 모델을 이용하면서 항상 그 모델이 복잡한 현실세계의 빈약한 근사치에 불과하다는 것을 알고 있었다. 하지만 쉽고 간단한 문제는 아니었다. 생명과학에서 연구하는 실제 현상은 물리학자의 실험실에서 볼 수 있는 어떤 현상보다도 복잡하고 연속적으로 변화하며, 분석하기도 힘들기 때문이다.

무엇보다 좀 더 복잡한 버전을 다룬 교재나 참고도서도 카오스적 형태가 일어날 수 있다는 점을 인정조차 하지 않았다. 실재하는 카오스와 함께 비선형계는 거의 가르치지도 배우지도 않았다. 우연히 카오스나 비선형계를 발견하면 일탈적인 것으로 무시해버리라고 배운다. 과학자들은 비선형계에 맞닥뜨릴 경우 선형적 근사치로 대치하거나 다른 변칙적 접근법을 찾아내곤 했다.

이러한 환경에 변화를 준 인물이 나타났다. 그는 미국 메릴랜드 대학의 수학자 제임스 요크James A. Yorke다. 요크는 현실적 문제에 자신의 생각을 펼쳐 세상에 유용하게 해야 한다고 생각하는 수학자였다. 한번은 반전시위가 있던 시절, 미국 연방정부가 집회에 모인 군중이 얼마 되지 않는 것처럼 보이기 위해 워싱턴 기념탑 주변을 정찰기로 촬영하여 집회의 절정기 때 사진이라고 공개하자, 요크는 기념탑의 그림자를 분석하여 그 사진이 집회가 끝나고 30분 후에 찍은 것임을 증명해 보였다.

요크는 연구 가치관에서도 드러나듯 카오스적 운동형태를 증명하려 했다. 지난날 사람들은 무수한 상황에서 카오스적 운동 형태나 불규칙적 형태가 보이면 수정하거나 포기했다. 하지만 요크는 발행부수가 가장 많은《월간 미국수학》에 '주기 3은 카오스를 내포한다Period Three Implies Chaos'라는 불가사의한 제목으로 결정론적 무질서를 다루는 카오스를 탄생시켰다. 요크는 '어떤' 1차원적 계에서 주기 3의 규칙적 주기를 항상 보이면, 같은 계에서 또한 길이를 번갈아가며 진행되는 규칙적 주기와 함께 완전한 카오스적 사이클까지도 나타난다는 것을 증명했다. 그는 전통적으로 어려운 연속 미분방정식에 의해 모델화되는 복잡한 계도 단순한 불연속적 사상으로 이해할 수 있다는 것을 증명한 것이다. 요크는 당시 물리학자들에게 다음과 같은 말을 전했다.

카오스는 우리 주변에 언제나 존재하고 안정적이며 구조적이다.[132]

요크의 연구로 '카오스'란 말이 과학기술용어로서 처음으로 사용되기 시작했다. 그의 논문이 발표된 이후 카오스 이론은 공학 분야 뿐만 아니라 오늘날 수학이나 물리학, 생태학 등 우리의 현실 생활에도 크게 활용되고 있다. 다시 말해 카오스 이론을 응용한 전자제품들이 선보이고 있으며 로봇이나 반도체 칩의 계발에도 이용되고 있다. 환율이나 주가예측에 있어서도 마찬가지다. 기존의 계량모델들이 가격변동을 선형방정식으로 단순화시켜 분석하는데 반해 카오스 이론에서는 복잡한 현상을 있는 그대로 놓고 비선형방정식에 의해 일정한 규칙을 찾아낸다. 컴퓨터의 눈부신 발달이 이 같은 비선형 분석을 가능케 해주고 있는 것이다. 최근에는 카오스 이론과 인공지능 기술을 결합하여 환율이나 주가를 분석할 수 있도록 한 소프트웨어도 개발되고 있다.[133]

대다수 과학자들은 선형적 체계 속에 지식을 축적한다. 또한 과학자들은 시대적 사조를 따르며 그들만의 방식대로 풍경화를 그린다. 이러한 보편적 방식은 해당 분야에 편견을 갖게 만들어 결국 제한적인 미래를 설계할 뿐이다. 하지만 지식은 불완전하고 비선형적이다. 오늘날 역사를 새로운 방향으로 끌고 간 것은 특정 정부도, 어떤 과학혁신위원회도 아닌 개인적 통찰력과 비난의 화살에도 불구하고 끊임없이 연구를 밀어붙인 몇몇 개인들이었다.

제임스 글릭 James Gleick

1954년 미국의 뉴욕에서 태어났다. 이후 하버드대학에서 문학, 언어학을 전공했고, 10년 동안 더《뉴욕 타임스》에서 편집자와 기자로 지내면서 다양한 경험을 쌓은 뒤, 과학과 기술을 주제로 기고문과 책을 쓰는 일에 전념하고 있다. 방대한 자료를 치밀하게 조사, 연구하여 신선한 시각으로 종합하고 의미 깊은 내용을 특유의 어법으로 정확하면서도 흥미진진하게 전달하는 솜씨로 정평이 난 작가다. 주요 저서로는《아이작 뉴턴》《천재 : 리처드 파인만의 삶과 과학》《카오스:현대 과학의 대혁명》《빨리 빨리! 초스피드 시대의 패러독스》《What Just Happened:A Chronicle from the Information Frontier 정보혁명, 정말 무슨 일이 일어났나》등이 있으며, 이 중《아이작 뉴턴》은 2004년에《카오스》는 1988년에 퓰리처상 최종후보작으로 선정되었다. 현재 이 저서들은 30개 국어로 번역되었다.

새는 힘겹게 투쟁하여 알에서 나온다

_ 헤르만 헤세

4장

동서양 문학

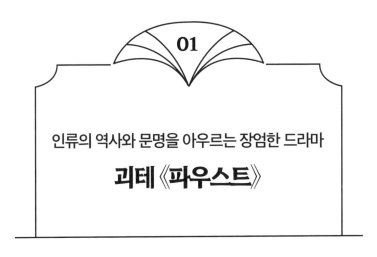

01

인류의 역사와 문명을 아우르는 장엄한 드라마
괴테《파우스트》

《파우스트Faust》는 악마 메피스토펠레스와 계약을 맺는 내용의 독일 전설 속의 인물로, 마술사이자 연금술사였던 요한 게오르크 파우스트를 바탕으로 한 소설의 주인공이다. 괴테가 스물두 살에 시작하여 60여 년을 두고 쓴 역작《파우스트》는 여든두 살이던 1831년 여름에 최종적으로 마무리했다. 괴테는 당대의 이해를 기대하기 어렵다고 여겨 이를 봉인해 넣었다가 1832년 1월에 다시 꺼내고 고치어 세상에 드러냈다. 총 12,111행의 대작《파우스트》는 정치, 철학, 종교, 국가, 전쟁, 예술 등 인간의 모든 문명을 아우르며 다양하고 폭넓은 세계관을 보여주는 고전 중의 고전으로, 괴테가 완성한 독일정신의 총체인 동시에 인간 정신의 보편적 지향을 제시하고 있다는 평가를 받는다.

● 악마와의 계약

천상과 지상에서 활동하는 악마 메피스토펠레스는 신에게 "인간은 완전한 도덕성이 구현된 신성神性과, 도덕성을 전혀 인식하지 못하는 본성 사이에서 방황하는 분열되고 모순된 존재이며 이중적인 모습을 보인다."라며 신랄하게 비판한다. 구약성서의 '욥기'에서 욥을 사탄의 손에 내어주었던 것처럼, 신은 파우스트를 악마에게 내어주며 시험을 해보라고 부추긴다. 신은 '늘 무엇인가 추구하는 인간은 한때는 타락하고 파괴될지 모르지만 결국은 착한 본성으로 돌아온다.'고 믿는다. 이제 파우스트는 인간을 대표하여 악마와의 관계에서 인간의 본성대로 모든 것을 결정하고 행동할 수 있다.

'인간은 노력하는 한 방황하기 마련이다.'는 천상의 서곡에서 등장한 문구가 파우스트의 전체적인 주제를 대변하듯, 철학, 법학, 의학, 심지어는 신학까지도 전력을 다해 철저하게 연구한 파우스트는 끊임없이 지식과 인지에 대한 갈망과 노력으로 초월적인 존재에 이르기를 원했다. 하지만 그는 정통적 학문의 사고방식을 이용해서는 사물의 본질에 나아갈 수 없음을 깨닫고, 자신의 존재적 한계를 뛰어넘기 위해 악마와 계약을 맺고 긴 여정을 떠나게 된다.

여정을 떠나기 전에 파우스트가 악마와 계약을 맺게 된 이유에 대해서 좀 더 구체적으로 이해할 필요가 있다. 단순히 선악의 개념을 떠나 파우스트는 정통적 학문에서 느낄 수 없는 분야, 다시 말해 연금술, 우주 등의 영역까지 침범하면서 자신이 지적인 욕망을 충족하고 싶었다. 파우스트는 전통지식을 차근차근 쌓는 것보다 어떤 본질을 알고 싶었던 것이다. 지구를 감싸고 있는 자연의 흐름을 직접적으로 느끼고 싶거나 심지어 우주 전체를 직접 조망하고 싶어 했다. 이런 욕망을 추구하면서 파우스트가 살았던 16~17세기는 지금처럼 천문우주과학, 자연과학이 발달하지 않은 시기다. 지금도 쉽지 않은 욕망을 당대의 학문 수준으로는 불가능했다.

지금 파우스트의 내면상태는 멈출 수 없는 지적 욕망으로 가득 차 있다. 학자로서의 파우스트는 자신의 인식영역을 학문의 틀 안에 가두려고 하지 않았다. 이러한 과도한 지적 욕망의 추구는 자신의 본질이나 정체성에 대해 고민하는 근대인의 속성과 닮아 있다. 당시 중세시대는 신학이라는 절대진리가 세상을 움켜쥐고 있었다. 이러한 세계관은 근대시대가 오면서 서서히 약해졌고, 절대적 존재를 비추어서 자기자신의 존재를 설명할 방법도 동시에 약화 되었다. 이러한 변화는 인간의 정체성에 대해서 인간 스스로 답을 내려야 하는 홀로서기를 의미한다. 파우스트는 근대적 인문주의를 대변하는, 나아가 근대정신의 궁극적 지향점을 모색하려는 인물의 표상이었던 것이다. 물질적이고 본능적인 쾌락을 넘어 근원적인 것, 절대적인 것, 영원한 것을 추구하기 위해서는 악마적 힘의 조력이 없이는 불가능한 것이다. 결국 심각한 고민과 자기기만에 빠진 파우스트는 마술적인 감정에 이끌리듯 악마의 손을 잡게 된다.

• 멈추어라, 정말 아름답구나

파우스트 제1부는 개인적 차원의 작은 세상이다. 파우스트는 메피스토펠레스의 도움을 받아 평범한 가정에서 순수하게 자란 소녀 그레트헨을 만나 사랑에 빠지게 된다. 파우스트는 그레트헨을 보자마자 육체적 욕망에 시달리면서 과도한 시도를 한다. 파우스트는 그녀와 함께 있기 위해 수면제를 주면서 그녀의 어머니가 마시는 음료에 섞어 넣으라고 주문한다. 그런데 불행하게도 수면제 과다 복용으로 그레트헨의 어머니는 사망하게 된다.

이후 그레트헨은 비극의 소용돌이로 빨려든다. 그레트헨의 오빠는 파우스트를 비난하고 그에게 도전했다가 파우스트와 메피스토펠레스에게 죽임을 당한다. 게다가 파우스트의 아이까지 임신한 그레트헨은 주위의 시선이 무서워 그녀의 사생아를 익사시키고 살인죄로 유죄 판결을 받는다. 당시 사회에서 혼전 성관계와 임신은 결코 용인될 수 없었다. 더구나 자신의 사생아를 죽이는 사건은 당시 사회를 공분케 한 큰 사건이었다. 파우스트는 그레트헨을 감옥에서 풀어주려고 시도하지만 결국 그녀는 죽음을 선택하게 된다.

여기서 《파우스트》가 끝났다면 영아 살해, 혼전 성관계 등 사회비판적 성격을 띤 책으로 국한되어 평가받았을 것이다. 하지만 괴테는 60년 동안 책을 쓰면서 세상을 보는 관점도 바뀌고 파우스트를 통해서 그려내고 싶은 인간상도 바뀌어 갔다. 10년이면 강산도 변한다고 하지만 강산보다 더 가변적인 것이 인간의 삶과 정체성이다. 괴테의 삶도 이런 이치를 피해갈 수 없었다.

제1부는 요한 게오르크 파우스트의 소재를 가공해서 로맨틱한 사랑과 관련된 개인적인 이야기로 풀어나가는 측면이었다면, 제2부는 괴테가 창작해낸 거시적 영역으로 역사적 과거와 신화적 과거가 뒤범벅이 된 세계 속에서 맹활약하는 정치인 파우스트가 등장한다. 특히 제2부는 여전히 16~17세기 분위기를 유지하고 있기는 하지만, 괴테가 살았던 19세기 근대 서구를 각인하는 특징들이 두드러지게 드러난다. 괴테는 과거 이야기를 가져와서 당대 이야기를 하고 당대 이야기에서 미래와 연관될 수 있는 이야기를 하고자 했다. 그런데 그 미래에 대한 이야기가 당대 독자들에게는 낯설게 느껴졌고, 미래의 독자들이 보기에는 우리 시대의 문제라는 인식을 가지게 된 것이다.

제2부에서는 전쟁과 간척사업과 같은 사회적 사건들을 다룬다. 군주가 된 파우스트는 더 많은 백성에게 더 많은 농경지를 제공하겠다는 포부를 갖고서 대규모의 간척사업을 벌인다. 이제 파우스트는 자신만의 쾌락이 아니라 인류의 유익을 위해 살기로 작정하고 대규모의 간척사업에 돌입한다. 파우스트의 이러한 생각과 행동의 전환은 악마와의 동행을 시작하고 잊혀져간 신의 존재, 즉 근대인의 종교적 특성을 내포한다. 신에 대한 절대적 종속성을 잊고 인간이 중심이 되는 세상을 만들려는 것이다.

눈을 껌뻑이며 저 하늘을 쳐다보고 구름 위에 위 같은 존재가

있지나 않을까. 꿈꾸는 자는 어리석다. 그보다는 이 땅에 확고
부동하게 발을 붙이고 주변을 둘러보란 말이다. 부지런한 자에
게 이 세상은 침묵하지 않는 법, 뭣 때문에 영원 속으로 헤매고
다녀야 한단 말인가.[134]

권력과 정치, 미와 예술에 대한 추구에도 허망함을 느낀 파우
스트에게 간척사업은 인류를 위한 창조행위다. 무엇보다 인간의
힘으로 삶의 터전을 마련하고, 인간들끼리 서로 협력하면서 새
로운 영지를 건설하겠다는 것은 파우스트의 마지막 원대한 포
부다. 물론 파우스트가 자본주의 엘리트 기업가처럼 자기만족에
차서 "맛좋은 음식과 채찍으로 격려하고, 돈을 지불하여 꾀어내
고 협박하라!"등을 외치면 반계몽주의 모습을 띠기도 했다. 하지
만 신앙적·신학적 인간관에서 탈 신앙적·세속적 인간 중심주의
로 넘어가는 서구 역사의 모습을 상징적으로 재현하고 있는 것
은 분명한 사실이다.
  영국의 저술가이자 철학자인 토머스 어니스트 흄Thomas Ernest
Hulme은 고전주의 세계관과 낭만주의 세계관을 구분했다. 고전
주의 세계는 신의 세계와 인간의 세계가 명확히 구분되고 위계
질서가 분명하다. 반면 낭만주의적 세계는 경계가 모호하다. 인
간이 신의 세계를 넘을 수 있고 사탄으로도 표현되기도 한다. 러
시아 근대문학의 창시자인 알렉산드르 푸시킨은 괴테, 그리고
그의 작품인 《파우스트》가 낭만주의적 세계관의 대표격이라고
주장했다.

다시 《파우스트》의 마지막 이야기로 돌아가보자. 간척사업을 주도하는 와중에 걸림돌이 나타났다. 언덕 구석진 곳에 작은 오두막집을 짓고 소박하게 살아가는 필레몬과 바우키스라는 노부부가 간척사업에 반대를 한 것이다. 파우스트는 메피스토펠레스에게 부탁하여 오두막과 부근의 교회를 불태워 부부를 죽게 만들었다.

대의를 위해 무자비한 폭력도 서슴치 않는 파우스트의 행동에 대해 괴테는 동의했을까? 괴테는 파우스트를 비판하기 위해서 노부부와의 대결구도를 만들어 놓은 것이다. 파우스트가 상징적으로 보여주는 근대인의 특성을 비판적·양가적 시선으로 바라보기 위해 장치한 것이다. 이 과정에서 눈이 멀게 된 파우스트는 메피스토펠레스가 자신의 무덤을 파는 소리를 간척사업이 완성된 것으로 착각하고 지상낙원을 상상하며 "멈추어라, 너는 참으로 아름답구나."라고 외친다. 그러자 파우스트는 죽고 계약에 따라 메피스토펠레스가 파우스트의 영혼을 차지하려 하지만 천사들이 나타나 파우스트를 하늘로 인도한다.

악마에게 영혼을 팔고 살인도 마다하지 않으면서 자신의 욕망을 추구한 파우스트가 구원을 받는 결론에 대해 많은 사람들이 의문을 가진다. 괴테가 사적인 자리에서 "파우스트가 구원을 받게 된 열쇠가 무엇인가?"라는 질문에 "언제나 갈망하면서 애쓰는 것에 구원의 열쇠가 있다."고 밝혔다.

● 욕망의 끝

"나는 한결같이 세상을 줄달음쳐왔다."[135]

위 문장은 파우스트의 정체성이자 일생을 요약한 것으로 주목할 만한 가치가 있다. 철학자들은 인간의 요구를 욕구와 욕망으로 구분했다. 욕구는 배고픔의 충족이지만 욕망은 입의 만족을 위한 것이다. 생존을 위한 것이 아니다.

파우스트적 욕망은 욕망의 끝, 무한한 욕망의 귀결을 보여준다. "줄달음쳐왔다."는 파우스트가 성취하고자 하는 욕망이자 근대적 인간의 공통된 특징을 의미한다. 근대적 인간은 느긋하게 산책하듯이 주변을 살펴보고 자신을 성찰하면서 살아가는 삶이 아니라 무조건 달려서 남들보다 많은 성취를 해야 하는 세상이다. 조금만 어긋나면 뒤처지는 그런 세상 말이다. 이러한 성취 동기는 양면적 성격을 지닌다. 현재의 삶에 안주하지 않고 더 나은 삶을 만들어가는 동인이 되기도 하지만 조금만 과도해지면 늘 뭔가를 이뤄야 한다는 성취 강박으로 변질될 수 있다. 이러한 성취 정도에 따라 인간들을 평가하고 억압하는 비인간적 사회로 귀결될 수도 있을 것이다.

그런 의미에서 19세기의 괴테가 파우스트의 여정을 통해 마치 세상의 여러 허망한 것들과 환락을 좇으며 살아가고 있는 현대인에게 전하고자 한 메시지의 효력은 여전히 유효하다. 아울러 악마와의 계약을 초월하는 것이 궁극적인 삶의 목표이자 괴테가 우리에게 전하고자 하는 인간상이 아닐까 생각해보게 된다.

요한 볼프강 폰 괴테 Johann Wolfgang von Goethe

1749년 8월 28일 독일 프랑크푸르트암마인에서 태어났다. 귀족은 아니었지만 비교적 넉넉한 중산층 집안에서 자라나며 어려서부터 문학과 예술을 가까이 접했고, 8세에 시를 짓고 13세에 첫 시집을 낼 정도로 조숙한 문학 신동이었다. 부친의 권유로 라이프치히 대학교에서 법학을 전공하고 변호사사무소까지 개업했지만 문학과 미술 분야에 더 큰 흥미와 소질을 보였다.

그의 나이 스물다섯인 1774년 《젊은 베르테르의 슬픔》을 발표하고 당시 젊은 세대에게 큰 공감을 불러일으키며 출간되자마자 세계적인 베스트셀러가 되었다. 1794년에는 독일 문학계의 거장 프리드리히 실러 Friedrich Schiller 를 만나 돈독한 우정을 나누며 독일 바이마르 고전주의를 꽃피웠다. 필생의 대작 《파우스트》를 탈고한 이듬해인 1832년 83세의 나이로 바이마르에서 영면했다.

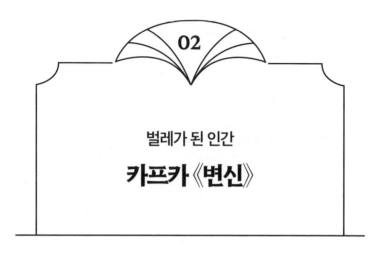

벌레가 된 인간

카프카《변신》

《변신》은 카프카가 1912년에 쓰기 시작해 1915년에 발표한 작품이다.《변신》에서 드러난 인간존재의 의미와 절대고독에 대한 문제는 당시의 시대적 상황과 밀접한 관련이 있다. 자본주의의 성숙기로서 기계의 발달로 대량생산을 이룬 반면, 힘겨운 노동과 저임금, 실업에 시달리며 인간이라는 사실을 끊임없이 부정당하던 때이기도 하다. 혼란스러운 상황은 제1차 세계대전이라는 전례 없는 파국을 맞게 되면서, 불안감과 두려움에 휩싸여 정체성마저 제대로 찾을 수 없는 지경에 빠지게 된다.

《변신》은 당시의 인간소외 현상을 보여주는 대표적인 소설로서, 카프카적 인식이 잘 드러나는 배경, 치밀한 구조적 완결성, 다양한 해석과 정교한 문체라는 평가를 받으며 20세기 최고의 문학 작품으로 꼽힌다. 카프카 특유의 현실적이면서도 냉정하다는 모순된 특성이 살아 있는 대표적인 만큼 카프카를 알려면 가장 먼저 읽어보아야 하는 작품이다.

● 출구 없는 변신

어느 날 아침, 고레고르 잠자는 뒤숭숭한 꿈을 꾸다가 깨어난 흉측스런 벌레로 변한 채 침대에 누워 있는 자신의 모습을 발견했다.[136]

《변신》은 첫머리부터 불쑥 던져진 말도 안 되는 충격적인 문장으로 시작된다. 그리고 그 충격은 작품이 끝날 때까지 이어진다.

매일 새벽 5시 기차로 출근하던 성실한 영업사원 그레고르는 이날 이후부터 영영 출근하지 못하게 된다. 밤사이 흉측한 갑충으로 변해버렸기 때문이다. 자신의 정체성이 무너지는 절망적인 상황에서도 그레고르가 정작 고민하는 것은 '회사에 지각하지 않을까', '자신이 돈을 벌지 못하니 가족들은 어떻게 먹고 살까'였다. 출근시간이 지나도 기척이 없자 회사의 지배인이 확인하기 위해 집을 방문하여 힘들게 그레고르의 잠긴 방문을 열게된다.

갑충으로 변한 그레고르의 모습을 본 지배인은 혼비백산해 도망치고, 그레고르의 어머니는 벌레의 형상에 놀라 실신하고만다. 한번은 그레고르가 방에서 나가자 아버지는 그레고르의 등에 사과를 던져 치명적인 상처를 입힌다. 여동생 그레테마저

"없애 버려야 해요. 저것은 우리를 괴롭히고, 하숙인들을 내쫓고, 우리마저 길거리로 내쫓고는 온 집안을 다 차지하게 될 거에요. 아버지, 저것이 그레고르라는 생각을 버리세요."라며 위협을 가한다. 그의 변신은 더 이상 공동체 속으로 들어갈 수 없게 만들었다. 본질은 같아도 그레고르는 어디까지나 이방인이자 이질감이 드는 존재이기 때문이다.

가족은 갑충으로 변한 그레고르의 모습을 확인한 뒤부터는 확연히 달라진 모습을 보인다. 그레고르가 주변 사람들의 눈에 띄지 않아야 하는 것을 물론이고, 지팡이로 위협하거나, 먹이를 주지만 방에서만 머물도록 문을 잠그기까지 한다. 가족들은 그레고르가 어떻게든 인간으로 되돌릴 방법을 찾는 게 아니라 더 이상 생활에 보탬이 안 되는 징그럽고 무능력한 그를 끊임없이 핍박하고 외면한다. 그러자 마침내 그레고르가 쓸쓸하게 죽음을 맞이하게 되자 가족은 신께 감사를 드린다.

《변신》은 가족들의 억압과 폭력적인 일상을 통해 그레고르의 겉모습만 변신한 것이 아니라 그를 대하는 가족들도 변신했다는 사실을 적나라하게 보여준다. 다시 말해 외형적인 그레고르의 변신과 마찬가지로 그레고르의 가족들도 기능적인 변신을 했다고 볼 수 있다. 그레고르는 원래의 모습을 찾기 위해 끊임없이 출구를 찾지만, 출구는 보이지 않는다. 그레고르의 변신은 가족의 힘으로 어떻게 해결할 수 있는 수준을 넘어선 오늘날 출구 없는 삶을 살아가는 사회적 문제이기도 하다. 우리가 살아가고 오늘의 세상은 돈의 가치가 최고인 자본주의 세상으로 사랑과 신뢰만으로 가족관계를 설명하는 건 불가능한 일이 되어 버렸다. 《변신》은 첨단산업시대의 발달과 함께 변화한 현대 가족의 밑바탕에는 경제적 이해관계가 깔려 있다는 사실과 경제력을 상실하는 순간 가족으로부터 얼마든지 소외될 수 있다는 불편한 진실을 알려준다.

• 동화는 없다

3부로 구성된 《변신》은 책을 덮고도 정신적으로 책을 덮지 못하고 한참을 그레고르의 죽음 앞에 서성이게 된다. 그레고르는 왜 갑자기 벌레로 변신하게 된 것일까? 카프카가 그레고르를 내세워 우리에게 하려 했던 이야기는 무엇일까? 카프카는 왜 그레고르가 어느 날 아침에 한 마리 벌레로 변신한 것인지 그 이유를 끝까지 설명하지 않는다. 독자가 의도를 어렴풋이나마 인식할 수 있는 어떤 직·간접적 설명이나 상황의 전개도 없다. 우리가 당연한 것이라고 믿는 삶의 방식이나 기준, 신념이 철저하게 파괴된 카프카의 소설들은 그 자체로 끝없는 질문이 된다.

카프카는 자신의 작품 속에서 인간의 실존의 불안과 현실의 부조리에 대한 끊임없는 논의를 전개한다. 이런 맥락에서 《변신》은 실존의 문제를 다루고 있다는 점에서 실존주의 작품으로 간주된다. 실존주의란 각각의 개인이 스스로의 선택으로 행동하는 존재로 정의한다. 그렇다면 그레고르에게는 어떤 실존이 존재했던 걸까? 그레고르는 선택의 여지가 없는 벌레가 되어 실존이 불가능한 상황에 처하게 된다. 그러자 그는 자신이 만든 그림 액자에 달라붙어, 그것을 인식하고 간직하는 데서 인간으로서의 실존을 확인하려고 한다. 또한 여동생이 켜는 바이올린 소리에 사로잡혀 어떻게 자신이 갑충일 수 있는지 반문한다.

프라하의 이방인으로서 자신의 삶 속에서 다양한 방식으로 소외를 경험했던 카프카는《변신》이외에도《유형지에서》《판결》《선고》등에서도 실존철학적인 문제의식을 여실히 드러낸다. 체코의 시인이자《참을 수 없는 존재의 가벼움》의 저자인 밀란 쿤데라는 카프카의 작품을 두고 "검은색의 기이한 아름다움이다." 고 찬사했다. 카프카의 대부분 작품들이 그렇지만《변신》은 쿤데라의 이러한 표현에 더없이 적합한 듯하다.

《변신》은 동물이 인간과 소통이 가능하면서 자연스럽게 전래동화 속의 결론을 상상하게 된다. 이를테면《헨젤과 그레텔》에서 '헨젤'과 '그레텔' 남매가 가난한 나머지 유기도 당하고, 마녀의 살해 협박도 당하지만 결국 가해자는 죄를 반성하고 가족 모두 행복하게 사는 해피엔딩으로 마무리된다. 이런 기대와는 달리《변신》은 마법의 주문을 풀어줄 인물이 등장하지 않는 결말로 동화적 분위기는 깨진다. 그레고르는 결국 인간으로 돌아가는 방법을 찾지 못했다. 더욱 아이러니 한 일은 그레고르가 자신이 기생적 생존방식이 무의미하다는 결론을 내리고 가족들을 원망함 없이 자발적으로 죽음을 받아들인다.

이것은 카프카의 자아분열이라는 공식에 대입해보면 인간이 인간다움을 상실하는 인간소외의 문제에서 도피하는 방법으로 변신은 실패한 것이고, 죽음을 선택함으로써 의인화된 죽음을 상징하는 '타나토스Thanatos적' 욕망이 발동된 것이라고 할 수 있다. 이런 관점에서 본다면《변신》은 다양한 시각으로의 해석이 가능하다. 그레고르는 벌레로 변신한 것을 형벌이라고 생각할 수 있다. 인간 자체로서의 존재와 경제적 능력을 상실했기 때문이다. 하지만 벌레로 변신한 그레고르는 인간이 아닌 벌레의 시각으로 인간 세계를 본다. 벌레의 시각은 인간이 볼 수 없는 신적인 것, 초 일상적인 것을 볼 수 있다. 카프카에게는 그런 완벽한 세상을 들여다보고자 하는 욕망이 있었다. 그런 욕망의 충족이 분노가 아닌 타나토스적 죽음으로 귀결될 수 있었던 건 아닐까.

• 이방인의 연장선

그레고르는 평생을 '일벌레'로 살아왔다. 일과 집이라는 반복된 생활 속에서 그는 직장과 생계비라는 두 가지 목표로 자신을 정의해 왔다. 그의 삶 속에는 정작 그가 없었다. 그런 그는 변신하고 나서야 깨닫게 된다. 진짜 자신의 삶은 어디에도 없었다는 것을.

《변신》은 '인간상실과 소외'라는 주제에 일평생 매달린 작가의 자기고백적 성격을 지녔으며 주인공 그레고르에게는 작가 자신이 투영되었다. 그래서일까.《변신》은 카프카의 작품 중에서 가장 카프카에스크kafkaesk[137]하게 보이는 대표적 작품이다. 카프카는 체코어로 '까마귀'라는 뜻의 자신의 이름처럼 고통과 고독, 불안감을 숙명처럼 짊어지고 살던 작가였다. 뭉크의 생애가 불안과 고독, 두려움과 우울로 점철된 삶처럼 말이다. 카프카는 유대인으로서 체코 사회에 유입되지 못하였고 아버지의 강압에 밀려 법학을 전공해야 했으며 부모는 사회적 성공을 최고의 가치로 여겼기에 작가의 삶을 경멸했다.

그런 카프카에게 글쓰기는 삶을 짓누르는 딜레마였다. '글을 써야 나답게 산다.'는 실존의 문제, 그리고 '글만 써서는 먹고 살지 못한다.'는 현실적 문제가 동시에 그를 압박했다. 그레고르는 자신이 원하는 삶을 살지 못하고 다른 사람들의 기대에 부응하는 삶을 사는 사람들은 결국에는 무엇이 옳고 무엇이 그르며, 무엇이 현실이고 무엇이 망상인지 더 이상 알지 못하는 위험에 처하게 된다.[138]

카프카 사후 83년이 지난 2008년 《뉴욕 타임스》에 흥미로운 기사가 실렸다. 카프카의 유고에 대해 이스라엘은 카프카가 유대인이라는 이유로, 독일은 독일어로 쓰였다는 이유를 근거로 들어 소유권을 주장했다. 어쩌면 작가인 카프카 역시 그레고르처럼 어디에도 속하지 못한 이방인이었을지 모른다.

나는 도대체 어디에 있는 걸까요? 누가 나를 검증할 수 있을까요? 내 자신을 들여다보면 수많은 불명확한 것들이 뒤엉켜 있는 것을 보게 됩니다. 따라서 나는 내 자신에 대한 거부감을 정확히 규명할 수도 없고 받아들일 수도 없습니다.[139]

가족에게서 추방당하는 슬픔, 인간상실과 정체성의 혼란 속에서도 그레고르는 갑충의 본능을 쫓았다. 자아를 상실하고 실존을 잃고서도 타나토스적 죽음을 맞이한 카프카는 우리에게 이렇게 외친다. "어쩌다 이런 고달픈 직업을 선택하고 고달픈 삶을 살더라도 다른 것이 되기 위해서, 다른 삶을 살기 위해서, 변신하라. 또 변신하라. 네가 변하면 너를 둘러싼 전체가 바뀐다." 이것이 카프카가 오늘을 살아가는 우리에게 전하는 메시지이자 바람일 것이다.

프란츠 카프카 Franz Kafka

체코의 유대계 소설가이다. 1883년 오스트리아-헝가리 제국 영토에서 장남으로 태어나 독일어를 쓰는 프라하 유대인 사회 속에서 성장했다. 아버지와의 불화와 동생들의 잇단 죽음을 목격하면서 그는 불안정한 유년기를 보낸다. 아버지의 바람대로 1906년 법학으로 박사 학위를 취득했고, 1907년 프라하의 보험회사에 취업했다. 1908년 보헤미아 왕국 노동자상해보험회사로 자리를 옮긴 후부터 1922년까지 그곳에서 법률고문으로 근무하면서, 오후 2시에 퇴근하여 밤늦도록 글을 썼다. 비현실적이면서도 현실적인 상황 설정 속에서 인간의 존재를 끊임없이 추구한 실존주의 소설가로 널리 알려져 있으며, 주요 저서로는 《실종자》《소송》《시골 의사》《성》《배고픈 예술가》 등이 있다. 1924년 폐결핵으로 41세의 젊은 나이로 생을 마감했다.

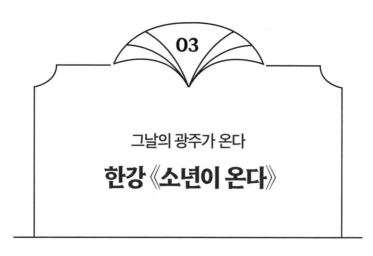

03

그날의 광주가 온다

한강 《소년이 온다》

항상 듣기만 했던 한강 작가의 책을 접한 건 이 《소년이 온다》가 처음이었다. 까만 바탕에 안개꽃이 가득한 책 표지, 그 뒤표지에 실린 신형철 문학평론가의 말에 선뜻 책을 집어들 수 밖에 없었다. '5월 광주에 대한 소설이라면 이미 나올 만큼 나오지 않았냐고, 또 이런 추천사란 거짓은 아닐지라도 대개 과장이 아니냐고 의심할 사람들에게, 나는 입술을 깨물면서 둘 다 아니라고 단호히 말할 것이다. 이것은 한강을 뛰어넘는 한강의 소설이다.'

그리고 책의 첫 페이지를 펼치고 마지막 페이지까지 읽고 표지를 덮은 후 신형철 문학평론가의 추천사를 재확인하기까지 이 추천사가 과장이 아니었음을 확인했다. 이 정도 두께는 한 번에 읽을 수 있을 거라 자신했는데, 절대 허투루 넘길 수가 없어 한 장 한 장 아껴가며 읽었다. 읽을수록 감정의 밀도가 벅차서 힘들었다. 작가 역시 그러했나보다. 작가는《소년이 온다》를 썼던 기간은 1년 반 정도인데, 그 기간의 밀도가 굉장히 높고 여파도 길었다고 한다. 누군가가 자신의 소설을 읽고 싶다고 말하면 다른 어떤 책보다 먼저《소년이 온다》를 읽고 느껴보라고 한다.

● 기록으로만 알던 그날

《소년이 온다》는 1980년 5월 18일부터 열흘 동안 있었던 광주 민주화운동 당시의 상황과 그 이후 남겨진 사람들의 이야기이고, 한 소년이 이웃과 이들이 겪은 죽음과 고통에 대한 이야기다. 참 잔인하고, 참혹했던 5월의 광주는 어떤 작가에게든 매우 어려운 주제다. 광주가 고향인 작가에게는 더욱 그러했으리라. 아니나 다를까 파괴된 영혼의 말을 대신 전한다고 할 때 작가 역시 파괴되는 고통을 감내해야 한다. 또한 살아남은 자의 상처를 후벼 파야 한다는 역설도 무시할 수 없다. 그럼에도 한강은 왜 꼭 광주의 이야기를 써야 했을까?

광주에서 태어난 한강은 항쟁의 그해 초, 열 살의 나이로 가족과 함께 서울로 이사했다. 이후 명절 때마다 친척들이 그날에 대해 수군거리는 것을 들었고, 아버지가 구해온 사진첩을 통해 그날의 진실을 처음으로 접한다. 그러자 인간이 무섭게 느껴졌다고 한다. 나아가 자신 또한 인간의 일원이라는 사실을 어떻게 받아들여야 하는지 혼란스러워했다.

그날, 광주에서 찌른 이는 평범한 이웃집 군인이었고 찔린 이는 평범한 학생이나 주민이었다. 원죄와 관계없이 어떻게 인간이 인간에게 그럴 수 있는지 도무지 믿기지 않지만, 인간에게 그런 짓을 하는 것은 인간뿐이라는 잔인한 진실을 외면할 수도 없었다. 이 이야기를 뚫고 나아가야 하겠다는, 그렇지 않으면 글을 못 쓰게 될 것 같은 그런 시점에 도달했을 때 비로소 5월 광주에 관해 쓰기 시작했다. 그녀에게《소년이 온다》는 소설가로서 인간으로서 넘어야 할 산이었던 것이다.

그녀는 소년이 온다를 내어놓기 전 인터뷰에서 질문하는 소설을 쓰고 싶다고 밝힌 바가 있다.

"소설 쓰는 일은 서성거리는 것과 비슷합니다. 뜨겁거나 서늘한 질문들을 품은 채 저에게 주어진 삶 위에서 끈질기게 서성일 것입니다."[140]

● 여섯 개의 목소리

도청 강당 안은 하얀 천을 덮고 있는 시신들로 가득하고, 소년은 양초에 불을 붙여 시신이 썩는 냄새를 지우려 한다. 소년의 이름은 강동호. 고작 열여섯 살이었던《소년이 온다》의 그 '소년'이다. 동호는 이미 단짝이던 친구 정대를 잃었다. 갑자기 울린 총소리에 놀라 거리가 아수라장이 되었을 때, 정신없이 도망가다 정대 손을 놓치고 만다. 총알이 정대의 옆구리를 내리쳤고 정대는 헝겊 인형처럼 고꾸라졌다. 그런 친구를 뒤로하고 동호는 도망쳤다.

동호는 누가 시키지도 않았지만, 이미 주검이 된 희생자들의 시신을 수습하고 합동분양소와 추도식을 준비하는 도청을 자발적으로 찾는다. 죄책감을 씻어내듯 매일 같이 쏟아져 들어오는 주검들을 닦고 또 정리한다. 그날 밤 계엄군이 쳐들어온다는 사실을 알고 남겠다는 사람들, 엄마는 집으로 돌아오라고 누나와 형들은 집으로 돌아가라고 하지만 소년은 그곳에 남는다. 대단한 정의감이나 사명감에 비롯된 행동이라기엔 두려움이 너무 짙고도 가득했다. 죽은 사람들의 모습을 많이 봤기 때문에 둔감해졌다고 생각했지만, 그래서 더 두려웠다. 그러나 그저 그렇게밖엔 달리 행동할 수가 없었다. 그곳에 힘을 보태야 함이 자신의 역할임을 어렴풋이 느낀 소년은 형, 누나들과 그렇게 도청에서 희생되고 만다. 그들은 우리가 쉽게 일컫는 대로 희생자였을까.

패배할 것을 알면서 왜 남았냐는 질문에 살아남은 증언자들은 모두 비슷하게 대답했다.
"그냥 그래야 할 것 같았습니다"
그들이 희생자라고 생각했던 것은 내 오해였다. 그들은 희생자가 되기를 원하지 않았기 때문에 거기 남았다.[141]

이후 소년의 모습은 외신기자가 찍은 흑백사진에서 발견된다. 도청 안마당에 총을 맞고 쓰러져 있는 소년. 소년은 끝내 집으로 돌아가지 못했다. 그의 어머니는 자기 손으로 아들을 묻으면서 울지도 않고 뗏장 옆에 풀을 한 움큼 끊어서 삼켰다. 삼키고는 쪼그려 앉아서 토하고 다 토하면 또 풀을 한 움큼 끊어다 씹었다. 어머니의 한이었다. 전두환 그놈이 광주에 온다는 소문을 듣고 "내 아들 살려내라."고 정수리까지 피가 뜨거워지게 소리 질렀다. 다음에도 그 다음에도 그렇게 싸웠다. 봄이 오면 미쳤고, 여름이면 지쳐서 시름시름 앓다가 가을에 겨우 숨을 쉬었다. 아들이 죽은 후 어머니의 삶은 캄캄한 쪽으로만 갔다.

《소년이 온다》는 읽기 편한 책이 결코 아니다. 내용이 어려워서가 아니라 차마 뒷이야기를 마주할 자신이 없어서다. 작가가 들려주는 이야기는 6개의 장으로 구성되어 있는데, 독특하게도 각 장마다 글을 이끄는 화자가 다르다. 동호, 친구 정대, 동호와 함께 시신을 수습하는 일을 했던 대학생 은숙, 고등학생 진수, 미싱사 선주, 그리고 동호의 엄마까지 이들은 그 현장에 있었다는 커다란 공통분모를 가진다. 그리고 모두 동호와 연결되어 있다.

아마 작가는 한 사람의 눈으로 감히 오월을 겪은 이들을 대변하고 그 아픔을 표현하기에는 터무니없이 부족하다 느끼지 않았을까 추측해본다. 그래서 같은 사건이지만, 가능한 허구적 객관성을 확보하기 위해, 기록하는 이로써 더는 좁혀질 수 없는 거리에서 오는 고통을 감내하며 여러 사람의 목소리를 통해 그 사건을 다룬 것이리라. 그래서인지 소설 속 이야기가 더는 과거의 일이, 남의 일이 아닌 나의 일이 됨으로써 그곳의 일들을 경험해내고 만다.

나는 싸우고 있습니다. 날마다 혼자서 싸웁니다.

살아남았다는, 아직도 살아있다는 치욕과 싸웁니다. 내가 인간이라는 사실과 싸웁니다.

오직 죽음만이 그 사실로부터 앞당겨 벗어날 유일한 길이란 생각과 싸웁니다.

선생님, 나와 같은 인간인 선생은 어떤 대답을 나에게 해줄 수 있습니까?[142]

40여 년의 길고 험난한 세월을 거쳐 국가 공권력의 횡포에 죽은 자와 살아남은 자의 이야기는 '살아남은 자'라는 말의 의미를 우리 자신에게 새삼 뜨겁게 되묻게 만든다. 역사의 한 극점을 목격할 때 우리는 인간이 무엇인가에 대해 묻고 또 묻는다. 죽어 없어진 이들을 위해 살아 있되 살아 있는 게 아닌 이들은 또 무엇을 해야 하는가. 그렇게 소설은 과거의 진실의 현재의 사건으로, 그들의 진실을 우리의 진실로 되살린다. 책을 읽을수록 그 진실은 시나브로 스며들고, 소년은 우리의 심장에 꽂힌다.

• 이제 그만 잊으라고?

누군가에게는 영원히 지울 수 없는 상처이자 누군가에게 피하고 싶은 고통스런 기억지만 그럼에도 언급해야 하는 이유는 망각하지 않기 위해서다. 세월호가 침몰한 지 10년밖에 안 된 사건에 대해서도 "이제 그만 잊으라." 말하는 사람들이 있는 사회에서, 40여 년 전의 과거는 오죽할까. 소설가 현기영은 《소년이 온다》는 '망각에 저항하는 문학'이라며 직설적으로 표현했다.

그날 사십만 명이 살고 있는 도시를 짓밟기 위해 군인들에게 지급된 탄원은 모두 팔십만 발이었다. 그 도시에 사는 사람들의 몸에 두 발씩 죽음을 박아넣을 수 있는 탄환이 지급되었던 것이다. 동호의 친구인 정대 영혼은 계속해서 그날의 사건을 목도하기를 다짐한다. 그는 끊임없이 자신이 살해당한 순간을 되뇐다. 죽어간 사람들을 통계로 정의할 수 없는 것, 자신과 주변 사람들의 죽음에 대한 의미, 죽음의 과정이 얼마나 폭력적이고 모욕적이며 참혹했는지를 기억한다.

썩어가던 옆구리와 거기에 살을 관통한 총알, 내 모든 따뜻한 피를 흘러나가게 한 구멍, 차디찬 방아쇠와 나를 조준한 눈, 쏘라고 명령한 사람의 눈 같은 것들을. 그리고 정대의 유령은 자신의 죽음을 기록함으로써 독자에게 질문한다. 당신이 알고 있는 진실은 무엇인지, 정말 그것이 전부였는지, 고정된 현실이며 종료된 사건이라 생각했던 것들이 정말로 완결되었는지를 말이다.

차디찬 방아쇠를 생각해.
그걸 당신 따뜻한 손가락을 생각해.
나를 조준한 눈을 생각해.
쏘라고 명령한 사람의 눈을 생각해.

그들의 얼굴을 보고싶다, 잠든 그들의 눈꺼풀 위로 어른거리고 싶다, 꿈속으로 불쑥 들어가고 싶다, 그 이마, 그 눈꺼풀들을 밤새 건너다니며 어른거리고 싶다. 그들이 악몽 속에서 피 흐르는

내 눈을 볼 때까지. 내 목소리를 들을 때까지. 왜 나를 쐈지, 왜 나를 죽였지[143]

한 마디 사과와 반성이 이루어지지 않은 야만적인 군사정권의 시대가 똬리를 틀고 안에 자리 잡고 있고, 그 짐승 같은 시간은 현실에서도 왜곡과 폄훼가 계속되고 있다. 공권력의 폭력과 야만에 맞서 자신과 이웃들의 생존과 인권을 지키려는 당시의 광주를 지금 돌아보게 하는 것만으로도 의미 있는 일이다.

● 40년을 건너 소년이 온다

《소년이 온다》에서 주인공 동호는 내내 나도, 그도 아닌 너라고 불린다. 한강은 인터뷰에서 2인칭의 호명을 유일무이하고 현재적인 것이라고 설명했다. 그런데 문득 한 가지 의문이 든다. 일반적으로 소설은 1인칭과 3인칭을 많이 사용하는데 왜 한강은 2인칭을 사용했을까? 이에 대해서는 다양한 의견이 있지만, 대체로 2인칭은 1인칭에 비해 등장인물의 내면을 표현하기에 어렵고, 3인칭보다는 장면의 객관적인 묘사가 어렵다는 점이 그 이유로 꼽히곤 한다.

그러나 2인칭은 주로 '너' 혹은 '당신'으로 주체를 지칭하기에, 1인칭이나 3인칭과는 달리 독자가 작품 속 등장인물에 몰입하는 구조에서 벗어나 작가가 독자에게 직접적으로 말하고 있는 듯한 느낌을 줄 수 있다. 그렇기에 애시당초 작품 속 주인공을 독자라고 생각하고 글을 쓴다면, 2인칭 시점은 굉장한 힘을 발휘하곤 한다. 한강은 누군가 이름을 불러주어 비로소 꽃이 되었듯, 불특정하던 희생자를 '너'라고 지칭함으로써 '내가 이야기하는 소년'으로 만드는 것이다. 그렇게 흑백의 사진 속 과거에 갇힌 소년은 어둠으로부터 떠올라 사람들에게서 재현되고 되살아난다.

《소년이 온다》가 기대하는 것은 3인칭 관찰자 시점이 아닌 현재적 사건으로 광주를 인지하고 받아들여 억압되었던 기억을 직시하기를 희망한다. 그리하여 소년이 우리에게 온다. 40년의 세월을 건너 소년이 온다.

한강 韓江

1970년 광주에서 태어나 연세대학교 국문과를 졸업했다. 1993년 《문학과 사회》에 시를 발표하고, 이듬해 《서울신문》에 단편소설 〈붉은 닻〉으로 등단해 작품활동을 시작했다. 2018년까지 서울예술대학교 문예창작과 교수로 재직하다가, 창작에 전념하기 위해 사직하였고 현재는 전업 작가로 활동하고 있다.

한강은 첫 소설집 《여수의 사랑》을 내놓았을 때부터 젊은 마이스터의 탄생을 예감케 한다는 파격적인 찬사를 받았다. 이상문학상, 동리문학상, 황순원문학상을 수상했으며 특히 이상문학상은 1998년 수상한 부친과 함께 이 상을 나란히 수상하는 최초의 기록을 세우기도 했다. 부친인 한승원 선생은 소설 《아제아제 바라아제》 《추사》 《다산의 삶》 등을 그려낸 한국의 거장 소설가다. 한강의 섬세하고 아름다운 문체는 외국에서도 인정을 받아 2016년 5월, 아시아 최초로 영국 맨부커상 인터내셔널 부문을 수상하기도 했다.

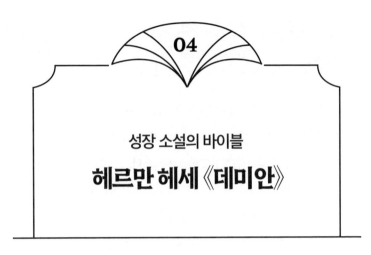

성장 소설의 바이블

헤르만 헤세《데미안》

《데미안》은 소년부터 청년기까지의 성장기를 다루기 때문에 전 세계에서 청소년 소설의 바이블로 꼽힌다. 그러나 《데미안》을 읽다 보면 기독교에 대한 회의나 갈등, 니체 철학이나 종교에 대한 배경지식을 필요로 하기 때문에 실제로 독일에서는 데미안을 철학 관련 서적으로 분류하기도 함 어쩌면 청소년보다는 성인에게 더 적합한 책 이기도 하다. 더구나 종교나 기존 관습이 정해놓은 규율과 법칙 대로 세상만을 보지 말고 보다 폭넓은 관점으로 세상을 보되 자 기 내면에서 우러나오는 길을 추구하라는 메시지는 시대와 세대 를 가리지 않는다.

　《데미안》은 당시 제1차 세계대전을 겪으며 혼란과 우울감에 빠진 독일 국민에게 널리 읽혔고, 1960년대 베트남 전쟁 발발 이 후에는 히피 문화의 성서처럼 여겨졌다. 오늘날에는 복잡한 세상에서 삶의 정체성을 잃어가는 순간이면 언제나 펼쳐볼 수 있는 세계문학의 고전으로 자리 잡았다.

● 아브락사스

《데미안》은 주인공 싱클레어의 어린 시절 이야기로 시작한다. 중상류층 집안의 독실한 크리스찬 부모 밑에서 자란 싱클레어는 오직 자신과 부모만이 존재하는 세계에 산다. 부모와 함께하는 세계는 명료함과 깨끗함이 존재했고 용서와 좋은 의도, 사랑과 존경, 성경 말씀과 지혜가 있는 선의 세계였다.

그러던 어느 날 집안 살림이 넉넉지 못한 아이들이 다니는 공립학교 학생 중 우두머리 격이던 프란츠 크로머를 만나면서 다른 세계에 빠져들게 된다. 싱클레어는 프란츠가 다른 애들처럼 대해주는 것이 기뻤고 그와 어울리는 것이 마치 오래된 습관처럼 익숙해졌다. 친구들이 서로 자신이 한 나쁜 짓거리를 자랑삼아 이야기하는데 싱클레어는 친구들 사이에서 으스대고 싶어 자신이 과수원에서 자루 가득 사과를 훔쳤다는 거짓말을 하게 된다. 그 거짓말로 인해 자신이 지금까지 믿었던 선의 세계를 깨뜨리는 계기가 된다.

크로머는 훔친 과일의 범인을 고발하지 않는 대가로 2마르크를 가져오라고 협박한다. 오늘날 약 20만 원에 해당되는 금액으로 초등학생이 손에 쥐기에는 큰돈이었다. 고민에 빠진 싱클레어는 어머니 몰래 저금통을 털어 일부 금액을 크로머에게 지불하기도 하는 등 악을 덮기 위해 새로운 악행을 저지르게 된다. 크로머에게 사실상 노예가 되어 버린 싱클레어는 그로 인해 점점 병들어가고 구토와 악몽에 시달리게 된다.

싱클레어는 이 세계가 허용된 밝은 선의 세계, 금지되고 어두운 악의 세계에 대해 끊임없이 갈등한다. 학교와 성경에서는 사랑과 행복, 진실을 노래하는 선만이 올바르고 제대로 된 길이라고 가르치는데 자신 안에는 질투, 두려움, 반항심과 같은 악이 계속해서 나타난다. 이러한 번뇌의 과정속에 고민하고 있을 때 데미안이 아래와 같이 구원의 메시지를 남긴다.

"새는 알에서 나오려고 투쟁한다. 알을 세계다. 태어나려고 하는 자는 한 세계를 깨뜨리지 않으면 안된다. 새는 신에게 날아간다. 신의 이름은 아브락사스다."[144]

아브락사스Abraxas는 선과 악, 다시 말해 모나드Monad와 데미우르고스Demiourgo를 한 존재 속에 모두 지니고 있는 신의 이름이다. 최근 수 세기 동안에 아브락사스는 한 이집트 신이자 악마라고 주장되었다. 스위스의 심리학자인 카를 융Carl Gustav Jung은 《죽은 자들에게 주어진 7 강의들》에서 아브락사스는 '기독교의 신이나 사탄보다 더 고차적인 개념의 신'이라고 하였다.

데미안은 우리가 숭배하는 하느님이란 멋대로 나누어놓은 세계의 절반만을 나타낸다고 말했다. 하지만 우리는 세계 전체를 숭배할 수 있어야 하며, 그러려면 신이면서 동시에 악마이기도 한 신을 갖든가, 아니면 신에 대한 예배와 나란히 악마에 대한 예배도 드려야 한다고 했다.

김동인의 단편소설《광염 소나타》에서도 데미안과 맥락을 같이 하는 내용이 등장한다. 주인공 백성수는 음악에 심취했으나 그의 안에 내재된 비상한 열정이 그대로 표현되지 않자 뛰쳐나가 불을 지르고 그 광경에 흥분하며 '성난 파도'를 작곡한다. 좀 더 강한 자극을 위해 그는 우연히 발견한 노인의 시체를 집어 던지고 짓뭉개 피투성이가 되자 '피의 선율'을 작곡한다. 뿐만 아니라 달밤에 처녀의 무덤을 파헤치고 흥분하여 '사령死靈'을 작곡한다.

그리고 한 사람씩 죽일 때마다 새롭고 비범한 음악이 탄생된다. 우리가 알고 있는 음악이 귀를 즐겁게 해주고 마음의 편안하게 해주는 의도, 사랑과 존경, 선한 의미뿐만 아니라 어둡고 악한 측면, 즉 선과 악이 잔인할 정도로 아름답게 공존하고 있는 것이다. 선악의 이분법으로 분열된 세계가 아니라 전체로의 세계, 즉 아브락사스를 지향하는 것이 음악이다.

싱클레어의 정신적 성장과《데미안》의 핵심은 이렇게 아브락사스를 이해하는 과정이다. 외부와 내부의 조화, 완벽한 선과 악만이 존재함이 아닌 그 통합의 의미를 인식하고 내부에서 자신 나름의 기준을 세워 자아 성찰의 필요성을 강조한다. 우리가 살아가면서 겪는 실패나 아픔, 고통, 질병, 전쟁 또한 아브락사스다. 그것은 우리를 죽이기도 하지만 이마에 표식, 다시 말해 통찰력과 지혜를 주고 자기 안의 계율을 파괴하여 더 큰 생명을 얻어 부활하기도 한다.

● 우연한 삶은 없다

모든 사람이 꿈을 꾸고 목표를 설정한다고 해서 모두 달성되는 것은 아니다. 꿈과 미래는 추상적이고 때론 두렵기까지 하다. 독일어권 문학가 중에서 으뜸으로 평가받는 라이너 마리아 릴케에게 인정을 받은 헤르만 헤세도 예외는 아니다.

《데미안》은 1919년에 출간되었는데, 이 책의 저자는 '헤르만 헤세'가 아닌 '에밀 싱클레어'라는 가명으로 출판되었다. 공교롭게도 《데미안》은 출판되자마자 뜨거운 반응을 불러일으켰다. 당시 권위 있는 문학상인 '폰타네 문학상'을 수상했으며, 출판업계에서는 '에밀 싱클레어'라는 익명의 신인 작가의 존재가 관심의 중심이었다. 결국 일 년 만에 독문학자인 코로디가 《데미안》 문체 분석을 통해 헤르만 헤세의 작품임을 밝혀냈다.

그렇다면 헤세는 왜 자신의 이름이 아닌 가명을 사용했을까? 당시에 이미 유명 작가였던 헤세는 《데미안》을 발표할 당시 마흔두 살이었기 때문에 청년의 성장기를 다루기에는 독자들의 공감을 얻기 어렵다고 판단했던 거다. 오직 작품성만으로 평가받고 싶었던 헤세가 기존 작품의 편견과 나이가 걸림돌이 되지 않을까 판단하고 가명을 쓰게 된 연유를 밝혔다. 하지만 당시 독일 청년들의 힘든 내면과 고민, 갈등을 너무나도 섬세하면서도 사실적으로 표현했기 때문에 《데미안》의 작가가 자신들의 동년배임을 의심하지 않았다. 이후 《데미안》은 헤르만 헤세의 이름으로 다시 발간되었다.

에밀 아자르가 쓴 《자기 앞의 생》은 프랑스에서 가장 권위 있는 문학상인 공쿠르상1975년 을 수상한다. 그러나 이 신인 작가는 수상을 거부하며 얼굴을 드러내지 않았고, 온 언론이 떠들썩하게 그를 찾았지만 결코 공식석상에 나타나지 않았다. 5년 후 에밀 아자르의 정체가 밝혀지는데 《에밀 아자르의 삶과 죽음》을 통해 로맹 가리가 자신이 에밀 아자르임을 밝힌다.

로맹 가리는 왜 에밀 아자르가 되어야 했을까? 로맹 가리는 1956년에 《하늘의 뿌리》라는 작품으로 이미 공쿠르상을 받았었다. 그러나 언젠가부터 프랑스 문단에게 끊임없이 비판받으며 퇴물로 평가받았다. 새로 작품을 내놓아도 평론가들은 노회함을, 독자들은 원숙함을 읽을 뿐이었다. 꼬리표처럼 따라다니는 편견과 차별에서 벗어나 순수하게 작품만으로 평가받고 싶어했던 그는 '에밀 아자르'라는 필명으로 작품을 내놓았고, 로맹 가리의 작품을 혹평하던 프랑스 문학계는 아자르의 작품은 신예 천재 작가의 탄생이라며 치켜세우는 아이러니함을 보였다.

무엇이든 '우연히' 발견되고, '우연히' 시작되는 것은 없다. 사람이 무언가 간절히 원하는 것이 있다면 그것은 이루어진다. 우리를 둘러싼 모든 것이 나를 얽매 오더라도, 자신의 내면에 귀 기울이고 집중해야 한다. 우리들 마음속에는 모든 것을 알고, 모든 것을 원하고, 우리들 자신보다 모든 것을 더 잘 해내는 누군가가 들어있다는 사실을 인식해야 한다.[145]

흔히들 우리의 인생이, 특정 목표가 '우연히' 달성되었다고 한다. 하지만 그런 우연이란 없다. 우리의 삶은 우연히 갱신되지 않는다. 이를테면 나방들 중에서 어떤 나방 종류는 암컷이 수컷보다 개체수가 훨씬 적다. 나방은 다른 동물처럼 수컷이 암컷을 수정시키고 암컷이 알을 낳아 번식을 유지한다. 수컷은 수십 킬로미터 떨어진 곳에서도 암컷을 향해 날아간다. 특별한 후각 기능이나 훈련이 되었겠지만 생물학적으로 모든 것을 설명할 길이 없다. 그런데 만약 암컷이 수컷만큼 많다면, 수컷들은 그토록 섬세한 후각을 갖지 못했을 것이고 암컷을 찾기 위해 모든 주의력과 의지력을 동원하지 않았을 것이다.

우리가 피할 수 없어서 우연히 준비했다 하더라도 삶은 늘 우리에게 사력을 다하지 않으면 안 되는 과제를 준다. 싱클레어의 자아도 마찬가지였다. 헤르만 헤세도, 로맹 가리도 마찬가지였다. 데미안도, 에바 부인도 심지어 수컷 나방도 마찬가지였다. 자아는 어느 한순간 우연히 가져다준 것이 아니라 끊임없는 과제를 제시하며 우리 삶을 송두리째 흔들어 놓는다. 자아는 야곱의 천사처럼 우리를 고향으로 데려다주는 길이지만 그것은 또한 우리의 갈 길을 막아서고, 물질세계에 우리를 가둔다. 거대한 새가 힘겹게 투쟁하여 알에서 나오듯 우리의 자아는 부서져야 한다. 그 과정에서 삶은 제각기 자기 자신에게로 이르고 데미안의 모습을 하고 있음을 본다.

헤르만 헤세 Hermann Hesse

독일계 스위스인 문학가이자 예술가다. 1877년 독일 남부 뷔르템
베르크의 칼프에서 개신교 선교사이던 아버지 요하네스 헤세와
어머니 마리 군데르트 사이에서 장남으로 태어났다. 1899년부터
낭만주의 문학에 심취했으며 특히 《낭만적인 노래》 시집은 독일
어권 문학가 중에서 으뜸으로 평가받는 라이너 마리아 릴케 Rainer
Maria Rilke의 인정을 받았으며, 문단에서도 헤세를 주목하기 시작
했다. 1904년 장편 소설 《페터 카멘친트》를 통해 유명세를 떨치게
되었으며 문학적 지위가 확고해졌다. 같은 해 아홉 살 연상의 피아
니스트 마리아 베르누이와 결혼했으나 이혼하고 스위스 국적을 획
득했다.

1919년에는 헤세의 자기인식 과정을 고찰한 《데미안》과 《동화》
《차라투스트라의 귀환》을 출간했다. 1946년에는 그의 문학 최대
걸작으로 평가받는 《유리알 유희》로 노벨문학상과 괴테상을 수상
했다. 1962년 85세에 스위스 몬타놀라에서 뇌출혈로 생을
마감했다.

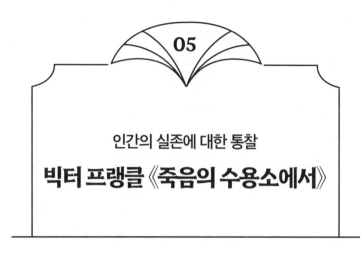

인간의 실존에 대한 통찰
빅터 프랭클《죽음의 수용소에서》

예측할 수 없는 죽음의 두려움이 눈앞에서 핏빛으로 그려지고, 고통스런 굶주림으로 인한 극심한 영양결핍, 수면부족 속에 기아와 강제노역이 무자비하게 자행되는 세상이었다. 일할 능력이 없어 보이면 무참히 가스실로 보내져 죽임을 당하기 때문에, 수용소에서의 생활은 매일매일 자기 보존을 위한 치열한 싸움이었다. 생존의 가장 밑바닥에 있는 사람들은 모든 본능이 표출되었고 동질성은 파편화되어갔다. 누구도 경험해보지 못한 생지옥과도 같은 그곳의 이름은 아우슈비츠 강제수용소이다. 이러한 절대적 공포와 극한 상황 속에서 인간은 무엇을 붙잡고 견디고, 살아갈 수 있을까? 이런 환경 속에서도 과연 희망을 찾을 수 있을까?

프랭클 박사는 그렇다고 말한다.

"인간에게 모든 것을 빼앗아 갈 수 있어도 단 한 가지, 마지막 남은 인간의 자유, 고난의 상황에서도 자신을 강하게 하고 가치를 만드는 계기라고 확신한다면, 시련은 오히려 축복이 된다. 주어진 환경에서 자신의 태도를 결정하고, 자기 자신의 길을 선택할 수 있는 자유만은 빼앗아갈 수 없다는 것이다."

● 내가 만약 고통 속에 있다면?

"왜why 살아야 하는지를 아는 사람은 어떻게든how 참고 견딜 수 있다."는 니체의 말처럼, 프랭클은 가장 절망적인 상황에서조차 삶의 의미를 찾고자 했고 인간의 숭고한 인간성과 본연의 가치는 처한 상황에 의해 결정되는 것이 아닌, 인간의 '의지'에서 비롯된다는 것을 자신의 삶을 통해 증명해냈다. 때문에 이 책은 3년 동안 아우슈비츠 강제수용소에서 기적적으로 살아남은 한 사람의 역사이자 수백 만의 사람들이 무수히 겪어야 했던 고통과 인간적 체험에 관한 기록이라 할 수 있다.

그렇다고 이 책을 한낱 강제수용소 체험수기로만 받아들인다면, 이것 또한 너무 성급한 결론이다. 우리 주변에서 볼 수 있는 가장 평범한 사람들이 어느 날 갑자기 비참한 삶의 나락으로 떨어지면서 겪는 정신적 충격과 변화를 그 단계를 나누어 가며 보여준다. 프랭클은 사람으로서 감당하기 어려운 참담함을 겪음으로써 새겨지게 되는 마음의 깊디깊은 상처를 치료하고자 제3학파라 불리는 '로고테라피logotherapy'를 창시했다.

'로고테라피'란 '의미치료'로서 지극히 불안정하고 불확실하며, 생사조차 알 수도 없는 극한의 상황에서도 100만 분의 1 확률이라도 살아남아 삶의 의미를 찾는 전제에 기초한다. 어떠한 상황에서도 누구도 인간을 파멸시키지 못하며, 극한의 상황에서 생존의 이유를 아는 것이 의미치료의 핵심이다.

프랭클은 이 로고테라피를 통해 우리 모두가 어떠한 상황에서도 삶을 존중하며 살아갈 수 있도록 격려하고 있다. 이 책이 1957년에 출판된 이래로 67년이 넘은 현재까지 지속적으로 세계적 베스트셀러 반열을 유지하고 있는 이유이기도 하다. 《죽음의 수용소에서》를 감동 깊게 읽은 해외의 한 독자는 우리에게 이런 충고를 전한다. 아마도 이 책을 읽은 모든 독자들이 전하고 싶은 공통의 메시지이기도 하다.

"만약 네가 고통 속에 있다면 이 책을 읽어라. 만약 네가 공포에 떨고 있다면 이 책을 읽어라. 만약 네가 불행하다면 이 책을 읽어라. 만약 네가 행복하다면 이 책을 읽어라. 만약 네가 시간적 여유가 있다면 이 책을 읽어라. 만약 네가 바빠서 시간이 없다면 이 책을 읽어라."

• 죽음의 수용소에서 실존주의로

아우슈비츠 강제수용소에 입소되는 순간부터 수감자들의 인생은 깨끗이 사라져버린다. 프랭클은 강제수용소에 입소되는 순간 입고 있던 옷가지와 소지품, 신분 증명이 될 만한 모든 문서, 심지어는 연구하던 심리학 논문까지 가지고 있는 모든 것을 빼앗겨버렸다. 게다가 머리카락을 비롯한 온몸의 털이란 털은 다 깎여져 서로를 알아볼 수 없게 될 지경까지 가게 되면서 잃을 것이라고는 벌거숭이 알몸 밖에 없는, 말 그대로 벌거벗은 실존과 마주하게 된다.

수용소에 도착한 유대인들은 일렬로 서서 장교의 손가락 방향에 따라 오른쪽과 왼쪽으로 길이 나누어졌다. 나치는 한 쪽 편 무리들에게 비누를 쥐어주고 목욕탕으로 그들을 데려갔는데, 샤워호스에서는 더러워진 몸을 씻어낼 물 대신 가스가 나왔다. 일할 수 없는 이를 선별하는 것이었고, 쓸모없다고 판단한 사람들은 무참히 처형되었다. 그렇게 가스실 굴뚝에서는 매일 검은 연기가 하늘로 치솟았고, 프랭클 박사가 수용된 수용소에서만 100만 명 이상이 죽고 화장당했다.

인간으로서의 기본적 권리조차 무시되는 극한의 시간들 속에서 수감자들은 점차 무감각해진다. 동상으로 썩어 문드러진 살갗, 끝이 없는 노동, 구타, 배고픔에 상접해진 피골, 매일같이 쌓여가는 시체가 일상이 되자 급기야 자신을 포기해버리고 무너지는 사람들이 생겨난다. 어느 날은 한 수감자가 자리에 누운 채 꼼짝도 하지 않기 시작했다. 먹지도 않는다. 간청이나 주먹질이나 위협에도 아무런 소용이 없다. 배설마저 누운 채로 해서, 자기가 싼 배설물 위에 그냥 그렇게 하염없이 누워만 있다가 죽음을 맞이했다.

프랭클 박사는 이런 일이 일어나기 전에 미리 막아야 한다는 생각에 골몰한다. 더불어 인간은 주변 환경에 지배당해 아무런 정신적 자유를 갖지 못하는지, 수용소와 같은 환경에서 인간은 자기 행동을 선택할 수 있는 자유가 없는 것인지 의문을 품는다. 그리고 극소수이기는 하나 자유라곤 찾아볼 수 없던 그 안에서 어떻게든 삶의 의미를 찾아 버텨내려는 사람들도 분명히 있음을 확인한다.

이들은 진흙에 빠져가며 일할 때도 숲 사이로 비치는 햇빛에 감탄했고, 사랑하는 사람을 떠올리거나, 석양이 질 무렵 시시각각 변하는 하늘을 보며 감동에 젖기도 했다. 수프에 콩알 몇 개가 더 들어갔다고 좋아하기도 하고, 이루지 못한 목표와 관련해 지금 할 수 있는 게 무엇인지를 고민하기도 했다.[146] 삶을 송두리째 박탈당하고 생존을 위협당하면서도 타인을 배려하고 의연함을 잃지 않은 이들에게서, 고난을 가치 있는 것으로 만들어 운명을 초월하는 힘을 보게 된 것이다.

인간은 조건 지어지고 결정지어지는 것이 아니라 상황에 굴복하든지 아니면 그것에 맞서 싸우든지 양단간에 스스로 어떤 판단을 내릴 수 있는 존재이다. 인간은 그저 존재하는 것이 아니라 앞으로 어떻게 존재할 것인지 그리고 다음 순간에 어떤 일을 할 것인지에 대해 항상 판단을 내리며 살아가는 존재이다.[147]

동료 수감자들을 바라보는 그의 시선에서 인간의 실존에 대한 깊은 통찰을 엿볼 수 있으며, 이러한 찰나의 감정과 사고의 정수가 로고테라피의 기반이 됐다. 인간의 삶과 생존에 의미를 부여함에 초점이 맞춰진 의미치료, 그리고 그것을 실현해야 할 인간의 자율성과 책임을 강조하는 이 이론이 로고테라피인 것이다. 그렇다면 어떻게 삶의 의미를 찾을 수 있을까? 저자는 인간이 존재하는 동력을 자신의 삶에서 의미를 찾고자 하고자 하는 노력이라고 봤고, 인간 존재의 본질을 책임감에서 찾았다.

● 삶은 우리에게 무엇을 기대하는가

언제부터인가 내 머리 속을 잠식하기 시작한 의문들은 꼬리에 꼬리를 물고 자기증식을 계속 해왔다. 나는 왜 사는 걸까? 나는 이 사회에 가치로운 일을 하며 살아가는 걸까? 과연 이 세상에서 쓸모 있게 사는 사람들은 얼마나 될까? 인간의 가치를 쓸모로 따질 수 있을까? 그렇다면 그 가치의 기준은 또 무엇일까? 너무 식상한 질문이다. 그러나 인간은 늘 이 식상한 질문 앞에서 고뇌하며 인생의 답을 찾아 나선다.

그러나 이런 질문들에 함몰되기 시작하면, 보다 거창하고 그럴듯한 의미를 만들어내는 일에 급급하게 된다. 의미를 추구하고자 하는 이상이 높아질수록 정작 현실에서 사소해보이지만 뜻깊은 일들을 찾아내고 행하는데 소홀해지기 쉬운 것을 인정하지 않을 수 없다.

삶의 의미는 그 자체를 목표로 삼거나 그 자체로 실현시킬 수 있는 대상이 아니다. 삶의 의미는 삶이 내게 부여한 질문에 올바른 행동, 태도로 대답하고 그에 책임을 짊으로써 부수적으로 실현되는 결과일 뿐이다.

삶의 의미가 무엇이냐를 물어서는 안 된다. 그보다는 이런 질문을 던지고 있는 사람이 바로 자기라는 것을 인식해야만 한다. 인간은 삶으로부터 질문을 받고 있으며, 그 자신의 삶에 대해 책임을 짊으로써만 삶의 질문에 대답할 수 있다는 말이다.[148]

그러니 이제 질문을 멈추고, 머릿속에 그럴듯한 의미를 채워 넣으며 만족하지 말고, 하루하루의 일상에서 요구하는 바를 묵묵히 실천하는 것이 필요하다. 자신을 한없이 초라하게 만들고 보잘것없이 느껴지는 일이라도 피하지 않고 묵묵히 해낼 때 그것은 다른 무엇으로도 대체할 수 없는 절대적인 가치를 지니게 될 것이다. 결국 이런 인간의 의지가 지속될 때 결국 삶을 바꿀 수 있는 장기적이고 실질적인 힘이 되는 게 아닐까 생각한다.

세계경제가 저속성장과 양극화의 늪에 빠지면서 무력감에 빠지는 사람도 있고 세상 돌아가는 모습을 보고 괴로움에 시달리는 사람들도 늘어나고 있다. "힘들다, 어렵다"는 말을 듣기가 민망해서 안부 묻기도 부담스러울 지경이다. 실업자나 신용불량자가 양산되면서 암울한 기운이 퍼져나가 우리 사회를 무겁게 짓누르고 있다. 힘들지 않다고 말하는 사람이 오히려 이상하게 보일 정도다.

그럼에도 살자. 살아내자. 내 삶의 의미와 책임감, 강렬한 삶의 부표들, 불안한 삶 한가운데서도 동일한 시련을 반복하지 않으려는 희망으로 회복해가며 우리 본연의 삶을 고귀하게 살아내자.

빅터 프랭클 Viktor Frankl

1905년 오스트리아 빈에서 태어나 빈대학에서 의학박사와 철학 박사 학위를 받았고 1997년 92세의 나이로 삶을 마쳤다. 유대인이 었던 저자는 제2차 세계대전 당시 부모, 형제, 아내를 모두 나치 강 제수용소에서 잃었고, 그 자신도 처참한 포로생활을 보냈다. 이 때 의 경험을 바탕으로 《강제수용소를 체험한 한 심리학자》라는 책 을 1946년 출판했다. 강제수용소 경험을 바탕으로 인간을 자유와 책임 있는 존재로 파악한 독자적인 실존분석을 세우고, 그 치료이 론으로서 의미치료로 '로고테라피'를 주창했다.

1995년 빈대학에서 신경정신과 교수를 맡았고, 일생 동안 49개 의 언어로 된 32권의 책을 썼다. 대표 저서로는 《죽음의 수용소에 서 Man's Search for Meaning》《Psychotherapy and Existentialism》 《The Unconscious of God》《The Unheard Cry for Meaning》 《The Doctor and the Soul》등이 있다.

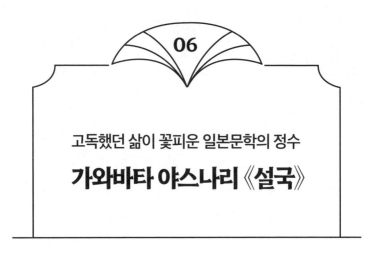

06

고독했던 삶이 꽃피운 일본문학의 정수
가와바타 야스나리《설국》

세계 명작의 배경을 찾아가는 TV 프로그램이었던 것 같다. 아주 어릴 적이지만, 아직도 선명하게 박혀있는 한 장면이 있다. 밤 기차가 달려가다 새까만 터널 속으로 들어가고, 터널 저 끝에 있던 동그랗고 조그만 빛이 점점 커지며 눈앞으로 다가왔다. 갑자기 하얀 눈빛에 눈이 확 멀어버리는 순간, 내레이션이 흘러나왔다.

"국경의 긴 터널을 빠져나오자, 눈의 고장雪國이었다. 밤의 밑바닥이 하얘졌다. 신호소에 기차가 멈춰 섰다."

나중에야 알았다. 이 문장이《설국》의 첫 문장이라는 것을.

• 한 줄 한 줄 그려낸, 그림 같은 소설

소설의 첫 부분을 외우는 독자들이 많을 정도로《설국》의 서두는 일본 근대문학 전 작품을 통틀어 보기 드문 명문장으로 손꼽힌다. 얼마나 눈부셨으면 밤의 밑바닥까지 환했을까. 이 문장을 읽으며 흡사 설국을 마주한 것 같은 착각에 빠지는 묘한 매력으로 《설국》을 읽기 시작한 사람들도 많다.

그러나 소설 줄거리 자체는 생각만큼 흥미롭지 않다. 남녀의 사랑과 엇갈린 관계를 다루지만 이렇다 할 극적인 전개나 갈등 구조가 존재하지 않기 때문이다. 연애소설이 분명한데도 전혀 연애소설 같지 않다. 가와바타는 단 한 번도 소설에서 사랑과 이별이 무엇인지, 사랑과 이별에 대한 감정이 어떠한지 가르쳐주지 않는다. 그저 지루할 정도로 사소한 변화들, 그리고 여행지에서 일어나는 평범한 일상적 행위들을 묘사할 뿐이다.

때문에 발단-전개-위기-절정-결말이라는 소설의 구성단계가 뚜렷하지 않은, 어떻게 보면 무료하기 짝이 없는 이 소설에서 '의도하는 바가 도대체 무엇인지 모르겠다.'라는 솔직한 피드백이 독자 사이에서 나오는 것도 무리는 아니리라. 그럼에도 이 소설을 오랜 시간 많은 사람들이 찾는 이유는 작가의 섬세한 미의식과 감각적인 문체에 있다.

스웨덴 왕립학술원은 1968년 가와바타 야스나리를 노벨문학상 수상자로 선정하며 "자연과 인간 운명에 내재하는 존재의 유한한 아름다움을 우수 어린 회화적 언어로 묘사했다."는 점을 이유로 밝혔다. '국경의 긴 터널을 빠져나오자 설국이었다.', '밤의 밑바닥이 하얘졌다.', '신호소에 기차가 멈춰 섰다.' 이 세 문장은 한 폭의 그림과도 같은 환상의 세계로 독자를 초대한다. 필자는 특히 기차 창 밖으로 흘러가는 풍경과 차창에 비치는 여인, 요코를 묘사하는 부분에 뭐라 형용할 수 없을 만큼 아름답고 신비로움을 느꼈다.

거울 속에는 저녁 풍경이 흘렀다. 비쳐지는 것과 비추는 거울이 마치 영화의 이중노출처럼 움직이고 있었다. 등장인물과 배경은 아무런 상관도 없었다. 게다가 인물은 투명한 허무로, 풍경은 땅거미의 어슴푸레한 흐름으로, 이 두 가지가 서로 어우러지면서 이 세상이 아닌 상징의 세계를 그려내고 있었다. 특히 처녀의 얼굴 한가운데 야산의 등불이 켜졌을 때, 시마무라는 뭐라 형용할 수 없는 아름다움에 가슴이 떨릴 정도였다.[149]

'거울 속에는 저녁 풍경이 흘렀다.' 이 문장은 새벽 기차나 밤 버스를 타본 사람은 이중노출처럼 움직이는 거울의 의미를 이해할 수 있다. 밖의 어두움과 안의 은은한 불빛으로 차의 유리창이 거울이 되는 것을 말이다. 책을 읽으면서도 한 편의 영화를 보는 것 같은 느낌이 들게 만든다. 그래서 《설국》은 '읽기'보다는 '감상'해야 한다. 작가의 문장을 천천히 그림을 감상하듯 보아야, 그렇게 각 문장이 빚어내는 이미지를 머릿속에서 재해석하여 가슴속으로 밀어 넣어야, 이 소설의 아름다움을 온전하게 느낄 수 있다.

• 허무에 마음을 쏟는 일

《설국》의 주요 등장인물은 시마무라, 고마코, 요코 이렇게 셋이다. 소설은 처음부터 끝까지 시마무라라고 하는 한 남자의 눈에 비친 두 여인의 삶을 그리고 있다. 다시 말해 시마무라라고 하는 인물은 작가 가와바타가 자신의 독특한 감수성으로 형상화한 인물로, 그의 눈에 의해 설국의 세계가 전개되므로 시마무라는 설국의 시점 인물인 것이다.

부모에게 상속받은 유산으로 아무런 속처가 없이 살던 무용연구가 시마무라는 여행과 등산을 자주 다닌다. 여행 중에 방문하게 된 많은 눈이 내리는 마을, 설국에서 고마코라는 게이샤를 만나게 되고, 고마코에 끌려 일 년에 한 번꼴로 세 차례 그녀를 만나 잠깐 지낸다는 것이 이야기의 큰 얼개이다. 시마무라가 다시금 고마코를 보러 설국으로 향하던 중 기차 안에서 또 다른 여자 요코를 마주한다. 그리고 고마코와 반대되는 이미지를 가진 요코에게 관심을 갖게 된다. 고마코에게 받은 열정적인 사랑과 달리 유코의 청순하고 신비로운 느낌에 끌린 것이다.

시마무라에게 있어 모든 인간관계와 그 사이에 있는 감정들은 끝이 존재하는 '덧없는 것'이다. 그렇기에 시마무라는 고마코와 요코에게 사랑을 느끼면서도 적극적인 감정표출은 하지 않는다. 그렇게 열정적인 사랑을 해봐야 결국 사라질 것이 아닌가. 그렇기에 그는 다가오는 여자와 감정은 막지 않은 채 반은 냉소적으로, 반은 관조적으로 덧없는 것들의 허무한 끝을 감상하기만

한다.

그런 그에게 고마코와 요코는 이해하기 힘든 이들이다. 그녀들은 다 죽어가는 유키오를 여전히 사랑한다. 그가 병으로 죽어간다는 것을 알고 있음에도 그를 향한 사랑을 거둘 생각을 하지 않는다. 그 일련의 감정들이 자신에게 엄청난 고통과 고민의 채찍질을 선사함에도, 그들은 덧없는 사랑을 포기할 생각을 하지 않는다.

결국 유키오가 세상을 떠나는 어느 날, 불의의 화재로 요코는 시마무라와 고마코가 보는 앞에서 세상을 떠난다. 고마코는 죽어가는 요코를 향해 반쯤 정신나간 듯 소리치며 달려나간다. 이 한 철 불나방 같은 사랑을 한 여인을 바라보며 시마무라는 지금껏 느낀 세상 중 가장 아름다운 세상을 느낀다. 그에 눈에 비치는 밤하늘을 서술하는 마지막 문장은 첫 문장만큼이나 미려하게 끝을 맺는다.

몸을 가누고 바로 서면서 눈을 치켜뜬 순간, 쏴아 하는 소리를 내며 은하수가 시마무라 속으로 흘러내리는 것 같았다.[150]

"헛되고 헛되며 헛되고 헛되니 모든 것이 헛되도다. 사람이 해 아래서 수고하는 모든 수고가 자기에게 무엇이 유익한고."

이스라엘 전도자의 말이다. 그렇다면 그 덧없는 것을 어떻게 받아들일 것인가. 그저 인정하고 그 이상의 노력을 포기할 것인가, 모든 것을 알면서도 마지막까지 자신이 소중히 여기는 것을 관철해야 할 것인가. 시마무라는 이 물음에서 헤매다 끝에 가서야 답을 얻는다. 대자연의 장엄한 세계관에 비하면 인간의 감정은 찰나의 순간으로 덧없다. 하지만 내가 덧없다 포기하는 순간 모든 것이 잿빛 필름의 연속이 되며, 덧없어도 끝까지 사랑하는 순간 사람은 가장 아름답게 빛이 난다.

● 죽음까지도 아름다움으로 승화

《설국》은 가와바타 야스나리 문학의 절정이자, 일본 현대 문학의 대표적 작가로 자리매김해준 작품이다. 그런 명성에도 불구하고 노벨문학상을 수상한 지 3년 6개월만인 1972년 4월 16일, 자택에서 입에 가스관을 문 채로 돌연 생을 마감했다. 그의 나이 향년 73세다. 그의 사망 원인이 사고사인지 자살인지 구분할 수 없었다. 메모나 유서를 남기지 않았고 스스로 목숨을 끊을 만한 동기도 없었다.

경찰은 수사결과 '일산화가스 중독이 원인이 된 자살'이라고 결론 내렸다. 쓰다만 원고지에는 '또'하고 단 한 자가 쓰여 있었고 만년필 뚜껑은 열린 채였다. "자살은 깨달음의 자세가 아니다."라는 식으로 말해 작가들이 자살을 공개적으로 비판했던 그였다. 노벨문학상을 수상한 뒤에도 왕성한 창작활동을 해왔기에 일본문단뿐만 아니라 세계문학계의 충격도 컸다.

야스나리는 노벨문학상을 받고 일본 펜클럽 회장을 지냈으며 세계 각국에서 일본을 대표하는 작가로 명망받았음에도 불구하고 왜 자살을 선택한 것일까? 현실세계에서 해야 할 모든 것을 다했다고 생각한 것일까. 아니면 순간적인 충동이었을까. 아니면 가와바타가 자살하기 2년 전, 가와바타를 스승처럼 따르던 미시마 유키오가 할복자살한 데 따른 정신적 충격을 극복하지 못한 것일까.

야스나리의 삶은 시작부터 평범하지 않았다. 그의 초반 생에 불어닥친 기구한 운명은 단 몇 줄의 서술만으로도 그가 어떤 삶을 살았을지 짐작하게 한다. 그는 오사카의 부유한 의사 집안에서 태어났지만 두 살과 세살 때 아버지와 어머니를 잃는다. 일곱 살 때는 할머니가 돌아가시고, 열 살 때는 누나마저 죽는다. 결국 그는 열다섯 살 때 백내장을 앓다가 실명한 할아버지가 돌아가시기까지 할아버지와 둘이 살아야 했다. 할아버지는 아침에 일어나 방안에 앉아 동쪽 하늘을 보는 것이 유일한 일과였다. 집이라고 해봐야 해봐야 하루종일 먼 하늘만 바라보고 있는 할아버지와 집안일을 도와주는 식모뿐이었으니 그에게 인생을 가르쳐 줄 만한 사람은 존재하지 않았다. 가와바타 야스나리에게 유년 시절은 외로움과 고독을 넘어 죽음과 어둠, 그리고 인생의 허무함 속에서 살아내야 하는 시간이었을 것이다.

이러한 외로움, 고독, 죽음의 실존적 경험은 감각적 서정성이 돋보이는 특유의 섬세한 문학적 세계를 창조할 수 있는 기반이 됐고 이는 가와바타의 문학적 특징을 결정짓는 바탕을 완성했다. 특유의 문학적 특성을 바탕으로 생의 허무함과 죽음 사이의 간극을 메우고자 했던 것은 바로 아름다움이었다. 소설뿐만 아니라 노벨문학상을 수상하는 자리에서 소감을 발표할 때도 《아름다운 일본의 나》라는 제목으로 강연을 하였다. 생의 허무함과 죽음을 영원으로, 보다 비현실적인 세계와 인간사의 불편한 면을 모두 제거한 투명한 아름다움으로 승화한 것이다.

창문 철망에 오래도록 앉아 있다고 생각했는데 알고 보면 이미 죽은 채 가랑잎처럼 부서지는 나방도 있었다. 벽에서 떨어져 내리는 것도 있었다. 손에 쥐고서, 어째서 이토록 아름다운가 하고 시마무라는 생각했다.[151]

곤충의 자연스러운 죽음 앞에서 존재를 생각한다. 모든 게 흩어지고 말지라는 그의 말처럼, 결국 우리의 인생도, 사랑도 모든 게 흩어져버리는 것이 아주 자연스러운 일일지도 모른다고. 이토록 아름답게….

가와바타 야스나리 川端康成

작가는 1899년 오사카에서 태어났다. 어려서 부모와 조부모, 하나 뿐인 누이와 사별했다. 사별한 혈육을 추모하면서 외롭고 허무한 인생을 견뎌내는 방법으로 가와바타는 문학을 선택했다. 동경대 국문학과를 졸업 후 신진작가 약 20명과 함께《문예시대》를 창간했다. 《문예시대》는 일본 문학계에 '신감각파'를 탄생시켰다.

대표작인 《설국》은 중편소설이며, 기고에서 완성까지 무려 13년의 세월이 걸린 작품이다.

1968년 일본인 최초로 노벨문학상을 수상한다. 1972년 3월 급성 맹장염 수술을 받은 후 퇴원해 한달 후인 4월 16일 그는 자살로 생을 마감했다. 주요 작품으로는 《이즈의 무희》《서정가》《금수禽獸》《천우학千羽鶴》《산의 소리》《잠자는 미녀》《아름다움과 슬픔》《고도古都》등이 있다.

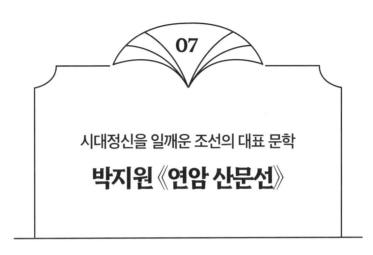

시대정신을 일깨운 조선의 대표 문학

박지원《연암 산문선》

수많은 인문학자들은 연암을 조선의 역사를 뛰어넘어 우리나라에서 가장 자랑할 만한 최고의 문장가로 꼽는 데 주저하지 않는다. 영문학의 셰익스피어나 독문학의 괴테에 비견되는 대문호로 상찬해도 손색이 없다. 그런데 대문호로의 상찬에 비해 국내 연암을 기리는 문학관이나 기념관이 없다는 사실은 놀랍기만 하다.

연암은 유학자 신분으로 유학의 언어를 쓰지만 관습에 얽매이지 않고 깊고 폭넓은 사유를 그려낸다. 이질적인 대상을 하나로 연결하고 지극히 작은 것에서 지극히 큰 것을 본다.《공작관기孔雀館記》에서 연암의 처남인 이재성은 연암의 산문이 특별한 이유를 이렇게 말했다. "눈이 달라서가 아니라 심령心靈이 트이고 막힘이 다른 것이다." 까마귀의 검은색에서 다채로운 색을 발견하

고 더러운 똥을 굉장하고 볼만한 장관이라 주장한다. 그의 산문
은 천연스러우면서도 능청스럽고 삼엄하면서도 자유롭고 경쾌
하다. 무엇보다 연암 산문의 진정한 가치는 삶과 현실에 대한 은
유를 통해 인간의 위선과 현실의 불합리성에 대한 고찰과 통찰,
그리고 시대정신을 일깨우는 데 있다.

● 불리불친, 불우불좌

조선 중기 천재시인 백호 임제林悌가 어느 날 술에 담뿍 취했다.
그는 가죽신과 나막신을 짝짝이로 신고 술집 문을 나섰다. 하인
이 말했다.

"나으리! 취하셨습니다요. 신을 짝짝이로 신으셨어요."

임제가 대답했다.

"이놈아! 내가 말을 타고 가면 길 왼편에서 본 자는 가죽신을
신었군 할 테고, 길 오른편에서 본 자는 나막신을 신었구먼 할 테
니 뭐가 문제가 되겠느냐? 어서 가자."

연암의 《낭환집서蜋丸潗序》에 나오는 얘기이다. 짝짝이 신발은
누구나 한눈에 알아볼 수 있다. 그런데 말 위에 올라타면 한순간
에 짝짝이 신발인지 알아볼 수가 없다. 사람들은 제가 본 한쪽만
으로 반대편도 그러려니 한다. 반대편도 마찬가지다.

대부분의 사람들은 보고 싶은 것만 보고 듣고 싶은 것만 들으
려는 경향이 강하다. 이처럼 자기 생각과 일치하는 정보만 받아
들이는 심리를 '확증편향'이라고 한다. 예를 들어, 영화나 드라마

를 시청할 때도 같은 내용을 보고 자기 입맛에 맞는 내용으로 평가를 한다든지, 수많은 선택사항에서 전체를 보고 결정을 내리기보다는 그 중에서 자신이 원하는 바와 유사한 내용만 보고 결정을 내리는 심리상태를 말한다. 확증편향이 나타나는 근본적인 이유는 무엇보다도 자신의 생각이 틀렸다는 것을 스스로 인정하기가 싫기 때문이다. 그래서 자신과 생각이 같은 사람들끼리 어울리는 것을 좋아하고, 자신의 생각과 다른 생각은 듣고 싶어 하지 않는다.

미국에서 8,000명 이상의 사람들을 대상으로 민주당과 공화당을 지지하는 사람을 반반씩 놔두고 공화당 공략의 자료와 민주당 공략의 자료 두 가지를 나눠주었다. 자신의 평소 태도, 믿음 등에 부합하는 정보와 반하는 정보를 제공하여 선택하게 했다. 결과는 어땠을까? 공화당을 지지하는 사람은 공화당 자료만을, 민주당을 지지하는 사람은 민주당 자료만을 더 많이 보았다. 더구나 자기가 믿고 있는 정보를 택한 비율은 2배 이상 높게 나타났다.

진실은 자기 자신 그리고 자신이 속한 공동체에만 있지 않다. 자신이 가진 왜곡되고 편협한 생각을 버리고 편견 없이 보아야 한다. 연암은 이렇게 말한다.

까마귀는 뭇 새가 검다고 믿고
백로는 다른 새 희지 않다 의심하네
흑과 백이 각자 자기가 옳다 하면

하늘도 응당 그 판결 싫어하리¹⁵²

임제의 나막신 우언은 일면적 진실과 양면적 진실을 생각하게 한다. 양쪽을 제대로 보지 않으면 그 판단이 아무리 정당하더라도 그것은 한 편의 진실일 뿐이다. 연암은 진실을 객관적으로 알기 위해서는 양쪽을 다 볼 수 있는 지점에 있어야 함을 강조하면서, 이를 '사이中'라는 말로 표현했다. '사이'는 일면적 시각에서 벗어나 전체를 볼 수 있는 객관적 자리에 서는 것이다.

우리는 자신이 맞고 상대가 틀리다고 쉽게 단정하지만 옳고 그름이 갈리는 지점은 매우 미미한 경우가 많다. 이른바 불가에서 진리는 드러내는 어법인 불리불친不離不襯, 불우불좌不右不左, 곧 떨어진 곳도 아니고 붙은 곳도 아닌, 하나도 아니고 둘도 아닌 곳에 진리가 있다는 것이다.¹⁵³ 이쪽과 저쪽을 구분하는 것은 인간의 방편일 뿐 저것으로 인하여 이것이 있게 되고 이것으로 인해 저것이 된다. 진실은 반대편을 통해 자신을 드러내며 서로를 비춰줌으로써 의미가 만들어진다. 옳음과 그름, 천함과 귀함을 구분짓는 것이 아니라 어둠이 있어야 빛의 존재성이 드러나듯 '사이'는 서로를 비춰줌으로써 가치의 위계화가 무너지고 문제를 보다 객관적으로 접근하게 된다.

● 깨진 기와와 똥 덩어리

연암의 저서 중 다채로운 사유가 집적된 《열하일기》를 빼놓을 수 없다.《열하일기》를 읽지 않은 사람은 제목만 봐서는 글자 그대로 '일기'라고 생각하는 분들도 계실 거다. 실은 연암이 44세 때 청나라 건륭제의 70세 생일을 축하하려는 조선사절단으로 중국을 여행하며 보고 듣고 느낀 경험을 기록한 기행문이다. 완본이 나오기도 전에 9종의 필사본이 돌 정도로 당시 대중들 사이에 엄청난 인기를 끌었고, 구한말 개화파에게까지 막대한 영향을 미쳤다. 당시《열하일기》가 일반 대중들에게도 유행했던 이유는 한문 문장에 중국어나 소설체 문체를 사용하는 등 당시 지식인들이 쓰는 판에 박힌 글과는 전혀 다른 글을 쓰면서, 특유의 해학과 풍자를 가미하여 독자들의 흥미를 유발했기 때문이다. 오늘날의 글쓰기 전범으로 삼아도 손색이 없을 만큼 신선하고 전위적이다.

열하熱河는 중국 황제의 여름 별궁을 의미한다. 연암은 1780년 6월 말에 출발하여 10월 말에 조선으로 돌아왔다. 약 넉 달 동안 여행하면서 청나라 번영의 근원을 직시하고 조선도 청나라처럼 발전하려면 편협된 사고를 버리고 실사구시實事求是와 이용후생利用厚生의 정신으로 청의 기술 문명을 받아들여야 한다는 것을 뼈저리게 느끼게 된다.

연암은 당시 전통적인 유학의 명제를 뒤집으려 "백성의 풍요가 선행되어야 사람 사이의 윤리가 바로 선다."라고 강조했다. 또한 선비들이 현실에서 눈을 돌린 채 무익한 공리공담과 사변적 논리에 빠져 있음을 비판했다. 그런 그의 생각은 하늘에 대한 생각에서 쉽게 엿볼 수 있다. "세상의 털끝같이 작은 물건도 모두 하늘이 내지 않은 것이 없다고들 한다. 하늘이란 형체로 말한다면 천天이요. 중심이 되는 면으로 말한다면 상제上帝요. 묘한 작용으로 발한다면 신神이라고 말하니, 그 호칭이 너무 난잡하다. 나는 대체 모르겠다. 하늘이 컴컴하고 뽀얗게 자욱한 곳에서 과연 어떤 물건을 만들었다는 것인지."

강을 건넌 지 20여 일쯤 되었을 때다. 연암 일행은 요동벌판을 지나 구광녕에서 북진묘를 구경하고 신광녕에서 묵었다. 조선 사람들은 중국에서 자신이 보고 온 것에 대해 자금성, 만리장성, 요동백탑, 산해관, 유리창 등이 장관이라고 떠든다. 이에 연암은 "중국의 제일 장관은 저 깨진 기와 조각에 있고, 저 버려진 똥 부스러기에 있다."고 응수했다.

대개 깨진 기와 조각은 천하에 쓸모없는 물건이다. 그러나 민가에서 담을 쌓을 때 어깨높이 위쪽으로는 깨진 기와 조각을 둘씩 짝지어 물결무늬를 만들거나, 혹은 네 조각을 모아서 쇠사슬 모양을 만들거나, 또는 네 조각을 등지어 옛날 노나라 엽전 모양처럼 만든다. 그러면 구멍이 찬란하게 뚫리어 안팎이 마주 비추게 된다. 깨진 기와 조각도 버리지 않고 사용했기 때문에 천하의 무늬를 다 새길 수가 있었던 것이다. 청나라 사람들은 버려진 똥 부스러기를 금덩어리라도 되는 양 아까워한다. 그래서 길에다 잿더미 하나 버리지 않을뿐더러, 말똥을 줍기 위해 삼태기를 받쳐 들고 말꼬리를 따라 다닌다. 그 똥들을 모아 네모반듯하게 쌓거나, 혹은 팔각이나 육각으로 또는 누각 모양으로 쌓게도 한다. 똥 덩어리를 처리하는 방식만 보아도 천하의 제도가 다 정비되었음을 알 수 있다.

특히 연암은 열하를 오가며 갖가지 수레를 세심히 관찰했다. 당시 중국에는 오늘날 고급 승용차와 같은 '태평차太平車'부터 화물 수송용 '대차大車', 장사용 '독륜차獨輪車' 군사용 '포차砲車' 등 수없이 많은 종류의 수레가 다녔다. 그러면서 수레를 제대로 활용하지 않는 조선의 현실을 답답해했다.

연암은 조선으로 돌아와 중국에서 본 수레를 시급히 도입해야 한다는 견해를 밝힌다. 그러나 "조선은 산과 계곡이 많아 수레를 쓰기에는 적당하지 못하다."는 변명이 쏟아진다. 이에 연암은 "나라에 수레를 이용하지 않으니 길을 닦지 않는 것이요, 수레만 쓰게 된다면 길은 저절로 닦을 것이 아닌가?"라고 반문하며 시도해보지도 않고 먼저 포기하는 태도를 신랄히 비판했다.

1959년까지만 해도 국내에서는 고속도로라는 용어가 사용되지 않았다. 때문에 당시에 자동차가 있어도 자가 다닐 도로는 충분하지 않았다. 그래서 도로를 내기 위해 터널을 뚫고 고속도로망을 확보하게 되었다. 덕분에 탄생된 경인고속도로와 경부고속도로는 대한민국의 대동맥이 되어 경제적 부가가치를 창출하는 데 핵심적인 역할을 하게 되었다. 이처럼 연암은 수레를 단순한 교통수단을 넘어 국가의 전반적인 발전 방향을 꿰뚫어 본 실질적인 사상가였던 것이다.

연암은 "눈앞의 일 속에 참된 정취가 있거늘, 어쩌자고 머나 먼 옛날에서 그것을 찾으려고 하는가?"라고 현실에 집중하는 삶을 강조했다. 《열하일기》가 높이 평가받는 이유는 이렇게 당대의 현

실에 대한 철저한 고민과 의식이 녹아있기 때문이다. 그런데 이
고민들은 뜬구름 잡는 식의 공허한 이론이 아니라 바로 실질적
인 것, 우리 가까이에 있는 것들이다. 체면과 명분, 인습적 사고,
사람들의 시선, 그런 것들을 과감히 던져버렸기에 가능한 것이
었다. 완전히 개방된 세상에 살고 있는 것 같지만 사고방식 면에
서는 여전히 체면과 명분, 인습적 사고에 빠져 있는 현대인에게
연암의 메시지는 여전히 유효하다.

● 조선풍 선언

　당시 조선은 중국의 제후국임을 자체했다. 중국의 문자인 한
자로 생활을 영위했고 중국의 제도와 문화를 충실히 따르고자
했다. 중국의 예법을 최고로 여기고 중국의 시문을 바이블로 삼
았다. 이런 풍토에서 중국 지상주의를 비판하고 나선 인물이 바
로 연암이었다. 그는 장편시 《증좌소산인贈左蘇山人》에서 이렇게
노래했다.

　눈앞에 참다운 맛 들어있는데
　어찌하여 먼 옛일 끌어야 하나
　한·당이 지금 세상 아닌 바에는
　풍요風謠는 중국과 다르고 말고
　반고班固나 사마천司馬遷이 다시 난대도
　예전 반·마班馬 결단코 아니 배우리

이 시에서 '한·당'은 시간적 공간적으로 먼 곳, 즉 옛날을 의미한다. 따라서 먼 옛일은 눈앞의 일과 대립된다. 지금 우리의 일을 해야 하는데 구태여 먼 옛날의 한·당을 끌어올 필요가 없다는 것이다.

연암의 정체성이 극명하게 드러난 글이 《영처고서嬰處稿序》다. 《영처고서》는 연암의 수제자인 이덕무가 지은 《영처고》에 대해 연암이 머리말로 써 준 글이다. 세인들은 이덕무의 시가 한·당을 본받지 않아 비난했지만 연암은 오히려 그 점을 높이 평가했다. 연암은 "《시경》이 중국의 풍속을 대표하는 시라면 《영처고》는 조선의 풍속을 대표하는 시라 할 수 있다. 따라서 이덕무의 시를 조선풍, 곧 조선의 노래라고 불러도 무방하다."며 이덕무의 시를 극찬했다.

연암은 중국의 경전과 역사서, 한자가 조선을 지배하고 있어도 조선인이라는 각성 아래, 조선의 노래를 주장했다. 선진 기술문명은 선택적으로 받아들이되 맹목적인 중국 문화에 매몰되지 않도록 조선인으로서의 자기 정체성을 지키려 했다. 연암의 조선풍 선언은 세계 주요국가와 각축전을 벌이고 있는 오늘날 더욱 소중히 간직해야 할 정신이다.

연암 박지원 燕巖 朴趾源

조선 후기의 문신이며 실학자이자 사상가, 외교관, 소설가이다. 1765년 집안 어른들의 기대 때문에 과거에 응시한 그는 일부러 과거시험에 합격하지 않았고, 이후에도 과거를 피했으며 학문 연구와 저술에만 몰두하였다. 정조대왕이 즉위한 후에 학문과 문장력을 존중받아 추천을 고사하다가 1786년 문음으로 출사하게 된다. 1786년 음서로 선공감 감역 종9품이 되었고, 이후 사복시주부, 의금부도사·제릉령, 한성부판관, 안의현감, 면천군수를 역임했다. 1800년 양양부사에 승진하였으나 다음 해에 벼슬에서 물러났다. 안의현감 재직 중 북경여행을 다녀왔으며 이때의 경험을 토대로 조선의 전반적인 문제에 대해 진보적인 시각으로 실험적 작업을 시도하였다. 저서로는 북학파 실학자 연암의 철학이 담긴 《열하일기》를 비롯하여 《허생전》《과농소초》《한민명전의》《연암집》《호질》《마장전》《양반전》 등이 있다.

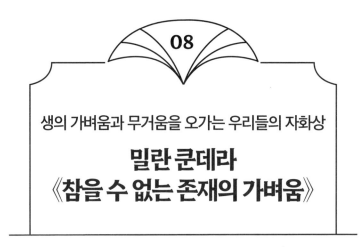

생의 가벼움과 무거움을 오가는 우리들의 자화상

밀란 쿤데라
《참을 수 없는 존재의 가벼움》

역사와 이데올로기의 무게에 짓눌리지 않는 밀란 쿤데라의 문학 세계에 반해 그의 책이라면 무조건 사서 읽었던 시절이 있었다. 문장 하나하나를 곱씹어가며 내 것으로 습득하기보다는 그저 읽는 것에 급급했던 시절이었던 것 같다. 세월이 흘러 다시 읽어보니 모든 문장 하나하나가 무겁게 읽힌다. 그냥 한번 읽고 책장을 넘기기에는 글이 주는 중압감에 어딘가 미심쩍고 마음에 차지 않는다. 고전은 여러 번 읽어야 진가를 알 수 있다는 말이 공감 가는 대표적인 작품이다.

● 고전의 진가를 알 수 있는 책

읽은 사람보다는 오히려 제목으로 더 많이 알려진 《참을 수 없는 존재의 가벼움》은 20세기 최고의 걸작으로 손꼽힌다. 하지만 제목에 이끌려 책을 집어 들었다가 혼란만 느낀 채 책장을 덮는 사람들도 꽤나 많을 거다. 겉보기에는 흔한 남녀 사이의 사랑을 다루고 있는 듯이 보이나, 밀란 쿤데라가 진정으로 드러내고자 하는 것은 바로 우리의 실존적 문제이기 때문이다.

영혼과 육체, 삶의 의미와 무의미, 시간의 직선적 진행과 윤회적 반복, 존재의 가벼움과 무거움, 부정과 긍정의 개념, 우연과 운명 등 이 책이 독자에게 숙지시키고자 하는 것은 너무도 많다.**154** 게다가 테레자와 토마스, 사비나와 프란츠로 대별되는 네 명의 주인공을 통해 사랑과 삶에 대한 다양한 해석들을 풀어 내면서도, 어떤 틀에 박힌 편견과 판단도 거부하는 작가의 정신은 독자들에게 삶의 다양성과 사랑의 다양한 시각을 각자의 방식으로 이해하고 인정할 것을 요구한다.

1983년 프랑스 문학잡지 더 파리 리뷰The Paris Review에서 그는 "경박한 형식과 진지한 주제의 조합은 우리의 드라마역사적 드라마뿐만 아니라 침대에서 일어나는 드라마 에 대한 진실과 그 무의미함을 폭로하고자 하는 것이다. 우리는 여기서 참을 수 없는 존재의 가벼움을 경험한다."고 말했다.

책장을 덮은 독자들은 다시금 혼란에 빠지게 된다. 가벼움과 무거움 중 어느 것 하나 분명하게 고를 수 없기 때문이다. 역사라는 무거움 앞에 인간은 한 번 살고 가는 가벼운 존재다. 하지만 그 가벼움 때문에 단 한 번뿐인 인생이 아름답고 의미 있는 것은 아닐까. 쿤데라는 존재의 가벼움을 역설했지만 그가 일궈낸 작품은 깊은 여운과 심념을 남기며 독자들의 가슴에 무겁게 내려 앉는다.

• 무거운 삶 vs 가벼운 삶

《참을 수 없는 존재의 가벼움》은 프리드리히 니체의 영겁회귀 永劫回歸, eternal recurrence 라는 꽤나 심오한 철학적 사상으로 시작 한다. 우리의 삶이 니체의 선언대로 원의 형상을 띠면서 무한히 반복된다고 한다면, 이 영원한 회귀의 세계에서는 모든 것 하나 하나가 '무거운 짐'이다. 하지만 저자는 이 무거움의 세계에 대비 하여 가벼움의 세계를 부각시킨다. 똑같은 것의 무한 반복이 아 니라, 늘 새로운 것이 반복되는, 다시 말해 일회성의 반복이라면 인생이나 사람을 포함해 모든 게 가벼워질 수 있다는 것이다.

뒤집어 생각해보면 영원한 회귀가 주장하는 바는, 인생이란 한 번 사라지면 두 번 다시 돌아오지 않기 때문에 한낱 그림자 같 은 것이고, 그래서 산다는 것에는 아무런 무게도 없고 우리는 처 음부터 죽은 것과 다름없어서, 삶이 아무리 잔혹하고 아름답고 혹은 찬란하다 할지라도 그 잔혹함과 아름다움과 찬란함조차도 무의미하다는 것이다.[155]

대부분의 사람들은 한꺼번에 특정 범위를 포함시켜 말하기를 즐긴다. 예컨대 '인생은 무겁거나 아름답지 않다' 혹은 '가볍거나 아름답다.'라고 생각한다. 하지만 이런 생각은 사람마다 다르다. 어떤 이에게는 인생이 깃털처럼 가벼운 반면 다른 이들에게는 인생이 에펠탑보다 무겁게 느껴진다. 그리하여 무거움과 가벼움은 인간의 현실을 지탱하는 두 축이 된다. 쿤데라는 계속해서 반복되는 무거운 것과 가벼운 것 중에서 무엇이 더 나은 것인가에 대해 질문을 던진다. 그리고 이러한 질문을 품고 인물들의 이야기가 전개된다.

주요 등장인물 네 사람 가운데 중심에 서 있는 주인공은 외과의사 토마시다. 토마시의 삶을 지배하는 명제는 '가벼움'이었다. 섹스는 하되 동침sleep은 하지 않는다는 에로틱한 우정의 불문율을 철칙으로 그는 절대로 자신의 공간 안에 여자를 들이지 않았다.

반면 테레자는 운명론자로서 '무거움'을 대표하는 인물이다. 그녀는 토마시를 운명의 남자라고 믿고, 작은 시골마을에서 무작정 프라하로 상경했다. 토마시는 그런 테레자에게 동반 수면sleep의 욕구를 느낀다. 책임, 의무, 운명 같은 것들은 토마시와 거리가 먼 단어였는데 테레자를 만나고 난 후, 그에게 변화가 생긴 것이다. 결국 두 사람은 결혼까지 하게 된다.

그러나 결혼 전과 마찬가지로 결혼 후에도 토마시는 여전히 다른 여자들을 '가볍게' 만나고 다닌다. 테레자는 한눈파는 토마시 때문에 악몽에 시달리고 자살까지 생각한다. 서로가 서로를 견디지 못하면서도 그들은 15년을 함께한다. 보헤미안에서 만나 프라하의 봄을 누렸고, 스위스로 함께 떠났다가 다시 체코로 돌아온다. 삶이 종결되는 그 순간까지도 그들은 애정과 증오가 뒤섞인 삶을 함께했다.

이 작품의 나머지 한 축인 사비나와 프란츠 커플 역시 가벼움과 무거움의 대립이다. 자유로운 영혼 사비나는 무겁고 소중한 것을 배신하는데 희열을 느끼는 여자고, 프란츠는 그것을 지키는 것이 인생의 목적인 남자였다. 사비나는 자신이 거주하는 가벼움의 성에 프란츠의 정직한 무거움이 파고드는 것을 견딜 수 없어 결국 그를 떠난다.

그러나 사비나는 토마시와 테레자가 오래도록 함께였으며 함께 죽음을 맞이했음을 알게 되고 프란츠가 그리워진다. 함께 더 오래 있었다면 서로를 이해할 수 있었을 텐데 이제는 돌이킬 수 없다. 자신의 가벼운 삶이, 가벼운 존재가 그녀를 참을 수 없게 짓누른다.

사비나는 여전히 우울증에서 벗어나지 못했다. 사비나에게 도대체 무슨 일이 있었던 것일까? 아무 일도 없었다. 그녀는 한 남자로부터 떠나고 싶었기 때문에 떠났다. 그 후 그 남자가 그녀를 따라왔던가? 그가 복수를 꾀했던가? 아니다. 그녀의 드라마는 무거움의 드라마가 아니라 가벼움의 드라마였다. 그녀를 짓눌렀던 것은 짐이 아니라 존재의 참을 수 없는 가벼움이었다.[156]

쿤데라는 남녀가 서로 대비되는 커플의 변모를 통해서, 각각의 인생이 미묘한 차이로 얼마나 달라질 수 있는지를 보여준다.

가치관의 차이에도 불구하고 서로 참고 견딘 토마시와 테레자는 권태로웠고, 그 상황에서 도망쳐버린 사비나는 허무했다. 어떤 결정이 옳았는지 객관적으로 판단할 수 없다. 인생은 딱 한 번뿐이고 각자 중요하게 생각하는 기준이 다르기 때문이다.

• 슬픔의 형식이었고 행복은 내용이었다

작품에서는 계속해서 '키치Kitch'[157]라는 의미 불명의 단어가 거듭 강조된다. 속물근성, 하찮은 것을 뜻하는 키치는 이 소설에서 '존재에 대한 무비판적의 동의'의 태도를 말한다. 예컨대 인생이 어떤 심오한 의미가 있을 것이라는 확고한 믿음, 어떤 현상이 생겨난 데에는 필연적인 연유가 있을 것이라는 믿음, 모든 인간에게 특유의 수식어를 부여하고 싶어하는 남달리 기이한 버릇을 말한다. 키치라는 개념을 어느 정도 소화하고 나면 이 책을 관통하는 핵심어가 '키치'였다는 것을 깨닫게 된다.

사비나는 자기에게 '조국을 빼앗긴 불쌍한 예술가'라는 수식어를 붙이는 사람들에게 이렇게 포효한다. "나의 적은 공산주의가 아니라 키치예요!" 결국 사비나는 공산주의 그 자체가 아니라 모든 존재에 대한 확고부동한 동의, 모든 무거운 논박불가의 획일성을 혐오했던 것이다. 다시 말해 사비나는 평생에 걸쳐 키치에서 벗어나려고 한 것이다.

그런데 사비나는 키치로부터 완전히 벗어날 수 있을까? 존재에 대한 확고부동한 동의, 다시 말해 키치가 흔들리는 순간, 우리는 참을 수 없는 존재의 가벼움에 휩싸인다. 우리는 아이러니하게도 반사적으로 존재의 확고부동한 동의에 근원적 믿음을 갖고 살아왔기 때문이다. 작가는 이 세상에 "가톨릭 키치, 프로테스탄트 키치, 유태인 키치, 공산주의 키치, 파시스트 키치, 민주주의 키치, 페미니스트 키치, 유럽 키치, 미국 키치, 민족주의 키치, 국제주의 키치" 등 수없이 많은 키치들이 존재하며, "존재에 대한 절대적 동의가 키치의 원천이다.[158]"라고 정의를 내린다. 결국 사비나를 비롯한 등장인물은 모두 망각의 나라로 함몰되기 이전까지는 키치의 세계를 벗어날 수가 없게 되는데, 결국 키치는 누구도 피해갈 수 없는, 존재의 조건이 되고 있음을 알 수 있다.

그렇기에 과학적 원리에 의해 체계적이고 과학적인 분석방법을 통해 설계되었을 것이라고 생각되던 이 세상은 수많은 모순으로 뒤덮여 있고 우리의 자아는 바람에 흔들리는 깃발처럼 불안하기만 하다. 그러나 우리의 생이 허망함이라는 깃털같은 가벼운 존재라도 찰나의 반짝임들, 그 가벼움들이 만들어내는 행복들 때문에 우리는 생을 이어나갈 수 있다. 존재의 가벼움이 존재의 무거움을 견디게 한다.

그들은 피아노와 바이올린 소리에 맞춰 스텝을 밟으며 오고 갔다. 테레자는 그의 어깨에 머리를 기댔다. 안갯속을 헤치고 두 사람을 싣고 갔던 비행기 속에서처럼 그녀는 지금 그때와 똑같은 이상한 행복, 이상한 슬픔을 느꼈다. 이 슬픔은 우리가 종착역에 있다는 것을 의미했다. 이 행복은 우리가 함께 있다는 것을

의미했다. 슬픔은 형식이었고, 행복이 내용이었다. 행복은 슬픔의 공간을 채웠다.[159]

쿤데라는 소설 속 완벽하지 않은 네 명의 인물들을 보여주며 '참을 수 없는' 것들에 대한 작은 위로를 건네고 싶었던 건 아닐지. 먼지처럼 사라질 허무하고 가벼운 인생이자, 때론 우리를 짓누르는 무거운 삶이지만 '함께 있음'으로 그 가치와 무게를 이겨내는 수밖에 없지 않을까.《참을 수 없는 존재의 가벼움》을 통해 또 다른 의미의 성장통에 부딪히며 견뎌낼 당신에게 격려와 응원의 박수를 보낸다.

밀란 쿤데라 Milan Kundera

"체코슬로바키아에서 태어났다. 1975년 프랑스에 정착하였다." 밀란 쿤데라는 모든 저서에서 자신을 이렇게 소개하고 있다. 1929년 체코의 한 중산층 가정에서 태어난 그는 젊은 시절 열렬한 공산주의자였지만 체제의 부조리를 깨닫고 반공산주의 활동에 나서다 집필·판매금지 등 정치적 박해를 당한다. 체코에서 글을 쓰는 것도, 가르치는 것도 어려워지자, 그는 1975년 프랑스로 망명했다.

1984년 인간의 삶과 죽음, 속박과 자유, 성과 사랑, 가벼움과 무거움 사이에 놓인 존재가 겪어야 하는 실존적 고뇌를 다룬《참을 수 없는 존재의 가벼움》을 발표하며 쿤데라는 세계적인 작가 반열에 올랐다. 그는 탁월한 문학적 깊이를 인정받아 메디치상, 클레멘트 루케상, 유로파상, 체코 작가상, 커먼웰스상을 받았지만, 노벨문학상을 받지는 못했다. 쿤데라의 다른 작품으로는 《농담》《생은 다른 곳에》《불멸》《사유하는 존재의 아름다움》《이별》《느림》《정체성》《향수》 등이 있다.

쿤데라는 '자신의 내밀성을 상실한 자는 모든 것을 잃은 사람'이라는 자기 소설 속 등장인물처럼 외부 노출을 극도로 꺼려왔으며, 2023년 7월 12일 오랜 투병 끝에 향년 94세로 별세하였다.

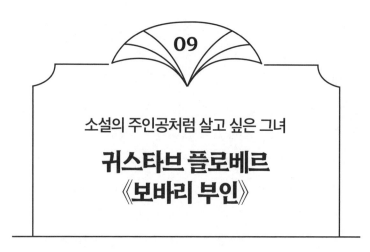

09

소설의 주인공처럼 살고 싶은 그녀
귀스타브 플로베르
《보바리 부인》

귀스타브 플로베르는 19세기 프랑스 문학을 대표하는 사실주의 문학의 선구자로 불린다. 무려 5년간의 집필 기간을 거쳐 1856년에 완성된 《마담 보바리》는 플로베르의 대표적인 장편소설로 프랑스 사실주의 소설의 걸작으로 꼽힌다. 그래서일까. 메스를 들고 보바리 부인인 엠마 심장을 꺼내는 외과의사와 같은 캐리커처는 오랫동안 그에 대한 고정관념으로 굳어져 있었다. 이후 1866년 레지옹 도뇌르 훈장을 받았으나 《감정교육》의 상업적 실패를 경험하게 된다.

《부바르와 페퀴셰》를 집필하면서 글쓰기의 어려움에 부딪힌 플로베르는 친구 투르게네프의 조언에 따라 짧은 이야기를 써보자는 생각에 마지막 도전으로 《구호수도사 성 쥘리앵의 전설》 《순박한 마음》 《헤로디아》를 차례로 완성한다. 평생을 작품의 주제와 사상이나 감정에 가장 부합되는 문체를 찾아내고자 노력한 그의 문학세계를 사실주의라는 하나의 범주 속에 묶어 둘 수 있을까. 그것은 실로 불가능한 일이다.

● 사실주의를 거부한 사실주의 대표작가

플로베르가 무엇보다도 가장 중요하게 생각한 것은 예술적인 미였다. 그는 문체의 내적인 힘에 의해 스스로 유지될 수 있는 작품이 가장 아름답다고 생각했다. 그리하여 지나치게 현실만을 강조하면서 독창적인 예술작품으로서의 미를 무시한 당대의 사실주의를 거부하고 다양한 색조의 작품들을 발표했다. 사실주의의 성서라고 명명되는 《마담 보바리》를, 오히려 사실주의에 대한 증오로 썼다는 플로베르의 말은 이런 맥락에서 나온 것이다. 보잘것없고 평이한 주제도 아름다운 언어로 쓰일 수 있다는 것을 보여주고 싶었던 것이다.

이러한 그의 노력과 집념은 《마담 보바리》의 집필을 완성하기까지 무려 5년 가까운 시간이 걸렸다는 사실만으로도 확인 가능하다. 특히 등장인물의 성격과 주변 환경에 대한 묘사를 집요하게 추구했고 주인공 엠마 보바리의 파멸도 그렇게 그려냈다. 작가의 감정이나 판단을 배제한 채 스스로의 욕망에 질식한 한 인간의 삶을 냉철하게 관찰해 독자가 등장인물들의 불행을 스스로 느낄 수 있게끔 했다.

현실의 단편을 사실적으로 기록하는 데 그치지 않고 그 단어

하나하나를 세공품처럼 다듬고 표현한 순간들은 거의 과학적인 우아함을 띠고 있다. '표현이 생각한 바에 가까워질수록, 언어가 사고와 하나가 되어 사라져버릴수록 작품은 더 아름다워진다.'고 그는 믿었다. 구상과 표현의 일치라는 완전함에 도전하며, 철두철미한 준비와 치밀한 계산으로 쓰인 소설 《마담 보바리》는 그가 바랐던 모습으로 변함없이 문학적 가치를 증명하며 우뚝 서 있다.[160]

플로베르는 소설 《마담 보바리》를 이렇게 소개한다.

"내게 아름답게 보이는 것, 내가 쓰고 싶은 것은 아무것에도 떠받쳐지지 않은 채 공중에 떠 있는 지구처럼 외부적으로 전혀 묶인 데 없이 문체의 내적인 힘으로 저 혼자 독립적으로 존재하는 한 권의 책입니다."[161]

• 달콤한 꿈, 쓰디쓴 현실

1948년 여름, 노르망디의 많은 신문에 같은 내용의 짧은 기사가 났다. 스물일곱 살의 젊은 여자가 결혼생활의 따분함에 불만을 품고 있던 차에 사치스러운 옷가지와 살림으로 큰 빚을 지고 바람까지 피우다가 경제적인 압박과 감정을 이기지 못하여 비소를 먹고 자살했다는 것. 당시 사회를 떠들썩하게 한 이 사건은 《마담 보바리》의 큰 줄거리가 됐다.

주인공 엠마는 보수적인 농민의 딸로 태어나 사춘기를 수녀원의 부속학교에서 엄격한 교육을 받으며 보냈다. 그곳에서 그녀는 소설을 즐겨 읽으면서 그 소설 속 번쩍거리며 빛나는 주인공들의 삶과 그들의 뜨거운 사랑에 대한 환상을 갖게 된다. 학교를 마치고 집에 돌아와서 가사 일을 돌보며 지내다가 그 지역의 의사인 샤를르 보바리의 눈에 띄게 되고 열렬한 구애를 받고 결혼을 한다.

언제나 여기가 아닌 다른 곳, 새로운 곳을 꿈꾸던 그녀는 샤를르와의 결혼이 자신을 낭만적인 세계로 이끌 수 있을거라 믿었다. 그러나 잔뜩 기대했던 결혼 역시 특별할 것이 없었다. 부유하지 않은 집안의 살림을 꾸려나가는 일은 엠마가 꿈꾸던 반짝반짝 빛나는 은그릇과 크리스털 잔들이 놓여 있는 화려한 식탁과는 거리가 멀었다. 현실은 마치 생활의 모든 쓴맛을 그녀의 접시에 담아 차려놓은 것 같았다.[162] 게다가 남편 샤를르는 그녀가 기대하는 만큼의 애정을 채워줄 능력이 안되는 사람이었다. 야망도 없이 그저 성실하기만 한데다 별다른 취미도 없고 재미도, 감동도 없었다. 게다가 무미건조하고 둔감하기만 한 성격 또한 엠마의 외로움을 가중시켰다.

반대로 남자란 모름지기 모르는 것이 없고, 여러 가지 재주에 능하고 정열의 위력, 세련된 생활, 온갖 신비들로 인도해주는 능력을 가져야 하지 않을까? 그러나 이 사내는 무엇 하나 가르쳐줄 것도 없고, 무엇 하나 아는 것도 없고 무엇 하나 바라는 것도 없었다. 그는 그녀가 행복하다고 믿고 있었다. 그런데 그녀는 너무나 흔들림 없는 이 평온과 이 태연한 둔감, 그녀 자신이 그에게

안겨주고 있는 행복 그 자체에 대하여 그를 원망하고 있었다.**[163]**

위 문자에서 보듯 보바리 부인으로 살아가는 것은 엠마에게 결핍과 결여를 자아내는 일상의 연속이었다. '내가 어쩌자고 결혼을 했던가? 내가 어쩌자고 이 남자와 결혼을 했던가?' 어느덧 권태는 말없는 거미가 되어서 그녀의 어두운 마음 구석구석에 거미줄을 치고 있었다. 그리하여 똑같은 나날이 반복되는 현실을 거부하며 끝없이 어떤 돌발 사건이 일어나기를 기다린다.

우연한 기회에 초대받아 가게 된 무도회에서 잠시나마 맛보았던 달콤한 환상은 일상을 더 구차하게 만들었다. 그 무도회를 추억하는 것은 엠마의 일거리가 되어버렸고, 그 순간을 한없는 공상으로 물들이며 되새김하게 만들었다. 그녀는 현실과 환상 사이에서 오는 괴리감 속에 점철되었다. 샤를르는 우울증에 걸린 아내를 위해 조금 무리해서 용빌로 이사를 한다. 여기서부터 엠마는 감정적 배출구를 찾기 위해 브레이크가 고장난 기관차처럼 폭주하기 시작한다.

바람둥이 기질이 넘치는 거친 남자 로돌프와의 외도는 짜릿했다. 욕정에 빠진 엠마는 마침내 로돌프와의 도주를 꿈꾸지만 그는 엠마를 배신하고 그녀로부터 도망쳐버린다. 이후 새로운 도피처를 갈구하다 젊은 서기인 레옹을 만나 다시 밀애를 즐기지만 그마저도 금방 싫증이 난다.

자신의 탐욕으로 점점 파탄해가던 엠마는 사채까지 손을 댔다가 빚을 주체할 수 없는 상황까지 다다른다. 그런 엠마를 레옹과 로

돌프 모두 매몰차게 외면하고, 감당할 수 없는 비참함을 느낀 그녀는 삶을 끝내는 비극적인 선택을 하게 된다.

주어진 세계의 울타리를 참을 수 없었던 엠마는 사랑만이라도 할 수 있다면, 더 아름다운 것들로 나를, 나의 장소들을 채우면 그 너머를 향해 갈 수 있을 줄 알았으리라. 그러나 욕망에 매달리면 매달릴수록 존재는 점점 비어가고 그 빈 가슴을 채우려고 더 깊은 탐욕의 늪에 빠져드는 악순환에 갇히고 만다. 하지만 도망친 곳에 천국은 없었다.

그녀는 행복하지 않았고 한 번도 행복했던 적도 없었다. 인생에 대한 이런 아쉬움은 대체 어디서 오는 것일까? 중략 사실 애써 찾아야 할 가치가 있는 것은 하나도 없다. 모두 다 거짓이다! 미소마다 그 뒤에는 권태의 하품이, 환희마다 그 뒤에는 저주가, 쾌락마다 그 뒤에는 혐오가 숨어 있고 황홀한 키스가 끝나면 입술 위에는 오직 보다 큰 관능을 구하는 실현불가능한 욕망이 남을 뿐이다.[164]

• 보바리 부인, 그건 바로 나다

프랑스의 시인이자 문학평론가인 쥘 피에르 테오필 고티에Jules Pierre Théophile Gautier는 이 소설을 읽고 '보바리즘Bovarysme'이라는 신조어를 만들어냈다. 사회적으로나 감정적으로 만족스러움을 경험하지 못해 자신을 속이고 자신을 실제와는 다른, 분수 이상의 존재로 생각하는 심리상태를 뜻한다. 권태로워하고, 사랑하고, 절망하는 한 인간의 삶에 대한 이 한편의 소설이 세상에 미친 영향이 적지 않아서 주인공의 이름 자체가 '이즘ism'의 대상이 된 독특한 경우이기도 하다.

플로베르는 여주인공을 통해 동시대의 낭만주의가 초래한 질병을 폭로하고자 했다. 환상을 현실로 살고자 하는 엠마는 단지 어리석기만 할 뿐인가? 엠마에 대한 작가의 시선은 단순하지 않다.[165] 《마담 보바리》를 출간하고 나서 대중적인 도덕률을 위반했다는 이유로 기소돼 법정에 선 플로베르는 "마담 보바리, 그것은 바로 나다!"라는 유명한 말을 남기며 이렇게 항변했다.

"주인공 엠마가 악독한 것은 사실이다. 다만 그녀는 내가 창조한 가상의 인물은 아니다. 이 세상이 그녀를 만들었다. 나는 그녀를 표현했을 뿐이다. 우리 저변에 수천 명의 엠마 보바리가 있다. 그리고 수백, 수천의 여인들이 엠마가 되길 원한다. 그녀들은 자신의 운명을 벗어나길 원한다. 단지 결심을 하지 못할 뿐이다."

누구든 내면에 엠마 보바리가 있다. 권태와 환상에 젖어 새로운 욕망을 끊임없이 찾아 헤매는 모습이야말로 진정한 우리의 모습이 아닌가? 아내의 생각을 알지 못하는, 혹은 자신의 행복과 타인의 행복을 혼동하는 무감각하고 무기력한 샤를 보바리도 또 다른 오늘의 우리 모습이 아닐까? 자기중심적이고 비루한 속물적 세계에 지배당하며 상처받고 고통받는 또 다른 엠마들은 여전히 떠올랐다 추락했다를 반복할 것이다. 부디 욕망의 굴레에서 벗어나 평안함에 이르기를.

귀스타브 플로베르 Gustave Flaubert

1821년 프랑스 루앙에서 태어났다. 열여덟 살에 파리대학의 법학부에 들어가지만 어렸을 때부터 문학에 심취했던 그는 법률 공부를 등한시하다 낙제했다. 1844년 간질로 추정되는 신경 발작을 겪은 이후, 학업을 그만두고 루앙으로 돌아와 소설 집필에 전념한다. 이때부터 십자가의 고행에 비유되는 글쓰기가 시작됐고, 그래서 '쿠루아세의 은둔자', '글쓰기의 수도승'이라는 별명을 얻게 되었다.

평생을 문학에 몸을 바친 플로베르지만 작품의 양은 그리 많지 않다. 주요 작품으로는 집요하게 완벽성을 추구한 《성 앙투안느의 유혹》, 고대 카르타고를 다룬 비극적인 이야기 《살랑보》, 프랑스-프로이센 전쟁이 일어나기 몇 개월 전에 발표한 《감정교육》 등이 있다. 내용과 형식이 분리되지 않는 생명체처럼 완결된 작품을 꿈꾸던 플로베르는 1880년 5월, 《부바르와 페퀴셰》의 제 2부를 쓰기 위한 초고를 책상 위에 남긴 채 뇌출혈로 사망했으며, 이 작품은 미완성인 채로 이듬해 출간되었다.

1장. 서양사상

1   애덤 스미스 지음, 김수행 옮김(2007), 《국부론(상)》, 비봉출판사.

2   Ibid

3   재레드 다이아몬드 지음, 김진준 옮김(2005), 《총 균 쇠》, 제2부 식량 생산의 기원과 문명의 교차로, 문학사상.

4   재레드 다이아몬드 지음, 김진준 옮김(2005), 《총 균 쇠》, 제10장 대륙의 축으로 돈 역사의 수레바퀴, 문학사상.

5   장 자크 루소 지음, 김중현 옮김(2003), 《에밀》, 제1부 신체의 자유를 구속하지 않는 양육, 유년기의 비밀, 한길그레이트북스.

6   장 자크 루소 지음, 김중현 옮김(2003), 《에밀》, 제2부 신체와 감관의 훈련, 다섯 살에서 열두 살까지, 한길그레이트북스.

7   Ibid.

8   니콜로 마키아벨리 지음, 김운찬 옮김(2021), 《군주론》, 제15장, 현대지성.

9   니콜로 마키아벨리 지음, 김운찬 옮김(2021), 《군주론》, 제16장, 현대지성.

10 니콜로 마키아벨리 지음, 김운찬 옮김(2021), 《군주론》, 제19장, 현대지성.

11 Ibid.

12 Ibid.

13 페르낭 브로델 지음, 주경철 옮김(2024), 《물질문명과 자본주의 I 》, 일상생활의 구조, 까치.

14 페르낭 브로델 지음, 주경철 옮김(2024), 《물질문명과 자본주의 II 》, 교환의 세계, 까치.

15 페르낭 브로델 지음, 주경철 옮김(2024), 《물질문명과 자본주의III》, 세계의 시간, 까치.

16 Olivia Harris (2004), "Braudel: Historical Time and the Horror of Discontinuity", History Workshop Journal 57, 161~174.

17 엄격한 선발을 통해 우수한 인재를 양성하는 프랑스의 고등교육기관임.

18 에이드리언 울드리지 지음(2023), 《능력주의의 두 얼굴》, 상상스퀘어.

19 마이클 샌델 지음, 함규진 옮김(2020), 《공정하다는 착각》, Chapter5 성공의 윤리, 와이즈베리.

20 이클 샌델 지음, 함규진 옮김(2020), 《공정하다는 착각》, Chapter1 승자와 패자, 와이즈베리.

21 James Truslow Adams(1931), The Epic of America, Garden City, Ny: Blue Ribbon Books.

22 장 지글러 지음, 유영미 옮김(2016), 《왜 세계의 절반은 굶주리는가?》, 1. 일상풍경이 된 굶주림, 갈라파고스.

23 장 지글러 지음, 유영미 옮김(2016), 《왜 세계의 절반은 굶주리는가?》, 6. 긴급구호로 문제 해결?, 갈라파고스.

24 장 지글러 지음, 유영미 옮김(2016), 《왜 세계의 절반은 굶주리는가?》, 12. 세계에서 식량을 가장 쓸모없게 만드는 남자, 갈라파고스.

25 유발 하라리 지음, 조현욱 옮김, 이태수 감수(2023), 《사피엔스》, 제1부 인지혁명, 김영사.

26 Ibid.

27 유발 하라리 지음, 조현욱 옮김, 이태수 감수(2023), 《사피엔스》, 제2부 농업혁명, 김영사.

28 유발 하라리 지음, 조현욱 옮김, 이태수 감수(2023), 《사피엔스》, 제4부 과학혁명, 김영사.

29 Ibid.

30 홉스는 인간의 본능적인 이기성을 그 자체로는 악으로 보지 않았다. 왜냐하면 인간이 이기적인 행동을 하는 것은 모두 자기를 보호하려는 욕구나 감정으로부터 나오는 것이며, 인간의 욕구나 정념은 그 자체로 죄악이 아니기 때문이다. 이런 점에서 홉스가 인간의 본성을 이기적이라고 본 것은 맞지만 이러한 본성을 '악'이라고 여기지는 않았다는 점에서 순자의 '성악설'과는 다소 차이가 있다.

31 토머스 홉스 지음, 최공웅·최진원 옮김(2016), 《리바이어던》, 1부 인간에 대하여, 동서문화사.

32 토머스 홉스 지음, 최공웅·최진원 옮김(2016), 《리바이어던》, 제3부 그리스도교 코먼웰스에 대하여, 동서문화사.

33 Laurie M. Johnson Bagby(2007), Hobbes's Leviathan : A Reader's Guide, Continuum Intl Pub Group.

34 플라톤 지음, 김인곤 옮김(2021), 《고르기아스》, 이카넷.

35 Terry, Moore(1978), "The Nature of Educational theory", Theory and Practice of Curriculum Studies, John Eggleston, P.12.

36 플라톤 지음, 백종현 옮김(2005), 《국가》, 416e-417b, 서광사.

37 임마누엘 칸트 지음, 백종현 옮김(2019), 《실천이성비판》, 아카넷.

38 김진(2016), 칸트에서 행복의 의미, 철학논집 제44집, pp.9-38.

2장. 동양사상

39 공자 지음, 소준섭 옮김(2018), 《논어》, 제9편 자한, 현대지성.

40 자 지음, 소준섭 옮김(2018), 《논어》, 제7편 술이, 현대지성.

41 공자 지음, 소준섭 옮김(2018),《논어》, 제17편 양화, "好仁不好學, 其蔽也愚; 好知不好學, 其蔽也蕩; 好信不好學, 其蔽也賊; 好直不好學, 其蔽也絞; 好勇不好學, 其蔽也亂; 好剛不好學, 其蔽也狂.", 현대지성.

42 공자 지음, 소준섭 옮김(2018),《논어》, 제5편 공야장, 현대지성.

43 공자 지음, 소준섭 옮김(2018),《논어》, 제2편 위정, "子曰, 溫故而知新, 可以爲師矣.", 현대지성.

44 장자 지음, 오현중 옮김(2021),《장자(外)》, 제8편 변무(駢拇), 홍익.

45 장자 지음, 오현중 옮김(2021),《장자》, 추수편, 홍익.

46 공자 지음, 소준섭 옮김(2018),《논어》, 「先進」, "未知生, 焉知死, 현대지성.

47 장자 지음, 오현중 옮김(2021),《장자》, 열어구편, 홍익.

48 Mitch Albom(2006), Tuesdays with Morrie, Bantam Books.

49 장자 지음, 오현중 옮김(2021),《장자》, 대종사편, 홍익.

50 조관희 지음(2018),《맹자》, 고자 上 2장, 청아.

51 조관희 지음(2018),《맹자》, 양혜왕 下 8, 청아.

52 명사(明史), 전당전(錢唐傳) 형부상서 전당어록.

53 조관희 지음(2018),《맹자》, 진심 下 14, 청아.

54 김세현 해설(2016),《우파니샤드》, 세계사상전집 51, 브라하드아라냐카, 동서문화사.

55 '베다(Veda)'는 3,500년 전에 아리안 족이 발전시키고 저술한 시·철학적 대화·신화·의식용 기도문 등으로 산스크리트어로 작성된 방대한 양의 작품을 말하며, 모든 베다는 『리그베다』, 『사마베다』, 『야주르베다』, 『아타르바베다』를 의미한다.

56 김세현 해설(2016),《우파니샤드》, 세계사상전집 51, 브라하드아라냐카, 동서문화사.

57 김세현 해설(2016),《우파니샤드》, 세계사상전집 51, 마이뜨리 우파니샤드, 동서문화사.

58 김세현 해설(2016),《우파니샤드》, 세계사상전집 51, 이샤 우파니샤드, 동서문화사.

59 그리스 역사가. 고대 로마의 정치가이자 작가인 키케로가 '역사의 아버지'라고 불렀다. 페르시아 전쟁사를 다룬《역사》를 썼다.

60 그리스의 철학자이자 역사가다. 아테네에서 공부하고, 그 후 로마에서 트라야누스(Trajanus) 황제에게 중용되었다. 그리스·로마의 영웅의 전기인《영웅전(Bioi Paralleloi)》은 그의 저작물로서 유명하다.

61 사마천 지음, 김원중 옮김(2022),《사기 열전》, 보임안서(報任安書), 민음사.

62 사마천 지음, 김원중 옮김(2022),《사기 열전》, 권62, 관안열전, 민음사.

63 김영수 지음(2010),《사마천 인간의 길을 묻다》, 왕의서재.

64 유현준 지음(2018),《어디서 살 것인가》, 11장 포켓몬고와 도시의 미래, 을유문화사.

65 유현준 지음(2018),《어디서 살 것인가》, 1장 양계장에서는 독수리가 나오지 않는다, 을유문화사.

66 Ibid.

67   사무실의 중요성, 인간은 공간의 지배를 받는다, 경제포커스, 2019.07.29.

68   퇴계선생언행통록, 권5 1면.

69   퇴계선생언행록2, 鄕里處鄕, 김성일·우성천.

70   이황 지음, 이광호 옮김(2017), 《퇴계집》, 한국고전번역원.

71   退溪先生梅花詩帖, 幽居 示李仁仲金愼仲 은거하며 이인중과 김신중에게 보낸 시임.

72   율곡선생전서, 제1권 시.

73   성대대동문화연구원 지음(1992), 《퇴계전서》, 대동문화연구원.

74   이이 지음, 고산 옮김(2019), 《격몽요결》, 동서문화사.

75   한국정신문화연구원 지음(1988), 《율곡전서》, 자경문, 수정인용, 한국정신문화연구원.

76   성혼, 우계집 속집, 잡기(雜記).

77   이이 지음, 고산 옮김(2019), 《성학집요》, 수기 上, 동서문화사.

78   한국정신문화연구원 지음(1988), 《율곡전서》, 詩下, 한국정신문화연구원.

79   충담소산(沖澹蕭散)이란 아무런 욕심이 없는 깨끗한 것이며, 어디에 구속됨이 없이 자연스
      럽고 편안한 경지를 말한다.

80   此集所選 主於沖澹蕭散 不事繪飾 自然之中 深有妙趣 古調古意 知者鮮矣 唐宋以下 諸作
      品格 或不逮古 間有近體 而皆無彫琢之功 自中聲律 故竝選焉 讀此集則味其淡泊 樂其希音
      三百之遺意 端不外此矣 :「元字集序」, 精言妙選 권1.

81   《栗谷全書 拾遺》, 권1.

82   《茶山詩文集》, 권12, 8면, 俗儒論.

83   《茶山詩文集》, 권19, 30면, 答李汝弘.

84   《茶山詩文集》, 권20, 20면, 上仲氏.

85   발고정림생원론(跋顧亭林生員論)》.

86   《여유당전서》, 권21.

87   《여유당전서》, 권4.

88   《大學之道》.

89   《中庸》, 제9장 9-1.

90   《中庸》, 11장 中庸章句.

3장. 과학기술

91   제레미 리프킨 지음, 이창희 옮김(2015), 《엔트로피》, 제5부 엔트로피와 산업시대, 세종연
      구원.

92   리처드 도킨스 지음, 홍영남·이상임 옮김(2023), 《이기적 유전자》, Chapter 6, 을유문화사.

93 리처드 도킨스 지음, 홍영남·이상임 옮김(2023), 《이기적 유전자》, 초판 서문, 을유문화사.

94 리처드 도킨스 지음, 홍영남·이상임 옮김(2023), 《이기적 유전자》, Chapter 11, 을유문화사.

95 한스 로슬링 지음 外, 이창신 옮김 (2019), 《팩트풀니스》, 2장 부정 본능, 김영사.

96 찰스 다윈 지음, 김관선 옮김(2014), 《종의 기원》, 제4장 자연선택, 한길사.

97 찰스 다윈 지음, 김관선 옮김(2014), 《종의 기원》, 제14장 요약과 결론, 한길사.

98 토머스 S 쿤 지음, 김명자·홍성욱 옮김(2013), 《과학혁명의 구조》, 공약 가능성, 비교 가능성, 의사소통 가능성, 까치.

99 정재승 지음(2023), 《열두 발자국》, 다섯 번째 발자국 우리 뇌도 '새로고침' 할 수 있을까, 어크로스.

100 프랜시스 베이컨 지음, 김홍표 옮김(2014), 《신기관》, 1권 12장, 지식을 만드는 지식.

101 프랜시스 베이컨 지음, 김홍표 옮김(2014), 《신기관》, 1권 104장, 지식을 만드는 지식.

102 박은진 지음(2006), 베이컨 《신기관》, 철학사상, 별책 제7권 제12호.

103 2020년 베이루트 폭발 사고(2020 Beirut explosions)는 2020년 8월 4일, 레바논의 수도인 베이루트의 시내 인근 항구인 베이루트항에서 일어난 폭발 사고이다. 폭발 사고로 인해 발생한 사망자는 207명, 부상자는 6천여 명에 이르는 것으로 잠정 집계되었으며, 일부는 실종자 중 사망자가 더 많아지게 될 것이라는 관측도 있다.

104 찰스 길리스피 지음, 이필렬 옮김(2005), 《객관성의 칼날》, 서문, 새물결.

105 찰스 길리스피 지음, 이필렬 옮김(2005), 《객관성의 칼날》, 제1장 완전한 원, 새물결.

106 찰스 길리스피 지음, 이필렬 옮김(2005), 《객관성의 칼날》, 제4장 프리즘을 지닌 조용한 뉴턴, 새물결.

107 국가기구인 사회적참사특별조사위원회의 연구 결과, 신고되지 않은 사례를 포함해 1994년부터 2011년 사이에 사망자 20,366명, 건강피해자 950,000명, 노출자 8,940,000명이 발생한 것으로 추산된다.

108 로얼드 호프만 지음, 이덕환 옮김(2018), 《같기도 하고 아니 같기도 하고》, 44. 환경문제에 대한 대답, 까치.

109 송성수 지음(2005), 《과학기술자의 사회적 책임:논거 및 쟁점》, 한국과학기술학회.

110 '나비'라는 단어는 메릴리스가 처음 사용한 것은 아니고, 1969년 조셉 스마고린스키(Joseph Smagorinsky)의 논문에서 처음으로 사용된 것으로 밝혀졌다.

111 제임스 글릭 지음, 박래선 옮김(2013), 《카오스》, 동아시아.

4장. 동서양 문학

112 요한 볼프강 폰 괴테 지음, 정서웅 옮김(2009), 《파우스트》, 민음사.

113 Ibid.

114 프란츠 카프카 지음, 전영애 옮김(2009), 《변신》제1편, 민음사.

115 프란츠 카프카(1883-1924)의 이름에서 유래된 형용사 카프카에스크는 어두운 불확실성, 수수께끼 같고 구체적이지 않은 협박, 환영과 같은 어두운 힘 앞에 내버려진 존재에 대한 섬뜩한 감정을 의미한다.

116 Friedrich, 2010. 9.

117 프란츠 카프카의 대화록.

118 [인터뷰] '소년이 온다' 한강 "압도적인 고통으로 쓴 작품", KBS뉴스, 2021.10.31.

119 한강 지음(2014), 《소년이 온다》, 에필로그, 창비.

120 한강 지음(2014), 《소년이 온다》, 4장 쇠와 피, 창비.

121 한강 지음(2014), 《소년이 온다》, 2장 검은 숨, 창비.

122 헤르만 헤세 지음, 전영애 옮김(2009), 《데미안》, 제5장 새는 힘겹게 투쟁하여 알에서 나온다, 민음사.

123 Ibid.

124 "100만명이 죽어간 지옥에서 살아 돌아온 사람들의 공통점", 서사, https://seosa.co.kr/preview/content/480.

125 빅터 플랭클 지음, 이시형 옮김(2020), 《죽음의 수용소에서》, 청아출판사.

126 Ibid.

127 가와바타 야스나리 지음, 유숙자 옮김(2009), 《설국》, 민음사.

128 Ibid.

129 Ibid.

130 박지원 지음, 《발승암기(髮僧菴記)》.

131 박수밀 지음(2010), 《21세기 문명과 박지원의 생태 정신》, 동아시아 문화연구, 제47집, 215~241.

132 이연규, 이 한권의 책-밀란쿤데라의 '참을 수 없는 존재의 가벼움', 화성신문, 2009.06.13.

133 밀란 쿤데라 지음, 이재룡 옮김(2018), 《참을 수 없는 존재의 가벼움》, 민음사.

134 Ibid.

135 독일어 Kitsch에서 유래하는 키치의 사전적 의미는 저속한 작품이나 공예품, 혹은 저속한 허식성을 의미한다. 체코어로는 독일어의 체코어적 표현인 키치(kyč)다.

136 밀란 쿤데라 지음, 이재룡 옮김(2018), 《참을 수 없는 존재의 가벼움》, 민음사.

137 Ibid.

138 "을유세계문학전집_109 마담보바리", 을유문화사, http://www.eulyoo.co.kr/books/book_view.php?idx=2435&cat=.

"마담 보바리 (세계문학전집200)", 문학동네출판그룹, https://www.munhak.com/book/view.php?dtype=new&id=13265. 참고인용.

139 Ibid.

140 이주영, '의사 남편 두고 바람 피운 그녀가 원한 것', 오마이뉴스, 2019.09.17.

141 귀스타브 플로베르 지음, 김화영 옮김(2000), 《마담 보바리》, 문예.

142 Ibid.